COLLECTION
FOLIO ESSAIS

Pierre Bouvier

Le lien social

Gallimard

Pierre Bouvier, sociologue, est professeur à l'Université Paris X-Nanterre et codirecteur de la revue *Socio-anthropologie*. Il est chercheur au Laios (Laboratoire d'anthropologie des institutions et des organisations sociales, CNRS/EHESS).

À N.L.G.

Introduction

Les démocraties se réclament de la libre adhésion de leurs mandants. Or la libre circulation accrue des capitaux, des marchandises et des hommes déstabilise objectivement et sciemment le corps social. Des éléments internes et externes taraudent nos sociétés et suscitent maints débats d'autant que s'accentue l'érosion des institutions pourvoyeuses de sens. La globalisation des économies entraîne, *mutatis mutandis*, des recompositions, la suppression d'acquis sociaux sinon la précarité. L'instabilité des conditions d'existence et le manque de solutions apportées à ces nouvelles situations par les pouvoirs publics creusent une faille et mettent en question l'adhésion aux déclarations lénifiantes des instances nationales et internationales.

Ces éléments vont de pair avec un déchirement des tissus sociaux, de leurs trames et de leurs pertinences à conforter les liens entre les individus et entre ceux-ci et les institutions. L'aménité provenait, en particulier, des conditions peu ou prou acceptables et associées au développement des techniques et de la science, vecteurs de progrès. Pendant quelques décennies, cette perspective était perçue comme telle malgré des réserves liées aux dégâts induits par ces politiques de développement.

Aujourd'hui de nombreux acteurs : politiques, religieux, intellectuels, se font l'écho non seulement de cette situation mais également et plus encore des difficultés que connaît ce que l'on désigne par le terme de « lien social ». Au cours des trois décennies qui suivirent la Deuxième Guerre mondiale, on en parlait peu car il allait peu ou prou de soi. C'était une donnée sinon une des essences même d'une modernité néopositiviste. Aujourd'hui, les difficultés éprouvées à poursuivre le bon ordonnancement sociétal dévoilent les déchirements de ses ligaments, l'usure de ses capacités heuristiques et des fluidités sociales dont il était porteur. Ce contexte pose des questions qu'hier on ne désignait pas sous une rubrique spécifique, en l'occurrence celle du lien social.

Troubles et peurs deviennent, dans ces conditions, l'envers de rapports construisant le consensus, l'aménité et plus encore l'adhésion aux valeurs collectives globales. Face à cette anomie, cette déréliction aux bouffées de violence opposant des groupes de voisinage comme des regroupements religieux, ethniques ou attachés à telles ou telles passions, les disciplines relevant des sciences sociales sont convoquées. Elles ne peuvent plus, comme elles auraient pu le faire il y a deux siècles, compte tenu de leur jeunesse et de leur manque de professionnalisme, esquiver l'interpellation. Elles doivent faire face, aujourd'hui, à un enjeu mais aussi à leurs limites.

Antérieurement, les grands récits eschatologiques laissaient peu de place à l'étude spécifique de ce fait social qu'on appellera *lien social*. Il ne constituait pas un problème. Les grandes rhétoriques et les ordres dominants, clergé et noblesse, l'incluaient, le résolvaient et y répondaient, s'il lui arrivait de parvenir à la surface de l'entendement. On pourrait dire qu'elles considéraient le lien sociétal comme faisant partie de leur identité, un trait inhérent à la nature humaine, à la cohésion du corps « harmonieux » de la société. À partir de la Renaissance, insatisfait par ces assertions, celle de la prédominance du religieux et de la métaphysique, un nombre croissant d'intellectuels et de scientifiques élaborèrent des réflexions autour de ce qui se révélait problématique dans les relations collectives de l'homme, et justement du lien qui produit le social.

La question du libre choix ou de l'imposition alimente leurs réflexions. Les tenants de la nécessité et de la possibilité de promouvoir des avancées capables de résoudre les difficultés dans le cadre de contrat se distinguent de ceux qui constatent et dénoncent les dominations et les sujétions que déterminent, sur le long terme, certains types de rapports sociaux et des liens y attenant. De quelles manières était compris ce terme et sous quels auspices était traité ce type de problématique ? Ces débats relevaient de la philosophie politique, d'idéologie propositionnelle sinon utopique ou de critique radicale. Pour y répondre, une volonté de constituer un corps spécifique de disciplines, dont la sociologie, se dégageant de l'antériorité philosophique émerge au cours des XIXe-XXe siècles. Elles instaurent leurs propres outils théoriques et méthodologiques. La problématique du lien social incombe plus précisément à la sociologie.

Face au déchirement du lien, l'approche par la socioanthropologie

Les disciplines sont désormais établies. Elles ont une histoire, des outils et des moyens. Cet acquis n'en est pas moins confronté à de nouvelles données, à des pratiques et à des représentations qui ne correspondent plus aux références de leurs objets antérieurs, ceux des décennies d'expansion du XXᵉ siècle. Elles se doivent, et on l'attend d'elles, en particulier de la sociologie, science des faits sociaux, de cerner la part de nouveautés et de bouleversements qui remodèle sous nos yeux le lien social.

Une investigation en amont permet de repérer ce qui lie le social hier et aujourd'hui et la manière dont les disciplines, depuis la fin du XIXᵉ siècle, y ont répondu. La sociologie, de par son champ de réflexion et d'investigation, est, quasi naturellement, la première concernée. Comment y répond-elle, aujourd'hui, à l'aune de ses courants théoriques et méthodologiques les plus représentatifs ? Les limites dont elle témoigne ne pourraient-elles pas être tant soit peu éclairées par une transversalité interdisciplinaire plus adaptée aux conditions actuelles, dont celles du lien social ?

Un constat de leurs difficultés ne conduit-il pas à les repenser dans leurs configurations antérieures, manière de ré-interpeller les pratiques et les représentations ?

Notre approche du sujet en termes de socioanthropologie reflète l'ambition d'intégrer dans l'objet de cet ouvrage toutes ses dimensions nouvelles que, trop souvent, les disciplines classiquement cantonnées peinent à saisir.

En effet, l'évolution du lien social, depuis son émergence comme objet sans en avoir encore le nom, puis sa consolidation comme objet donné de savoir constitué en disciplines à l'heure de la révolution industrielle, est telle que certaines formes qu'il revêt aujourd'hui finissent par échapper à ces disciplines constituées. Ainsi nous paraît-il que l'intelligence des formes du lien social à l'époque la plus contemporaine nécessite que l'on croise les approches de la sociologie et de l'anthropologie. L'anthropologie est riche de son attention portée à l'holistique et à la ritualisation ainsi que des capacités qu'elle a démontrées sur les terrains les plus divers où ne pouvait s'exercer du sens commun, du fait d'une trop grande proximité du chercheur à l'objet. La sociologie permet de s'assurer d'une connaissance des environnements sociaux et, en particulier, d'inscrire des résultats dans les contextes plus larges des échanges matériels et idéels, dont on sait combien ils se sont mondialisés. L'association des deux disciplines permet de saisir des faits sociaux beaucoup plus hétéronomes qu'aux temps de la monodisciplinarité. Le *socius*, c'est le compagnon, le même ; l'*anthropos*, l'espèce dans sa diversité, les Autres : la socioanthropologie[1] devient le croisement du Même, de l'Autre et des liens propres à ce qui définit l'existence contemporaine, dans toutes ses dimensions.

Cette approche s'attache à dégager les pratiques génératrices de connaissance que les individus et les collectifs mettent en place à côté, contre, voire parfois à l'intérieur des formes vides ou évidées des grandes institutions et idéologies. Ces « construits », élaborés dans l'entre-soi et pour soi, s'ils s'avèrent suffisamment pertinents, suscitent des ensembles plus consistants qui inventent leurs pratiques. Des liens sociaux propres à des « ensembles populationnels » cohérents émergent. C'est par l'observation distanciée, la longue durée, l'analyse intensive de la parole qui surgit de ces regroupements que sont alors appréhendées des manières d'être et de penser.

L'approche pluridisciplinaire de cet objet en mutation qu'est le lien social est rendue nécessaire par l'importance croissante des dynamiques transfrontières des processus de mondialisation qui viennent remodeler le lien social lui-même.

Il y a plus d'un siècle, Marcel Mauss soulignait l'importance stratégique des frontières entre les sciences pour en marquer la nécessaire transgression : « Car, c'est aux confins des sciences, à leurs bords extérieurs, aussi souvent qu'à leurs principes, qu'à leur noyau et à leur centre que se font leurs progrès[2]. » Il n'occultait cependant pas la difficulté, et en particulier dans le domaine de la pensée, de situer l'émergence des discontinuités et des nouvelles formes de pensée.

Or, voilà que, remis en cause, le lien social, à son tour, remet en cause les disciplines constituées.

PREMIÈRE PARTIE

L'émergence du lien social, la chose avant le nom

CHAPITRE 1

Sémantique et définitions

Poser la question du lien social implique, et particulièrement aujourd'hui, la perception d'un manque, d'une absence dans les interactions individuelles et sociales. Elle peut renvoyer aux termes utilisés antérieurement tels que ceux d'ordre social, de contrat social, de paix sociale, d'organisation sociale, de solidarité sociale. Ces termes évoquent généralement des réflexions quant à l'adéquation de la réalité effective de la société et de ses interactions. Or, la finalité postulée impliquait presque toujours une sorte de complétude.

Il n'est pas indifférent de constater que l'expression de «lien social» ne connaît une véritable utilisation que récemment, depuis la fin du XXᵉ siècle. Elle tend à s'instaurer comme paradigme ayant la double capacité de désigner et d'interpeller les rapports sociaux propres à ce début de millénaire, comme les expressions «ordre social» ou «paix sociale» ont pu, antérieurement, le faire.

Si cette problématique du lien social apparaît aujourd'hui comme l'une des interrogations essentielles, elle se pose d'autant plus qu'elle était autrefois moins convoquée sur le devant de la scène. La raison de ce silence, le peu de présence de cette question

résultait, précédemment, de plusieurs facteurs. Des
logiques particulières à divers contextes sociaux et
culturels avaient apparemment les capacités de susciter des significations suffisamment argumentées et/ou
naturelles, aptes à charpenter les rapports interindividuels.

Déjà, au début du xxᵉ siècle, Georg Lukács dresse
un bilan sombre : « Le ciel étoilé de Kant ne brille
plus que dans la sombre nuit de la pure connaissance ; il n'éclaire plus le sentier d'aucun voyageur
solitaire et, dans le monde nouveau, être homme,
c'est être seul. La lumière intérieure ne fournit qu'au
prochain pas l'évidence ou le faux-semblant de la
sécurité. Du dedans, aucune lumière ne rayonne plus
sur le monde des événements et sur son labyrinthe
privé de toute affinité avec l'âme[1]. » L'une des princi-
pales échappées que perçoit alors Lukács, du moins
dans ce premier essai, se situe du côté de l'art. En
tant que totalité créée, celui-ci pourrait pallier ou du
moins compenser cette descente en abîme.

Les appels récurrents à renouer le lien social sont
un signe clair de son délitement. Mais ils peuvent
provenir de sources différentes : volonté des pouvoirs
publics et des institutions de faire face à la dégradation des rapports sociaux ou désir des individus d'y
répondre de par leurs propres initiatives. Ces voies
pour réussir à « retisser du lien social » sont diverses
et nombreuses. D'un côté, certaines prônent des
contraintes contre ceux qui seraient la cause de ces
délitements. C'est le choix effectué par les pouvoirs
répressifs. Pour ces derniers, les comportements liés
à des attitudes déviantes, en contradiction avec les
bonnes mœurs coutumières, sont répréhensibles et
doivent subir des traitements radicaux, les inscrivant pleinement dans des faits passibles de sanctions

sévères. Cette pédagogie de la loi et de la répression
de tout manquement cherche, à sa manière, à « retisser du lien social ». Les prémices posées sont, en l'occurrence, la perte de consensus, la fragilisation des
liens et la méfiance croissante entre les personnes. De
l'autre côté, les intéressés peuvent proposer des solutions qui leur sont propres. Encore faut-il qu'on les
écoute.

Dans un premier temps, il s'agira de cerner les
assertions posées comme allant de soi et qui permet-
taient de ne pas accorder d'importance particulière à
la question du lien social ou, plutôt, d'examiner les
textes qui avaient ou prétendaient avoir les capacités
d'intégrer cette question et sa résolution dans leurs
logiques et dans leurs dynamiques.

Il convient de voir comment cette question occupait les esprits mais sous des formes plus implicites
qu'explicites, du moins pendant la longue période
qui précède les élaborations de constitutions qui se
succèdent, à un rythme rapide, aux alentours et aux
lendemains de la Révolution française, en Europe et
dans le monde.

La mise en forme de liens sociaux ou d'un lien
social spécifique implique, le plus souvent, en amont
une accumulation primitive de divers éléments *a priori*
non ordonnés dans une alliance particulière. Cette
dernière n'agrège qu'incidemment des données
éparses d'origine récente, d'émergence nouvelle ou
relevant des parties constitutives de « construits heuristiques » plus anciens. Cette accumulation n'a pas,
sur une période longue, de capacité sinon de volonté
de signifier ses propres composantes. L'agrégation
ultérieure est impensée et impensable. Elle n'est pas
nécessaire. Son univers sémantique est celui d'une

virtualité qui ne sera exprimée qu'au début d'un commencement de fragilisation des cohérences antérieures. Des morceaux, des fragments de ce qui apparaît comme se rattachant à des formes de socialisation, à des composantes présentant potentiellement des connotations d'interactivité entre individus, précipitent un composé qui, de primaire et erratique, inscrit un ordre secondaire, une synergie. Cette accumulation assure des relations entre les éléments en présence sur de multiples registres tels que, par exemple, celui du juridique associé à la parenté, au religieux, à l'affectif ou au politique.

L'objet ici est d'aller à la rencontre et de débusquer les contextes qui mettent en avant, qui se réfèrent à ou évoquent, plus ou moins explicitement, l'expression de «lien social».

Le risque d'élargir et d'accepter ou d'associer des termes et des contextes qui semblent se prêter à la finalité poursuivie est celui de brasser inconsidérément une multitude de récurrences. Une analyse par trop extensive présente, ainsi, plusieurs défauts. Parmi ceux-ci ressortiront des critiques émanant de ceux qui pourront considérer, à bon escient, que le dénombrement est resté limité et qu'il aurait été nécessaire de le poursuivre au-delà des domaines présentés. Une telle remarque conduit à préciser, le plus explicitement possible, le champ envisagé et ses contours. Plus essentiel que ce biais est, nous semble-t-il, le risque d'une déperdition de l'actualité sémantique de l'expression. Le lien social est au cœur de la réflexion conduite et argumentée. Elle risquerait d'être brouillée par de trop nombreuses et contradictoires connotations antérieures. Il n'en reste pas moins que tout essentialisme est récusé comme toute interprétation pouvant laisser penser que cette notion serait, aujourd'hui, abordée comme à la fois innocente et vierge de référence. Cela implique qu'elle doit être éclairée par les apports pertinents qu'elle a pu connaître précédemment. Quelles étaient les significations spécifiques qu'on lui attribuait, rapportées non au sens actuel mais à celui qui prévalait dans des contextualités fortement différenciées, celles d'hier ?

Une démarche génétique est donc nécessaire pour mieux appréhender les significations présentes comme éclairées, dans leurs parties les plus difficilement visibles, par les notions qui étaient associées à ce terme. Il faut cependant que leurs prises en compte ne s'effectuent pas au profit de conceptions par trop entachées d'antériorité. Il est nécessaire de les signaler et de les analyser mais elles ne doivent pas opacifier et détourner les relations topiques entre les utilisations et les interprétations du « lien social », qu'elles aient eu lieu hier ou, plus encore et plus précisément, telles qu'elles s'expriment aujourd'hui.

Sémantique

Il apparaît nécessaire de circonscrire puis de déconstruire ce que l'on a entendu et ce que l'on entend, dans le cadre des glissements de sens, par cette expression constituée de l'assemblage de ces deux mots : lien et social. Dans cette juxtaposition, un ordre prévaut. Le statut central revient au signifiant : « lien » pris comme substantif.

Celui-ci présente des significations diverses suivant son étymologie ou ses interprétations figurées ou métaphoriques. Sa racine se réfère au mot latin : *ligamen*, provenant du verbe *ligare*. Le sens premier, correspondant à l'origine latine, signifie, pour Littré, un moyen permettant d'accomplir un rapport d'ordre physique. Sémantiquement, le terme de lien désigne, en première instance, un corps physique dont la fonction est d'assembler deux éléments matériels antérieurement séparés, n'ayant pas de connexion, de contact effectif d'ordre naturel : « Ce qui sert à lier. » Cela renvoie à la première définition du verbe lier : « Serrer avec une corde passée autour de quelqu'un ou de quelque chose. » Il est moins qu'indifférent sinon fortement significatif de remarquer que le sens originel renvoie à une action où prévaut la volonté d'attacher étroitement des objets physiques : « Tout ce qui sert à lier : un lien de paille. Chaînes d'un prisonnier. Pièce de bois oblique reliant deux parties déjà assemblées. Bande de fer servant à consolider un objet. Petit morceau de plomb qui lie la verge de fer d'un vitrage, d'un panneau[2]. »

Ces déclinaisons renvoient explicitement à une volonté de l'agent, de l'acteur humain de construire un rapport étroit entre deux entités physiques soit par compression directe, soit par le recours à un tiers objet : corde, chaîne, bande, lacet, etc. *A priori* est également présente la notion que le lien réunit deux choses qui n'étaient pas en rapport effectif et concret entre elles, précédemment à l'action suscitée par l'opération résultant du lien. Cette dernière les unit en prolongeant et en s'appuyant sur les connotations potentielles « pour le meilleur et pour le pire », sinon les immobilise. La vocation de ces liens physiques est effectivement de faire en sorte que des objets, des choses ou des éléments n'étant pas voués à être ensemble s'y trouvent, du fait de cette interaction extérieure.

Également, au sens propre, celle-ci pourra être la

résultante de rapports de causalité qui établissent, naturellement, un lien entre des phénomènes physiques. Il en est ainsi, par exemple, dans l'ordre climatique, des effets exprimés par certains de ses attributs suivant les caractères propres tant de leur intensité que du contexte réceptif concerné : les liens potentiels entre la pluie et l'inondation, la chaleur et la sécheresse, etc. Le lien s'effectue en deçà de l'action humaine.

Au sens figuré, la plus utilisée, et celle qui correspond à la réflexion conduite dans cet ouvrage, elle s'adresse, comme agents décisifs, aux êtres humains en société. Le lien occasionné et dont l'homme est l'acteur/récepteur implique que cette liaison soit effectuée de manière qu'elle se maintienne, conjoncture impliquant un rapport qui devient effectif et qui, de ce fait, préexiste aux relations qu'il suscitera par la suite.

Cette juxtaposition des termes lien et social peut apparaître comme une redondance. Le lien implique déjà le regroupement, l'association, l'attachement entre des entités distinctes, primaires, relevant d'un même ordre ou d'ordres différents.

Le terme social résulte de relations entre individus. Le lien social impliquerait donc un renforcement de ce qui déjà est postulé par le substantif : *lien*. L'adjonction à celui-ci de *social* permet de préciser dans quel ordre se situe cette expression. Cette conjonction de *lien* et de *social* indique qu'il ne s'agit pas d'un phénomène permettant une tension et une adhésion physique entre deux données matérielles (cordon, pièce de bois ou sangle liant tel objet à tel autre). Il désigne, en s'appuyant sur les capacités topiques du terme lien, un état particulier de type abstrait. Une ambivalence ressort de cette association. Les deux termes, le substantif et ce qui apparaît comme une épithète de circonstance, apparaissent comme possédant chacun des capacités clairement distinctes et, *a priori*, particulièrement circonscrites, pour le premier à l'ordre matériel, pour le second à des déclinaisons de beaucoup plus grande envergure relevant des catégories humaines. La résultante de la somme de leurs possibles induit une entité notionnelle spécifique. Elle ressort essentiellement d'une construction ayant pour destination une explicitation d'un état particulier du monde réel et idéel. Les connotations du terme lien viennent renforcer une désignation ou plus précisément une certaine attribution allouée au « social ».

Seront retenus plus spécialement les liens désignant une pluralité d'acteurs plus que ceux limités à deux interactants, à caractère privé, intime, tels que ceux qui s'attachent aux relations du couple ou de la famille. Encore faut-il s'entendre sur ce que signifie ce « social ».

Étymologiquement ce terme a une origine latine. La notion de social est une déclinaison française de racines latines, celles de *socius* tant que de celles de *societas*.

La première : *socius* précise et porte l'attention sur la nature des échanges. Elle s'adresse à ceux marqués au sceau de l'amabilité ainsi qu'aux alliances entre les interactants. Le *socius*, c'est le compagnon. Il se situe et agit au-delà de l'aménité ordinaire. Ce terme engage ceux qui s'inscrivent dans ce registre dans un

ou des rapports étroits, en l'occurrence non seulement sur le plan physique et matériel mais dans
l'ordre d'une ou des communautés de valeurs associées à la vie intellectuelle et morale. Ces dernières
pourront trouver des cadres d'expression se rattachant à tel ou tel type d'activité et associant des interventions matérielles ainsi que l'idéation de ces
pratiques.

La seconde : *societas*, ainsi que d'autres déclinaisons :
*socia, sociabilis, socialis, socialitas, socialiter, sociatio, socia-
tor, sociatrix, sociatus*, qualifient des rapports interpersonnels marqués par les notions d'union, d'entente
et d'alliance. Assignées à l'espèce humaine, elles désignent, dans son sens le plus général, l'union ou la
réunion d'individus s'y rattachant. Les connotations
s'ouvrent sur diverses catégories. L'une implique une
simple constatation, objectivée, d'un nombre supérieur à un d'êtres humains présents sinon éventuellement dénombrables dans un contexte spécifique. Ce
contexte pourra être localisé à une certaine période
et son extension s'avérer de plus ou moins grande
envergure. Les paramètres, ceux de la localisation et
de la périodisation, c'est-à-dire l'insertion dans un
espace-temps, relèvent d'une connaissance lacunaire
quant à leurs caractéristiques. Plus généralement la
société et le social désigneront des entités plus figurées que physiquement saisissables. Il pourra s'agir,
de ce fait, par exemple, tout aussi bien de la société
villageoise, de la société postmoderne ou de telle ou
telle société non européenne, sinon plus précisément,
mais néanmoins désignée par le terme « société », de
celle d'écrivains relevant de telle ou telle tendance littéraire ou géographique ou de savants occupés par
un même corpus disciplinaire.

Ces croisements de sens ne sont pas de natures mais

plutôt de graduations différentes. Ils soulignent cette idée fondamentale d'un groupement social d'individus, d'une association d'intensité variable — nécessaire sinon essentielle — de personnes réunies ponctuellement ou pour une période de plus longue durée.

L'utilisation du mot « social » postule de l'interaction humaine. Attribué à un rôle grammatical d'adjectif, il pose, en s'associant à tel ou tel mot, l'idée théorique d'une relation. On pourrait donc considérer les cas où il précise et qualifie un substantif qui, lui, n'impliquait pas, intrinsèquement, la notion de relation humaine effective. Ainsi par exemple des termes de norme sociale, de champ social, d'histoire sociale, de sécurité sociale, de fonds social, etc. Ces expressions comportent, plus ou moins directement, l'idée sous-jacente ou explicite d'attribution et d'assignation à un regroupement spécifique d'attributs rattachés à des catégories circonscrites. Il existe, par ailleurs, des contextes dans lesquels sont assignées à un même terme d'autres significations : norme commerciale, champ visuel, histoire médiévale, sécurité routière, fonds sous-marins, etc. Le qualificatif renforce la référence plurielle.

Ce qu'il convient de souligner c'est qu'avec l'expression « lien social » nous sommes en présence d'un redoublement de signifié. Le lien attache, réunit, met en relation. Cette qualité d'unification à plus ou moins longue portée est également implicite dans les significations qu'implique le vocable « social ». Ce dernier, toutefois, circonscrit son champ aux regroupements d'entités relevant du genre humain. Le sens commun ne voit pas d'emphase dans ce que l'on pourrait considérer comme une redondance sinon une tautologie. Il s'agirait plutôt d'un renforcement de sens volontairement donné. Cette conjonction de termes sémantiquement proches est apparue comme nécessaire sinon suffisante quant à la désignation de certains états du social.

En fait le social n'est pas réductible au lien qui s'instituerait entre ses constituants. De nombreux auteurs interrogent les qualités du social, dont, entre autres, ses capacités à créer réellement du lien entre ses membres. La question sociale qu'ils posent indique qu'une incertitude prévaut et qu'il est nécessaire de voir en quoi tel ou tel situation, contexte, organisation est apte à créer des liens sociaux effectifs.

Pour comprendre, aujourd'hui, le sens attribué à la formule « lien social » et l'actualité de cette expression, il apparaît donc plus qu'opportun de répertorier les occurrences qu'elle a pu, précédemment, connaître. Cela permettrait de dresser une taxinomie de ses diverses utilisations, d'en comparer les circonstances d'apparition, mais également de déshérence. Cette recherche n'aborde pas de manière indiscriminée toutes les incidences éventuelles. Elle s'en tient à certaines d'entre elles, jugées suffisamment significatives, dans les limites, forcément arbitraires, que suscitent *nolens volens* les rhétoriques du contexte temporel et idéologique.

De par la nature de cette recherche, les domaines qui la concernent et où le lien social peut intervenir ne sont pas extensibles à l'infini. Ceci la distingue en particulier de ce qui adviendrait si l'on ne considérait que l'une de ses parties, en l'occurrence l'adjectif « social ». Ce dernier présente une très grande plasticité. Le langage courant ou plus spécialisé pourra décider de l'utiliser pour répondre à des circonstances factuelles ou à des conceptualisations nouvelles : par exemple les technologies sociales. Ces domaines d'application couvrent, de ce fait, des terri-

toires beaucoup plus divers. Ils seront considérés, à
des exceptions éventuelles près, comme hors du
spectre de la réflexion menée ici.

En effet, cette unité lexicale composée d'un substantif et d'une épithète, on la retrouve peu, *stricto
sensu*, dans les ouvrages de référence que sont les dictionnaires et les encyclopédies. Ainsi en est-il pour le
Dictionnaire universel d'Antoine Furetière publié en
1690, somme qui se propose de rendre compte de
tous les mots et de tous les termes de la langue française récents ou plus anciens propres au spectre des
sciences et des arts[3]. Ce dictionnaire traite de la philosophie, de la logique, de la jurisprudence comme
de la rhétorique. S'agissant du substantif considéré :
« lien », celui-ci est présenté et défini d'abord et principalement sous quatre rubriques. Les premières se
rapportent à la nature physique qu'implique le mot
lien : attaches, chaînes, chevilles, etc. Seule la dernière définition traite de connotations d'ordre moral
et spirituel. L'abbé Furetière énumère plusieurs déclinaisons du terme : lien conjugal, lien amoureux, lien
amical sinon de la bonne chère ou des veillées d'hiver ainsi que les lois qui font le *lien* de la société civile.
On peut trouver ici des antériorités aux fondements
de ce qui sera perçu ultérieurement au plan social,
quoique les interprétations du rédacteur renvoient,
principalement, à des liens privés ressortissant de l'intime et de ce fait situés en dehors ou en annexe au
propos poursuivi ici.

Au fil des siècles, d'autres ouvrages du même type
s'attachent à présenter et ordonner les lexicogra-
phies dans leurs morphèmes et leurs combinatoires
et ce en rapport avec leurs utilisations passées et présentes. L'*Encyclopédie ou Dictionnaire raisonné des sciences,
des arts et des métiers par une Société de gens de lettres*[4],

dont le premier volume paraît en 1758 et le dernier
en 1768, ne retient pas l'expression de lien social
alors qu'il développe celles, par exemple, de droit
naturel, de liberté civile ou de mélancolie religieuse.
Du discours préliminaire de d'Alembert, l'un des principaux rédacteurs de l'*Encyclopédie,* on peut induire la
place qui aurait été celle de cette combinaison sémantique. Elle aurait pu, compte tenu de la division établie, alors, entre les diverses sciences de l'homme,
figurer au sein des catégories relevant de la morale et
de la jurisprudence politique : «devoirs de l'homme
en société»; l'égalité, la liberté, le libre commerce
des idées étant aux fondements des convictions des
auteurs de ce dictionnaire des sciences, des arts et
des métiers. L'idée attendue d'une modélisation de
l'économie politique sinon du lien social ne saurait
s'établir que par un dispositif législatif. «Dans l'état
de nature, les hommes naissent bien dans l'*égalité,*
mais ils n'y sauraient rester; la société la leur fait
perdre, et ils ne redeviennent égaux que par les
lois[5]. »

Un siècle plus tard, *La Grande Encyclopédie, inventaire raisonné des sciences, des lettres et des arts*[6] ne mentionne pas, elle non plus, cette déclinaison. Il en est
de même pour nombre d'ouvrages, de dictionnaires,
d'encyclopédies, de traités, etc., publiés au cours des
dernières décennies. En langue anglaise, les composés *social ties, social bond* n'ont pas d'existence pleinement affirmée dans les sciences humaines.

De réalisation récente, le *Trésor de la langue française*[7] se propose de recenser les significations diverses
historiquement accordées à tel ou tel terme. Pour
celui de lien, à côté du sens commun, physique, matériel, cette somme retient les assignations figurées se

rapportant aux rapports humains. Le lien social fait partie de l'énumération des possibilités de déclinaison du terme. Il côtoie le lien moral, est précédé des liens politiques, juridiques, et est suivi par ceux associés à la parenté, au sang, à l'âme, etc. Il est cependant ambivalent car il peut impliquer le libre choix, le choix limité ou la contrainte, et ce suivant les circonstances, les contextes et les acteurs impliqués dans la relation.

À l'encontre d'autres déclinaisons : juridiques, religieuses, morales, il ne jouit pas d'un exergue et n'est illustré par aucune citation. Pour le *Trésor de la langue française*, toutes ces dérivations relèvent de l'état de société et des liens humains, soit qu'elles impliquent un choix, soit qu'elles indiquent une sujétion. *L'Encyclopaedia universalis*, quant à elle, n'en fait pas une de ses entrées[8], de même que les traités et dictionnaires de sciences humaines et sociales, à quelques exceptions près[9].

Il apparaît donc que, jusqu'à une date récente, le composé «lien social» ne semble pas avoir fait l'objet de définitions spécifiques. Cela doit tenir à des raisons qu'il faut essayer de préciser et d'expliciter.

Entre contrainte et choix

Le lien social est consubstantiel au fait humain. Il donne à voir les relations qui naissent des interactions entre les individus et qui fondent les sociétés. Au niveau le plus élémentaire, la reproduction de l'espèce passe par l'acte sexuel. Celui-ci implique un lien minimal entre deux individus de sexe opposé, condition de l'apparition, par extension, de la vie sociale.

Le contraire, l'absence de lien, se décline de deux manières : le lien refusé *a posteriori* ou une absence de lien *a priori*. Dans le premier cas, l'isolement extrême, celui des ermites sinon des anachorètes du désert, ne prend place qu'aux lendemains de liens avec leurs semblables. Les résultats des interactions auxquelles ils ont été confrontés s'étant révélés comme négatifs et ce pour des raisons multiples : spirituelles, mystiques ou comportementales, un choix est fait. Celui-ci consiste à ne plus interagir avec les autres, à souhaiter se dé-lier. Dans le deuxième cas la relégation subie ne relève plus de l'exercice d'une mise à l'écart choisie. Les Robinsons abandonnés dans des lieux sans présence humaine ou les enfants-loups, tel, par exemple, le « Sauvage de l'Aveyron[10] », se rapprocheraient de l'état dit de nature. Ces situations démontrent, pour les premières, que l'expérience antérieure établie et structurée par le commerce humain permet d'affronter, tant soit peu, les circonstances auxquelles ils sont dorénavant confrontés. À l'inverse, dans la seconde, la condition des enfants sauvages se traduit par une absence de lien social dès le plus jeune âge, telle qu'a pu la connaître Victor de l'Aveyron. Cet état reste, lui-même, étroitement dépendant de comportements au plus près de la simple reproduction nécessaire des forces vitales et ce par les moyens les plus rudimentaires : « [...] témoignages nombreux et ineffaçables du long et total abandon de cet infortuné, et qui, considérés sous un point de vue plus général et plus philosophique, déposent autant contre la faiblesse et l'insuffisance de l'homme livré seul à ses propres moyens, qu'en faveur des ressources de la nature qui, selon des lois en apparence contradictoires, travaille ouvertement à réparer et à conserver ce qu'elle tend sourdement à détériorer et à détruire[11]. » Cette éventuelle condition, chère aux philosophes du XVIIIe siècle, apparaît alors sous des auspices contradictoires, positifs ou négatifs[12]. Cette attitude a été partagée, à quelques exceptions près dont celle du docteur Jean Itard, pédagogue attaché au devenir de l'enfant sauvage : « Oh ! Combien dans ce moment, comme dans beaucoup d'autres, […] ai-je regretté d'avoir connu cet enfant, et condamné hautement la stérile et inhumaine curiosité des hommes qui, les premiers, l'arrachèrent à une vie innocente et heureuse[13] ! »

La catégorie des prisonniers placés en isolement total afin de les soustraire aux contingences n'en relève pas moins, elle, d'expériences sociales antérieures et d'une continuité de cet ordre dans l'enceinte même de l'institution carcérale[14].

Le lien, perçu comme donnée relevant de la structuration socio-économique et facteur de cohésion, lie l'agent au système dans le maillage des pratiques et des représentations nécessaires à l'exercice de ses potentialités. Il se centre sur les choix fait *hic et nunc*, dans la proximité et dans la dynamique de « construits pratico-heuristiques » et d'« ensembles populationnels cohérents[15] ».

Utiliser l'expression de lien social renvoie à l'énonciation d'une formule désignant un état des rapports sociaux propre à telle ou telle société humaine. Elle se présente comme un signifiant dont le sens s'inscrit dans le registre du social et en dit une des modalités. Elle expose une variable des conceptualisations de situations sociales. Cette formule présente l'avantage

de ne pas, en première instance, postuler de jugement de valeur. Est étudié un rapport spécifique relevant de la nature des sociabilités, ce à quoi s'attachent
nombre d'idéologues et de spécialistes des sciences
sociales. On peut remarquer, de ce fait, et on doit
interroger les raisons circonstancielles ou plus fondamentales qui font que ce terme, en tant que tel, n'ap-
paraisse que relativement peu, du moins jusqu'à une
date récente, sous la plume et dans les analyses de
disciplines ayant pourtant pour objet le social, dans
ses divers et multiples paramètres.

Une présence plus effective de l'expression chez
certains auteurs démontrerait non seulement une
sensibilité personnelle à ce type de questionnement,
mais également répondrait à des contextes situation-
nels et temporels porteurs de valeurs particulières
cumulées au plan économique, social, symbolique :
ces périodes où, dans les modes d'intelligibilité du
monde, les contradictions entre acteurs l'emportent
sur les accords peu favorables aux conceptions de lien
social. Ce qui prédomine, alors, ce sont des oppositions frontales entre des catégories actives telles que
celles, par exemple, de nation, de religion ou de classe
sociale. Les perspectives tournent autour des possibilités de transformation de l'ordre établi — et les liens
qu'il a instaurés à son avantage : ceux de l'Ancien
Régime vis-à-vis du tiers état, de la bourgeoisie en
regard du prolétariat. Les liens sociaux et les références à cette notion fonctionnent en interne à l'adhésion ou au ralliement, et ce dans une logique de
prosélytisme. En externe, ils se mobilisent dans une
stratégie de prise de contrôle d'une situation ou d'un
contexte spécifique à modifier plus ou moins fondamentalement.

Les enjeux fondamentaux ne sont pas de créer, de nourrir ou d'entretenir le lien social, mais d'accéder à la puissance et au pouvoir dans des stratégies de conflit et d'opposition qui ne recouvrent pas seulement le champ du politique mais s'adressent aux valeurs centrales propres aux interactions entre des individus, des groupes et des sociétés. Dans ces contextes, qui trament l'histoire de l'humanité, des heurts récurrents opposent, ici ou là, des ensembles populationnels. Ils le font au nom de la tradition et/ou du devenir religieux, ethnique, politique, etc. Le lien social apparaît alors plutôt comme un moyen que comme une fin, celui de regrouper, en interne, des affidés en nombre suffisant. Encore que si on l'interprète comme signifiant, *in fine*, la concorde, il soit présenté, de manière latente ou manifeste, comme l'ultime propos des stratégies et des valeurs mises en avant. Le lien social est compris comme ressortissant de situations où les oppositions auraient ou pourraient disparaître. Elles laisseraient place à l'entente, à l'accord, au bonheur choisis et assumés, mais cela à l'avantage de l'une ou de l'autre des présomptions de ce que devrait être la logique du lien social, c'est-à-dire soit politique, religieuse ou autre. Ces perspectives prospectives sont inhérentes aux finalités poursuivies par Jean-Jacques Rousseau ou par des auteurs dits utopistes ainsi que par divers socialistes du XIXᵉ siècle. Leurs travaux, surtout ceux de ces derniers, tout en se référant à des attentes lointaines, traitent principalement des situations actuelles de rapports de forces dans le domaine économique et politique et des moyens, par l'opposition et le conflit, d'accéder, à terme, à des liens sociaux iréniques. Ces finalités, en s'appuyant sur les potentialités que recélerait l'association entre pairs, la coopération et la réforme des situations, postulent une approche de résolution des conflits et d'harmonisation du lien social.

On peut, *a priori*, distinguer trois catégories fondamentales : le lien peut impliquer de la positivité, de la négativité ou une neutralité.

Les liens sociaux positifs désigneraient des relations humaines orientées vers l'émancipation, la liberté, l'égalité, la justice, la solidarité. Ces éléments sont présents dans les perspectives, entre autres, de Locke, Rousseau, Proudhon, Durkheim. Ils renvoient non seulement à un constat positif, *hic et nunc*, mais également à une réflexion prospective sinon utopique qui, face aux contraintes, aux difficultés et aux conflits, serait souhaitée comme devenir ou comme état naturel des rapports humains et ce dans une logique de solidarité.

Les liens sociaux négatifs relèveraient des constats de La Boétie, Hobbes, Marx, Bourdieu. Ils soulignent la prévalence, dans les interactions et les institutions, de situations contraignantes, de rapports de domination et de subordination. Des conditions et des réflexions s'attachent au conflit et aux variables de la conflictualité, de l'opposition. À l'évidence cela implique également, et dans le même temps, le renforcement éventuellement nécessaire de liens sociaux endogènes, conditions stratégiques du succès possible face à ceux — individus, institutions, peuples, croyances — auxquels on s'oppose.

Les liens sociaux neutres se présenteraient comme vecteurs et pratiques permettant aux individus de s'exprimer et d'atteindre les buts qu'ils se sont fixés, liens instrumentalisés par la finalité que poursuit l'individu stratège : Stirner, Weber, Goffman, Boudon en exposent des données.

Le terme de lien social dans ses multiples significations et nombreux usages ne relèverait-il pas des
difficultés, toutes choses égales par ailleurs, que rencontre Claude Lévi-Strauss, dans son introduction à
l'œuvre de Marcel Mauss, lorsqu'il s'attache à circonscrire le sens d'une expression relevant d'un autre
registre, celle de *mana* ? En cela, la notion de lien
social présenterait également « un caractère fluide
et spontané[16] » dont la fonction serait de combler
un écart entre le signifiant et le signifié. Voilà qui
conduit à préciser l'acception que lui donnent les
disciplines constituées, en rupture avec la perception
subjective ou le sens commun spontané.

Le chercheur et son objet

Pour le sociologue, l'analyse du lien social n'en
reste pas moins prisonnière d'une dépendance, celle
de son statut d'observateur impliqué. C'est sa propre
société qu'il étudie, des liens sociaux de laquelle
nolens volens il relève. Critique ou médiateur, scribe ou
cassandre, il a des difficultés à abstraire sa réflexion,
compte tenu que ces liens le concernent directement,
qu'ils sont ceux de son milieu et de son époque, où
il est en tant que chercheur et individu inséré. Il ne
peut y être étranger. L'historien et plus encore l'an-
thropologue ont une latitude relativement plus grande
pour réaliser des analyses plus décentrées, du fait
de leur non-appartenance immédiate et effective aux
sociétés qu'ils étudient, celles d'hier ou de là-bas.

Il est nécessaire, pour cerner au plus près le lien
social, de s'extraire des références qui sont celles
du contexte et, entre autres, celles, heuristiques, touchant aux principes des sociétés démocratiques. « Si

nous voulons savoir ce qu'est le lien social, nous devons renoncer à nous laisser guider par une quelconque morale, même si nous retrouvons la morale en fin de course[17]. »

L'une des nécessités premières tient à la capacité de porter un regard qui réussisse à prendre ses distances face aux prénotions et aux assertions du sens commun qui prévalent dans l'environnement social et culturel. Cette tentative a des allures de gageure lorsque le regard, qui se veut réflexif, prend conscience des contraintes que font peser les a priori et les représentations collectives en amont, sur ce qu'il a l'intention même d'étudier. En période de hautes eaux idéologiques, politiques, confessionnelles ou autres, ces contraintes sont portées par les *doxa* de chacun des systèmes qui entendent expliquer le lien social par lui-même. L'hésitation, le tâtonnement, les doutes qui constituent autant de situations propices à des interrogations fondamentales ne sont pas ou sont peu de mise. Les assertions deviennent des dogmes. Les convictions qu'elles impliquent entraînent le constat d'impertinence voire d'inutilité de réflexions et de spéculations sur ce qui est tenu pour une évidence relevant du donné naturel.

Pénétrer les fondations du lien social implique donc une connaissance des contraintes et des apories qui font écran à la connaissance. C'est ce type de démarche qui, historiquement, aux temps de la Renaissance et plus encore au cours du siècle des Lumières, a été poursuivi par des érudits qui constituèrent, sans en avoir conscience clairement, le futur domaine des sciences de l'homme. Jusqu'alors les sociétés traditionnelles, théocratiques et aristocratiques fonctionnaient, implicitement sinon explicitement, suivant le modèle durkheimien de la solidarité mécanique,

proche, à plusieurs égards, de celui de Tönnies développé autour de la notion de communauté. Puis l'attention bientôt portée à la personne, à ses états de
conscience et aux valeurs morales qu'elle impliquerait
par les savants de la Renaissance puis des Lumières se
voit, au cours des XVIIIe et XIXe siècles, confrontée à une
montée en puissance d'autres objets d'interrogation.
Il s'agit de s'intéresser à ce qui relève non plus de la
conscience individuelle, mais des psychismes collectifs. Cette approche privilégie encore l'individuel mais
elle s'ouvre, à terme, vers des conceptions déterminées à traiter, d'abord et pour eux-mêmes, les faits collectifs et *mutatis mutandis* les liens sociaux. Bientôt le
nom rencontrera la chose.

CHAPITRE 2

Englobé et imposé

Le lien social est-il une donnée ou un projet ? Dans le premier cas il s'agirait de l'étude, par une personne extérieure, de la situation qui prévaut autour de cette notion dans l'herméneutique des textes de telle ou telle population à un certain moment de son histoire. Dans le second cas, il convient de rendre compte de manière plus directe de la façon dont les acteurs en tracent des devenirs. Une troisième perspective, tentative synthétique, est celle de dégager les corpus, les concepts et les paradigmes que divers champs disciplinaires ont alloués à cette question dans le cadre de l'élaboration de leurs problématiques, de leurs hypothèses et de leurs résultats. On sera conduit à apprécier l'importance ou l'indigence de références et de débats associés à cette notion. Cette démarche se doit non de considérer celle-là comme inscrite dans des contextes a-temporels mais, à l'inverse, de s'attacher aux contextualités multiples, aux polysémies en action dans l'énonciation de telle ou telle interprétation, voire dans la simple référence au concept.

Mais d'abord quelles sont les définitions que l'on peut spécifier ? Il faut distinguer les manières et les formalisations qui vont se mettre en place pour trai-

ter scientifiquement du lien social ou de ce qui en est
proche et préciser celles attribuées par les instances
dominantes de l'Ancien Régime, par les divers ordres :
aristocratie, clergé, bourgeoisie, corporations, pour,
par la suite, dégager celles proposées par des corpus
scientifique en émergence à la fin du XIXᵉ siècle, dont
plus particulièrement celles relevant de la sociologie.

Le lien antérieur

Le monde grec d'Homère permet de percevoir ce
qu'un lien social englobé et englobant signifiait. Il
pouvait être, alors, impensable car inclus, dissous ou
subsumé par la totalité et donc indicible ou hors
champ. À la différence des temps modernes, dans ce
contexte d'un monde «enchanté», la question du
lien est superfétatoire car elle irait de soi et serait
comme étrangère à l'interpellation ainsi que l'indiquait Georg Lukács :

> «Notre monde est devenu immensément grand et,
> en chacun de ses recoins, plus riche en dons et périls
> que celui des Grecs ; mais cette richesse même fait dis-
> paraître le sens positif sur lequel reposait leur vie : la
> totalité. Car la totalité, en tant que réalité première
> formatrice de tout phénomène singulier, implique
> qu'une œuvre fermée sur elle-même puisse être accom-
> plie ; accomplie parce que tout *advient* en elle sans que
> rien en soit exclu ou y renvoie à une réalité supé-
> rieure, accomplie parce que tout mûrit en elle vers sa
> propre perfection et, s'atteignant soi-même, s'insère
> dans l'édifice entier. Il n'est totalité possible de l'être
> que là où tout, déjà, est homogène avant d'être investi
> par les formes[1]. »

La nature physique, les hommes et les dieux participent d'une relation inscrite à la fois dans un rapport
essentiel, celui indicible de la cohésion fondamentale, ainsi que dans celui des interdépendances qui
relient étroitement les atomes, constitutifs de l'ensemble. Il ne saurait y avoir de déchirure de la trame,
de la membrane heuristique. Il n'y aurait pas ou peu
de place pour la discontinuité, le doute et la suspicion. « Les Grecs offraient des sacrifices d'abord à
Aphrodite, puis à Apollon et surtout à chacun des
dieux de la cité […]. C'est le destin qui gouverne les
dieux et non pas une science, quelle qu'elle soit[2]. »

   À cette interprétation holistique des premiers temps
de l'Antiquité hellénique, lus à travers des penseurs
contemporains, succéderait une inadéquation croissante entre l'homme et son environnement physique
et symbolique. Ce qui retient l'attention, et en l'occurrence de ceux proches de la philosophie politique,
ce sont, à la suite des propositions antérieures exprimées par *La République* de Platon ou *La Politique*
d'Aristote, la manière dont se constituent les sociétés
humaines, les effets que tels ou tels types d'organisation suscitent et les perspectives de transformation
souhaitables pour atteindre à un modèle de cité sinon
de société idéale. Pour Platon les qualités cardinales
que l'on retrouve dans la composante humaine sont
celles qui se réfèrent au désir, au cœur et à la raison.
Les premières incitent au goût des biens matériels et
se substantialisent chez les artisans et les commerçants auxquels reviennent les questions économiques,
les secondes impliquent le courage. Elles prennent
forme et s'incarnent chez les guerriers qui défendent
la cité et ne devraient rien posséder en propre, ni
biens ni même femmes et enfants. Les dernières relèvent de la sagesse. « S'il n'arrive pas […] que les phi-

losophes deviennent rois dans les États, ou que ceux auxquels on donne maintenant le nom de rois et de princes ne deviennent philosophes [...] alors [...] il n'y aura pas de trêve aux maux dont souffrent les États, pas davantage, je pense, à ceux du genre humain[3] ! » Cela conduit à la proposition suivante : ce sont à eux, les philosophes, que les charges suprêmes doivent revenir car ils seraient les plus à même d'assurer l'ordre social, la solidarité et, de fait, le lien social entre catégories assignées à des fonctions diverses mais complémentaires.

> « [...] un État où ce seront ceux qui ont le moins de goût pour exercer le pouvoir qui seront appelés à exercer ce pouvoir, sera forcément celui qui aura le gouvernement le plus parfait et le plus exempt de toute dissension, [...] le pouvoir sera aux mains de ceux qui sont les vrais riches, non pas riches d'or, mais de la richesse sans laquelle il n'y a pas de bonheur : une vie bonne et sage[4]. »

La vertu, le désintéressement et la sagesse doivent, par-delà les modes d'organisation sociale, permettre non seulement la résolution des désordres mais la possibilité d'accéder à la cité idéale. Ces dernières préoccupations : l'ordre, la solidarité, le lien social et les conditions de leur exercice sont pérennes. Nombre d'intellectuels, dont les écrits de sociologues les plus reconnus tels que, par exemple, ceux d'Émile Durkheim ou de Georg Simmel, vont les travailler au fil de leurs développements théoriques.

Pour Aristote, l'homme est un animal politique par excellence. Il est fait pour la vie en société. Celle-ci ne doit pas être que circonstancielle, limitée au besoin de protection des uns et des autres. La finalité de la cité tend à la réalisation d'un État où les individus et les regroupements familiaux puissent atteindre au bonheur. L'amitié interpersonnelle pourrait être l'intercesseur ouvrant plus largement à la concorde sociale, au lien social : « [...] nous disons que la concorde prévaut dans les cités, quand les citoyens sont unanimes sur leurs intérêts, choisissent la même ligne de conduite et exécutent les décisions prises en commun[5]. » Alors la communauté effective peut susciter, dans son travail sur elle-même, du lien partagé, la volonté de bien vivre, de mener une vie parfaite en adéquation avec le bonheur et la vertu. L'auteur de *La Politique* évoque les faits qu'induit ce lien social spécifique que constitue l'amitié : « De là sont nés dans les cités, à la fois relations de parenté, phratries, sacrifices en commun et délassement de société. Or ces diverses formes de sociabilité sont l'œuvre de l'amitié, car le choix délibéré de vivre ensemble n'est autre chose que de l'amitié[6]. » À défaut de s'attacher, *stricto sensu* et de manière plus extensive, aux rapports sociaux collectifs, Aristote pointe la problématique sous-jacente que recouvre et oblitère, de manière plus ou moins forte, l'attention centrée, en première instance, sur les dispositifs institutionnels propres aux divers modèles politiques des communautés, des cités et des États. Entre la psychologie individuelle des passions humaines et leur transcription dans des rôles et des statuts, les références à une éthique et à une morale civiques engagées sur la voie de la sagesse portent moins sur les réifications sociales que sur les données et les orientations à proposer. On pourrait interpréter cela comme des prémices et des finalités du corpus scientifique pragmatique qu'initieront, non sans retour sur cette perspective téléologique, les sciences sociales aux XIXe et XXe siècles.

Cette relative mise en abyme suscite de nombreux travaux. La République platonicienne s'appuie sur le constat qu'« il y a, selon moi, naissance de société du fait que chacun de nous, loin de se suffire à lui-même, a, au contraire, besoin d'un grand nombre de gens. Penses-tu qu'il y ait quelque autre principe de la fondation d'un groupe social[7]? ». Pour Platon la multiplicité des besoins s'ouvre sur le regroupement d'individus s'assemblant et suscitant une vie en communauté. Dans cette société politique l'organisation adéquate implique une division des tâches qui s'articule autour des attributs tels que le goût de l'économie de l'artisan, la sagesse du philosophe et la bravoure du guerrier, garante de la sécurité de la cité. Dans un schéma de ce type, le lien social construit son efficacité à la crête de l'équilibre entre les fonctions — sous le soleil des multiples divinités qui donnent le sens, animent les mythes, les mystères — et l'incompréhensible. Ces récits et ces icônes, les intéressés y adhéraient, peu ou prou, et suivant les circonstances[8].

Un parcours historique permet de percevoir les dynamiques en action et les manières dont se construisent ou se déconstruisent divers types de régulation et de lien social. Pendant plusieurs siècles et dès les débuts de l'ère chrétienne, l'ossature sociale des regroupements humains s'articule autour de catégories spécifiques assurant, par leur coordination, la reproduction de l'organisation sociale. La schématisation tripartite mise en avant par des observateurs du début du Ier millénaire s'articule autour de trois catégories qui partagent et organisent, sur les plans symbolique et matériel, les constituants propres à la perpétuation des diverses entités qui s'instaurent dans l'Occident médiéval. Le «continent» indo-européen, ce monde, celui qui ressort des mythologies comparées, a pris ses marques sur les rives de l'Indus pour s'étendre, avec de multiples variantes, vers l'ouest, vers la mer Égée, Rome sinon l'Occident médiéval. Une structuration fonctionnelle des êtres et des choses sera décrite et analysée, en particulier, par Georges Dumézil[9]. Dans ce dispositif, le lien social unit un «triple peuple». Pour la Rome antique, les catégories essentielles se distribuent entre trois entités : la souveraineté que représente Jupiter, garant du pouvoir politique ; Mars, bras armé du pouvoir auquel revient la défense de l'ordre établi, et Quirinus, divinité du commerce et de la production des biens matériels, données nécessaires à la reproduction sociale.

Ce modèle de tripartition : *oratores, bellatores, laboratores* (clergé, noblesse, paysannerie), ressort également de l'exégèse historique de textes et de documents analysés par des médiévistes, dont en particulier le texte de l'adresse d'Adalbéron au roi Robert[10]. Ainsi en est-il, par exemple, pour Georges Duby et Robert Mandrou : «[…] les moines, oisifs comme le sont les chevaliers, entourés de serviteurs qui les déchargent des basses besognes, ont leur entretien assuré par les prestations et les corvées de leurs dépendants paysans[11].» Jacques Le Goff, dans son ouvrage *La Civilisation de l'Occident médiéval*, précise cette modélisation :

> «Aux environs de l'an mille, la littérature occidentale présente la société chrétienne selon un schéma nouveau qui connaît aussitôt un vif succès. Un "triple peuple" compose la société : prêtres, guerriers, paysans. Les trois catégories sont distinctes et complémentaires, chacune a besoin des deux autres. Leur ensemble forme le corps harmonieux de la société[12]».

Le Goff indique, en référence aux propositions émanant de l'étude des mythologies comparées de Dumézil,
que l'individu ne s'impose pas comme pivot essentiel
dans ce cadre historique, dans cette *épistémè*, et cela à
l'encontre de ce qui prévaut aujourd'hui où non seulement il s'impose mais où, également, il se fait
contempteur du lien social :

> « Si nous cherchons à approcher les hommes de
> l'Occident médiéval dans leur individualité, nous
> reconnaissons bientôt que non seulement, comme dans
> toute société, les individus appartiennent chacun à
> plusieurs groupes ou communautés, mais, au Moyen
> Âge, ils semblent s'y dissoudre plus que s'y affirmer.
> [...] Il est significatif que pendant longtemps l'indi
> vidu médiéval n'existe pas dans sa singularité physique.
> Ni dans la littérature ni dans l'art les personnages ne
> sont décrits ou dépeints avec leurs particularités. Cha
> cun se réduit au type physique correspondant à son
> rang, à sa catégorie sociale[13]. »

Sous l'égide de la société tripartite le lien était
fort : établi sur la religion, sur les états et catégories
sociales et sur les corporations. Il pose peu de questions, si ce n'est celles débattues par des érudits ou
des savants. À l'évidence il n'y avait pas absence d'éléments s'y rapportant. Malgré ou au-delà des assurances fournies par les institutions dominantes, ces
pouvoirs ont su légitimer leur hégémonie par des
arguments convaincants. Ceux-ci sont étayés pour les
uns sur leur puissance temporelle, gage de pérennité
et de stabilité de conditions perçues comme naturelles. Cette puissance est réglementée dans le cadre
de dispositifs législatifs permettant d'asseoir, sur le
long terme, la perpétuation et l'assurance que le lien

social se poursuit, que des événements ne vont pas en déchirer la toile, en bousculer l'ordonnancement. Dans ces conditions, la quiétude de tous ceux qui se trouvent non seulement insérés, mais plus encore inclus dans ces systèmes sociaux à forte cohésion interne, quoique fortement inégalitaire, est garantie. Les oppositions radicales à ces enchâssements, pour effectives que pussent être ainsi les jacqueries, n'ont pas remis en cause cet équilibre général.

Cependant, alors que les dogmes théocratiques prévalaient encore, l'homéostasie du corps social, dans les définitions qu'il s'était données depuis une époque lointaine, voit s'affirmer des points d'interrogation en marge ou au détour de propositions et de thématiques consacrées. Un desserrement des attelles symboliques et heuristiques cherche à s'exprimer.

La montée de ces doutes quant à l'ordonnancement de la compréhension du monde marque les abords de la Renaissance. Ces études se sont, pendant longtemps, attachées plus à la matérialité des choses et aux univers de la physique qu'au domaine de la métaphysique. Les dogmes religieux sont préservés de remises en cause tant du fait de la puissance légale, institutionnelle qu'ils représentent que des dangers que peuvent encourir leurs contempteurs et, plus encore, des imprégnations qui sont les leurs dans le corps social. Dans ce contexte évidemment non identique suivant les diverses régions et États de l'Europe, l'attention des idéologues, terme pris au sens le plus large, se porte vers des reformulations touchant des phénomènes scientifiques dont les conséquences ne sauraient, du moins directement, mettre en question l'architecture théocratique de l'ordre social. Qu'il s'agisse de Francis Bacon, de René Descartes ou de Galilée, ils réfléchissent dans un univers qui porte les

marques des penseurs de l'Antiquité et en particulier
celles de Platon et d'Aristote. Ainsi de l'idéalisme et
de la primauté accordé au monde des Idées et des
formes ainsi qu'à une taxinomie des choses inani-
mées et animées, chez l'auteur de *La République*, s'appuyant sur la primauté des essences éternelles dont
les choses sensibles ne seraient que des expressions,
des reflets. D'Aristote est retenu, en particulier, son
traitement plus méthodique et systématique. L'expérience du monde sensible n'est pas sacrifiée au profit
de celui des Idées. Des suites logiques se construisent
par syllogismes, les syllogismes du nécessaire qui,
de proche en proche, établissent des classifications
basées sur les différences et les attributs communs
des «natures»[14]. Ces taxinomies seront reprises et
retravaillées, ultérieurement, par la scolastique. Leurs
influences seront pérennes pendant une très longue
période et ce d'autant que la ressemblance, l'ordonnancement et la hiérarchie sont au principe de l'organisation et du savoir de la civilisation occidentale.

Michel Foucault désigne cette *épistémè* comme celle
de la ressemblance, de la continuité, où le lien est
non seulement social mais où des rapports consub-
stantiels associent la nature physique à la nature
humaine sous les auspices du magique, du mythe et
de la religion. La critique des ressemblances et des
fluidités entre ces univers attendra la Renaissance
pour perdre de ses évidences. «Le monde s'enroulait
sur lui-même : la terre répétant le ciel, les visages se
mirant dans les étoiles, et l'herbe enveloppant dans
ses tiges les secrets qui servaient à l'homme[15].»

Cette modélisation n'en est pas moins traversée par
des dissonances. Elle est le cadre de conflits récurrents
où la violence physique exprime les concurrences
entre les seigneuries territoriales et les préséances

symboliques, régulières, séculières et nobiliaires[16]. Elles
touchent également la distinction entre les clercs et
les laïcs et, dans le cas de cette analogie faite avec la
tripartition, une césure prévaut au sein de la troisième catégorie, entre les serfs et l'ensemble des rotu-
riers : les *laboratores*. « Il est clair que le schéma triparti
est un symbole d'harmonie social. Comme l'apo-
logue de Menenius Agrippa, *Les Membres et l'Estomac*,
c'est un instrument imagé de désamorçage de la lutte
des classes et de mystification du peuple[17]. » Les *oratores*, *bellatores* et *laboratores* se reconstitueront partiellement autour des catégories de l'Ancien Régime
intitulées : clergé, noblesse, tiers état.

Les liens sociaux sont fortement arrimés à ces structures symboliques et sociales. Cela ne conduit cependant pas à opter mécaniquement pour une vision
irénique de la disposition du monde. On accepte d'y
croire également par crainte des sanctions. Ces strates
temporelles n'étaient pas dénuées de tensions. Le
lien social pouvait surgir comme question. Ces interrogations proviennent d'idéologues, si ce n'est de
populations qui s'en emparent car elles les vivent
comme causes de leur déstabilisation qui peuvent
leur apparaître comme incontournables. Les moments
de collusion entre ces incertitudes, ces pertes de
repères et d'aphasie suscitent des initiatives visant
à interpeller la question imposée précédemment
comme résolue, celle du lien social. Les ruptures
intellectuelles, les déchirures du tissu social donnent
place à des propositions et des actions plus ou moins
radicales et violentes symboliquement et physiquement.

Le corps social, qui, *a priori*, trouve, dans les dispositifs élaborés par les ordres religieux et nobiliaires,

les crédibilités suffisantes pour croire comme naturelles et comme immanentes les taxinomies présentées, achoppe sur les multiples et divers avatars que ces dispositifs rencontrent sur leur route. Restreignant l'attention à l'Occident chrétien médiéval, il n'apparaît pas moins que des confrontations plus que vives traversent ce dernier, qu'elles émanent de ses propres constituants ou de pressions exogènes. Pour les premières, elles trouvent leurs origines dans des critiques plus ou moins localisées quant à l'attribution des pouvoirs temporels. Des conflits récurrents opposent ceux qui ont su s'approprier l'espace, le fortifier sinon chercher à lui donner plus d'expansion. Ces luttes s'effectuent à l'intérieur du dispositif dominant. Elles ne remettent pas en cause la répartition hiérarchique entre le peuple et ceux qui se partagent le pouvoir temporel. La puissance séculaire de la noblesse de robe ou d'épée n'est pas remise en cause. Les jacqueries restent limitées. Elles n'ont pas les outils idéologiques aptes à postuler un autre type de mode de lien social quand bien même quelques tentatives ont pu advenir telles que celles initiées dans le cadre des guerres de paysans, au XVIᵉ siècle.

Les débats récurrents ont pour pivot l'interprétation des dogmes religieux et la manière dont les institutions ecclésiastiques les traitent. Le centre des discussions et des réformes argumente les formes de la spiritualité, les manières dont la foi chrétienne doit s'exercer. Les admonestations de Martin Luther s'adressent spécifiquement à un pan du corps social, celui du religieux représenté alors par l'institution pontifical, par son clergé et par ses prêtres. Au lien hiérarchique, Luther oppose un autre type de relation basée sur l'égalité des croyants, ceux-ci n'étant redevables de leur foi qu'envers les Écritures. Ses

arguties sur la question du lien social et de son identité sont effectives mais non précisées en tant que
telles. À l'évidence la façon dont est envisagé le rapport au religieux influe sur les comportements et les
sociabilités *inter pares*. Des pompes épiscopales à l'as-
cétisme luthérien, des indulgences à la prédestina-
tion calviniste, les rapports sociaux changent de
manière radicale. Ils n'en restent pas moins fondamentalement à l'intérieur d'un cadre spécifique dont
le religieux et en l'occurrence le christianisme est l'intellectuel organique. De plus ces réformismes mettent
en avant, de manière concomitante et amplifiée, l'ir-
réductibilité des destins individuels. Ces derniers sont
transcendés par les effets de l'importance cruciale
allouée aux rapports entre l'homme et l'immanence,
en référence au divin unique. De ce fait une part
moins conséquente revient à un clergé intercesseur.
L'individualisme à finalité spirituelle prend le pas,
comme valeur positive, sur les sociabilités institution-
nalisées de l'Église romaine, quand bien même l'établissement et la structuration de courants réformés
soient qu'en gésine.

Précédemment et à l'extérieur de sa zone d'influence, le monde chrétien a dû se confronter aux
capacités particulièrement démonstratives, sur le plan
militaire et confessionnel, des théologies exogènes,
et, plus précisément, à l'ampleur des conquêtes
territoriales sinon spirituelles de l'islam. Les villes
continentales de Grenade et de Cordoue abritent et
relient, un temps, aux XIIᵉ et XIIIᵉ siècles, des penseurs plus que remarquables tels qu'Averroès, Maï-
monide ou Ibn Khaldûn. Ce dernier est aujourd'hui
considéré, de par son ouvrage *La Muqaddima*[18], comme
l'un des principaux précurseurs des sciences sociales,
parmi lesquelles la sociologie. Les croisades puis la

Reconquista menées par les rois chrétiens chercheront, non sans succès mais au prix de luttes extensives,
à réduire l'influence de cette civilisation andalouse-
musulmane polyglotte et à préserver l'héritage aristo-
télicien ainsi que la primauté des lectures officielles
des textes saints, celles du Vatican.

Les conséquences de l'affaiblissement des liens et
des axiomes antérieurs se disent et impliquent une
pluralité de registres. La réflexion scientifique assoit,
de manière plus affirmée, ses interrogations dans le
cadre d'une montée de l'échange et de la sphère économique. Le cadre scolastique se distend combien
même la nécessité de rester à l'intérieur de la formalisation préétablie, faute d'alternatives suffisamment
crédibles, tend à se perpétuer : « La "bourgeoisie", à
longueur de siècles, aura parasité cette classe privilégiée, vivant près d'elle, contre elle, [...] profitant de
son imprévoyance, pour s'emparer de ses biens — souvent grâce à l'usure —, se glissant finalement dans ses
rangs et alors s'y perdant[19]. »
Le délitement de ces liens et des convictions inter-
viendra d'une part du fait de la croissance exponen-
tielle des capacités de la bourgeoisie, qui fait sienne
la sphère de l'économie délaissée par la noblesse et le
clergé, et de faible envergure dans la paysannerie. De
plus cette avancée ne s'effectue pas au nom de privi-
lèges, comme c'est le cas des ordres dominants, mais
au nom de la liberté du commerce, de la libre circulation des biens et de l'autonomie des producteurs et
des négociants. Elle s'oppose au pouvoir d'État, du
moins dans ses volontés dirigistes. Contre les réglementations, à la fin du XVIIᵉ siècle, Pierre Le Pesant
de Boisguilbert prône, pour assurer la prospérité, de
laisser faire la nature et la liberté, en l'occurrence le

libre jeu de la concurrence[20]. Cet auteur distingue et resserre la distribution sociale en une typologie regroupant d'une part les propriétaires et le pouvoir aristocratique et d'autre part les négociants et les paysans. Il incite à la circulation des revenus entre ces différentes parties du corps social.

Ces heurts et ces oppositions, plus collectifs qu'individuels, renvoient aux limites du postulat d'un « corps harmonieux ». Ils ébranlent les conceptions acquises : la philosophie politique, qui accompagne la Renaissance puis les Lumières, en constate les contradictions ainsi que l'érosion de ces modélisations. Elle va s'attacher à des propositions aptes à assurer l'organisation et le lien social.

Ordre coercitif

Les philosophes s'attachent aux caractères essentiels, propres à la nature physique et à la nature humaine. Leurs projets sont d'aborder les données fondamentales qui ressortissent de l'appréhension discursive du monde. Le mode d'intervention relève de raisonnements associés en série ou en reprises, retours, approfondissements. La vocation est de déceler et d'expliciter les fondamentaux, les principes premiers constitutifs d'une appréhension raisonnée du monde. Par là même la tentative sera de se distinguer de l'approche théologique où s'expriment plus l'intuitif et la révélation que la construction rationnelle d'un corpus de théorèmes. Ceux-ci se doivent d'être insérés dans une logique de démonstration leur permettant de susciter l'adhésion. La pensée théorique charpente et donne sens à une capacité de compréhension des principes essentiels relevant des potentialités de l'être humain à expliciter le monde. Au-delà des écoles platonicienne et aristotélicienne, elle peut tendre vers une conception heuristique. Elle assigne du sens aux comportements, aux arts de vivre et donc elle instaure une mise à distance de la réflexion pour elle-même au profit d'une interprétation, d'une programmatique induisant et incitant des modes de comportement concernant l'éthique de vie. Ce propos est d'un autre registre. Il postule les prémices de l'attention discursive et analytique.

La philosophie politique, et plus précisément ce en quoi elle touche au lien social, trouve ses antécédents dans l'interaction privilégiant la connaissance des rapports sociaux et des constructions mises en forme pour y répondre idéellement sinon effectivement. Cette discipline interroge l'existant de ce domaine dans une démarche comparative adossée au cadre spatio-temporel où elle est située, et par rapport à ses antécédents historiques. Ainsi les idéologues peuvent ne pas s'en tenir aux données et aux accommodements alors dominants. Ils s'efforcent d'ailleurs d'exercer un regard ubiquitaire sur le présent et le passé dans la diversité des rapports sociaux sinon des liens sociaux institués par le politique, comme le faisait Aristote dans _La Politique_ lorsqu'il définissait, par l'analyse des diverses formes de gouvernement érigées dans le pourtour de la mer Égée, le régime athénien. Ils posent ainsi les configurations de leur propre époque en regard de celles fondées antérieurement. Ils compulsent les argumentaires, étudient les thèses sous-jacentes, les références à tel ou tel courant, les circonstances d'émergence, les contextes temporels et de localisation ou les contentieux avec des entités préexistantes ayant pu mener à des scissiparités, etc. À terme, ils tracent les contours de propositions qui semblent leur paraître, *hic et nunc*, les plus efficientes quant à l'ordonnancement sociétal.

Thomas Hobbes écrit, au mitan du XVIIᵉ siècle, l'ouvrage : *Léviathan, ou Matière, forme et puissance de l'État chrétien et civil*. Il distingue le droit naturel, qui ouvre, à tous, l'accès aux choses, des lois de la nature, lesquelles relèvent du raisonnement. L'auteur perçoit, nonobstant à considérer comme de droit l'appropriation par chacun de toute chose, la société comme empiriquement composée de volontés individuelles tournées essentiellement vers leurs propres intérêts, le désordre de leurs appétits et de leurs passions. Ces attitudes humaines s'articulent autour de trois variables : la compétition, la défiance, la gloire :

> « Dans le premier cas, ils utilisent la violence pour se rendre maîtres de la personne d'autres hommes, femmes, enfants, et du bétail ; dans le second, pour les défendre ; dans le troisième, pour des détails, comme un mot, un sourire, une opinion différente et tout autre signe qui les sous-estime, soit directement dans leur personne, soit, par contrecoup, dans leur parenté, leurs amis, leur nation, leur profession ou leur nom[21]. »

Ces attitudes entrent en contradiction avec l'intention première de jouir équanimement des possibilités offertes par la nature. Il en ressort que ce droit naturel doit être fortement restreint. Pour ce faire, un corps politique fort doit être artificiellement instauré. Il n'est pas « naturel ». À celui-ci — Assemblée unique ou prince — est reconnue l'autorité absolue et lui est dévolue l'obéissance totale des populations concernées de par leur présence physique sur le territoire où s'étend ce pouvoir.

Il n'y a pas, comme chez John Locke, un engagement du souverain et une possibilité de remise en cause — dans des cas extrêmes — de son pouvoir, sinon un appel à la résistance au cas éventuel de dérive tyrannique. Le lien social est imposé chez Hobbes. Il s'attache d'abord au maintien de la sécurité et de la propriété plus qu'à celles de l'égalité et de la liberté : « Par cela il est manifeste que pendant ce temps où les humains vivent sans qu'une puissance commune ne leur impose à tous un respect mêlé d'effroi, leur condition est ce qu'on appelle la guerre ; et celle-ci est telle qu'elle est une guerre de chacun contre chacun[22]. »

Le lien social se charge de peur et d'agressivité dans un climat où l'homme est plus que jamais un loup pour l'homme. Il devient donc explicite qu'une telle situation délétère appelle des parades. Pour faire face à cette situation peu éloignée de celle qui prévaudrait, pour Thomas Hobbes, dans les sociétés dites archaïques, il apparaît nécessaire que la puissance d'un pouvoir tutélaire se doive d'exercer une discipline stricte et sévère pour contrer les comportements criminogènes et assurer la reconstitution de liens sociaux paisibles. Cela implique une délégation à une autorité souveraine capable de garantir l'ordre et la paix sociale :

> « Le seul moyen d'établir pareille puissance commune, capable de défendre les humains contre les invasions des étrangers et les préjudices commis aux uns par les autres et, ainsi, les protéger [...] est de rassembler [*to conferre*] toute leur puissance et toute leur force sur un homme ou une assemblée d'hommes qui peut, à la majorité des voix, ramener toutes leurs volontés à une seule volonté[23]. »

L'absence ou la perte d'association, de lien positif entre les volontés individuelles, compte tenu de ces passions récurrentes, conduit à en appeler à cette autorité souveraine et à se soumettre à elle. Elle seule serait à même d'assurer la tranquillité, la jouissance et la sécurité. Dans ce contexte le lien social résulte de l'imposition d'une souveraineté sur des individus-sujets. Leurs interactions, leurs commerces s'exercent dans le cadre des dispositions irréfragables dévolues à l'autorité et dont cette dernière exerce tous les attributs. Le lien social se joue de manière univoque une fois établie cette autorité, ce *Léviathan*.

CHAPITRE 3

La contractualisation du lien

John Locke part de prémices fortement différenciées de celles avancées par Thomas Hobbes. À
l'encontre de ce dernier, il considère que l'état de
nature, première condition de l'homme, est marqué
par la liberté, l'autonomie, l'égalité. Rien ne saurait
contraindre. Personne ne devrait empêcher quiconque
d'accéder à la jouissance des opportunités naturelles
qu'induit sa présence au monde, à l'espace-temps qui
lui a été « naturellement » imparti :

> « L'état de *nature* a la loi de la *nature*, qui doit le
> régler, et à laquelle chacun est obligé de se soumettre
> et d'obéir : la raison, qui est cette loi, enseigne à tous
> les hommes, s'ils veulent bien la consulter, qu'étant
> tous égaux et indépendants, nul ne doit nuire à un
> autre, par rapport à sa vie, à sa santé, à sa liberté, à son
> bien[1] »

Encore faudrait-il que ces arguments soient partagés,
ce qui, en l'occurrence, ne semble pas être le cas.
Cela justifie les propos et les propositions de l'auteur
d'un *Traité du gouvernement civil, de sa véritable origine,
de son début et de sa fin.* L'état de nature est celui où
personne ne dépend de personne. L'homme, de par

la raison naturelle, n'en a pas moins le droit et le devoir de se conserver et par là d'utiliser les biens lui permettant de subvenir à ses besoins, biens qu'il produit par son intervention, son travail. Ceux-ci lui appartiennent en propre et, tant que cet homme n'est pas lié à une société politique ou civile, aucune autorité, aucun juge ou souverain ne saurait lui en contester la jouissance. John Locke établit une distinction entre ceux qui relèvent de cet état, celui de nature — état que développera Jean-Jacques Rousseau et que fustigeait, comme situation ne pouvant engendrer que la violence et le chaos, Thomas Hobbes —, et les regroupements, la constitution de sociétés civiles où des lois communes sont établies. De ce fait s'y exercent des modalités de résolution des conflits d'intérêts, par accord ou sanction.

L'état de nature, celui où prévalent la liberté et l'égalité, implique les lois de la nature. Les hommes doivent s'y tenir. En dernier ressort, eux-mêmes relèvent de la puissance divine, « ouvrier tout-puissant et infiniment sage ». La non-observation de ces préceptes justifie, aux yeux de la raison, la mise en place d'une société civile capable d'établir des relations humaines et des liens sociaux aptes à pallier les penchants des passions humaines.

Pour Locke, il ne devrait pas y avoir de directive volontariste ni d'artifice mais une libre et « normale » volonté du plus grand nombre de mettre en forme les meilleures conditions de vie commune. Le pouvoir législatif constituant est opposé à l'absolutisme monarchique. Il est la clé de voûte de cette réflexion sur le devenir souhaité des sociétés humaines. Il doit pouvoir assurer ou tenter d'assurer, face au pouvoir exécutif et judiciaire, la liberté et l'égalité à l'œuvre dans le gouvernement civil.

L'état de tension potentiel peut conduire cette liberté a souhaiter asseoir sa quiétude. Pour ce faire l'individu se lie à une communauté, à une société politique. Il déléguera sciemment son consentement à celle-ci. Cela peut résulter soit d'une présence effective et antérieure de ce type de société que rejoint l'intéressé et auquel, par un consentement *express*, il se soumet, soit d'une situation où il n'y a pas eu déclaration mais plutôt consentement *tacite*. La question est de savoir «jusqu'où il oblige et lie». Elle relèverait de ce que l'intéressé se situerait objectivement, physiquement, sur un territoire administré par une autorité souveraine. Il se doit alors de se soumettre à ses lois.

Le lien social est un lien politique

Le lien politique, sous les traits de l'union «en société», de la *civitas*, du *commonwealth*, de l'État initié par le plus grand nombre, permet de dépasser l'incertitude et les risques qu'implique, tendanciellement, l'état de nature.

«Car, tous les hommes étant Rois, tous étant égaux et la plupart peu exacts observateurs de l'équité et de la justice, la jouissance d'un bien propre, dans cet État, est mal assuré et ne peut guère être tranquille. C'est ce qui oblige les hommes de quitter cette condition, laquelle, quelque libre qu'elle soit, est pleine de crainte, et exposée à de continuels dangers, et cela fait voir que ce n'est pas sans raison qu'ils recherchent la société, et qu'ils souhaitent de se joindre avec d'autres qui sont déjà unis ou qui ont dessein de s'unir et de composer un corps, pour la conservation mutuelle de leurs vies, de leurs *libertés* et de leurs biens ; choses que j'appelle, d'un nom général, *propriétés*[2]. »

Combien même sur des principes premiers opposés quant aux valeurs intrinsèques de l'état de nature, la nécessité d'une mise en société — du lien social — se retrouve, sous des formes radicalement distinctes, chez Thomas Hobbes et John Locke. Ce dernier innove car les finalités qu'il poursuit ne s'en tiennent pas à la garantie de l'ordre social mais tendent, sous l'égide d'une délégation de pouvoir du plus grand nombre, vers le bien du peuple.

John Locke s'attache à préciser les limites que l'État, émanation de la société politique, se doit de respecter, c'est-à-dire les conditions à même d'assurer la liberté et la jouissance des biens. La question récurrente, et qui s'adresse tout aussi bien aux contemporains de Charles Ier et de Guillaume d'Orange qu'à ceux de l'an III de la Révolution française, est celle de savoir comment un citoyen peut, tout à la fois, « se séparer de sa liberté […] et la conserver[3] ». Locke fustige les tentatives de formation d'État ne reposant pas sur « le consentement du peuple » tout comme celles dérogeant au droit et à la justice ce qui équivaut à « joindre la tyrannie à l'*usurpation*[4] ». Il trace les limites entre le monarque « éclairée », c'est-à-dire considérant le bien du peuple, et le tyran ne poursuivant que la satisfaction de ses « passions déréglées ».

Locke pose la nécessaire stabilité de la communauté ou de l'État lorsqu'ils émanent de la délégation du peuple. Ne peut attenter à ce pouvoir ou le remettre en cause que la fin du mandat qui lui avait été assigné ou la mauvaise conduite dont ce pouvoir se rendrait coupable. Dans ces circonstances, le peuple « a droit d'agir en qualité de souverain[5] ». Il

lui revient de dissoudre et d'établir une nouvelle
forme de gouvernement.

Ces propos seront plus que d'actualité lors des
interrogations sur les modalités d'autorité à instituer
dans le cadre de la Révolution française. Cela sera
d'autant plus pertinent que l'auteur du *Traité du gouvernement civil, de sa véritable origine, de son début et de sa
fin* réfute les auteurs prompts à affirmer la dépendance, de naissance, des sujets à leur prince tout
comme il n'adhère pas aux thèses des zélateurs des
excès contraires, anarchiques, ceux propres à « entretenir des séditions éternelles ». Il s'agit de trouver
« un milieu entre ces extrémités[6] ».

Jean-Jacques Rousseau inverse les propositions hob-
bésiennes de manière encore plus explicite. Tout en
prenant la précaution de préciser qu'il « ne faut pas
prendre les Recherches, dans lesquelles on peut entrer
sur ce Sujet, pour des verités historiques, mais seulement pour des raisonnements hypothétiques et condi-
tionnels[7] », l'état de nature est, pour lui, non pas un
état de guerre auquel il faut remédier de façon auto-
ritaire, mais un état de paix que la mise en société
transforme en état de guerre. Il le présente dans un
tableau suggestif :

> « […] tant qu'ils ne s'appliquérent qu'à des ouvrages
> qu'un seul pouvoit faire, et qu'à des arts qui n'avoient
> pas besoin du concours de plusieurs mains, ils vécu-
> rent libres, sains, bons, et heureux autant qu'ils pou-
> voient l'être par leur Nature, et continuérent à joüir
> entre eux des douceurs d'un commerce independant :
> mais, dès l'instant qu'un homme eut besoin du secours
> d'un autre ; dès qu'on s'apperçut qu'il étoit utile à un
> seul d'avoir des provisions pour deux, l'égalité dispa-

rut, la propriété s'introduisit, le travail dévint nécessaire, et les vastes forêts se changèrent en des Campagnes riantes qu'il falut arroser de la sueur des
hommes, et dans lesquelles on vit bientôt l'esclavage
et la miséra germer et croître avec les moissons[8]. »

L'homme dans l'état originaire, de pure nature, est
en contact relatif avec ses semblables. La capacité de
subvenir à ses besoins par lui-même et par ses propres
forces entraîne une quiétude que ne distrait ni ne per-
turbe la fréquentation et la nécessité d'avoir recours
à autrui. « Le premier sentiment de l'homme fut celui
de son existence, son premier soin celui de sa conservation. [...] telle fut la vie d'un animal borné d'abord
aux pures sensations[9]. » Cependant l'accroissement du
genre humain détermine rencontre, langage, entraide
ponctuelle, apparition d'un rapprochement, d'un lien
socialisé autour des géniteurs et de leurs progéni-
tures : « Chaque famille devint une petite Société
d'autant mieux unie que l'attachement réciproque et
la liberté en étoient les seuls liens[10]. » Cet état où le
lien humain relève d'une égalité et d'une liberté entre
pairs est proche des thèses lockiennes : « [...] selon
l'axiome du sage Locke, *il ne sauroit y avoir d'injure, où
il n'y a point de propriété*[11]. » Cet état premier de liberté
sans règle et d'innocence, s'il permet d'ignorer la
misère morale, n'en est pas moins un obstacle au progrès qui naît de l'union des hommes, facteur éventuel de l'émergence et de la pratique de la vertu. Et ce
d'autant que la pratique du commerce des hommes
rend caduque l'influence positive de la nature sur les
comportements. La situation ne deviendra proche de
la phase historique hobbésienne que dès lors que :

« [...] le nœud social commence à se relâcher et l'État
à saffoiblir ; quand les intérêts particuliers commencent

à se faire sentir et les petites sociétés à influer sur la grande, l'intérêt commun s'altere et trouve des opposans : l'unanimité ne regne plus dans les voix, la volonté générale n'est plus la volonté de tous, il s'élève des contradictions, des débats, et le meilleur avis ne passe point sans disputes. Enfin quand l'État près de sa ruine ne subsiste plus que par une forme illusoire et vaine, que le lien social est rompu dans tous les cœurs, que le plus vil intérêt se pare effrontément du nom sacré du bien public, alors la volonté générale devient muette, tous guidés par des motifs secrets n'opinent pas plus comme Citoyens que si l'État n'eût jamais existé ; et l'on fait passer faussement sous le nom de Loix des décrets iniques qui n'ont pour but que l'intérêt particulier [12]. »

Paradoxalement l'exaspération des désirs nés de la promiscuité induit du lien social. « [...] nos besoins nous rapprochent à mesure que nos passions nous divisent, et plus nous devenons ennemis de nos semblables moins nous pouvons nous passer d'eux. Tels sont les prémiers liens de la société générale [13]. » L'auteur de l'*Émile* précise les éléments de cette transition marquée par le passage de liens basés sur l'amour entre proches à ceux résultant du commerce social et relevant de tout autres considérations, dont celles de l'intérêt et de la contrainte. Jean-Jacques Rousseau constate que « dans les motifs qui portent les hommes à s'unir entre eux par des liens volontaires il n'y a rien qui se rapporte au point de réunion ; que loin de se proposer un objet de félicité commune d'où chacun put tirer la sienne, le bonheur de l'un fait le malheur d'un autre [14] ». Le lien né de la socialisation, tout en étant effectif, porte en son sein de multiples valeurs. Mais la résolution dans une direction favorable à la liberté et à l'égalité est incessamment contredite ou détournée par les penchants et les passions individuelles nuisibles à l'union.

Dès ses premiers écrits, l'auteur du *Contrat social* se démarque des sociabilités propres à son époque, le siècle dit des Lumières : «Avant que l'Art eut façonné nos maniéres et appris à nos passions à parler un langage apprêté, nos mœurs étoient rustiques, mais naturelles[15].» Il ne perçoit pas de progrès quant au bonheur mais plutôt la périclitation de valeurs dévoyées non seulement par les incessantes oppositions d'intérêts et par le goût de l'argent mais, également et paradoxalement, par l'avancée des connaissances tant dans le domaine des sciences que dans celui des arts : «[…] nos âmes se sont corrompuës a mesure que nos Sciences et nos Arts se sont avancés à la perfection[16].» La suffisance, la pédanterie, l'inconstance l'emportent sur les vertus premières. L'auteur interpelle les «Philosophes illustres» et leur demande en quoi leurs travaux, dont il souligne ironiquement les qualités intrinsèques, ont permis d'améliorer les mœurs. Le lien social est fortement disjoint des principes cardinaux que sont, pour lui, la vertu, la moralité, qualités plus présentes dans l'état de nature que dans celui de société là où le commerce social passe trop souvent par le paraître plus que par l'être.

Il est cependant un autre élément du ciment social, selon Rousseau, le travail : «Maître, j'ai besoin d'ouvrage. Compagnon, mettez-vous là, travaillez. Avant que l'heure du dîner soit venüe, vous avez gagné vôtre dîné ; si vous étes diligent et sobre, avant que huit jours se passent, vous aurez dequoi vivre huit autres jours. Vous aurez vécu libre, sain, vrai, laborieux, juste[17].» C'est par rapport à cet esprit et ces valeurs dont il est porteur que Jean-Jacques Rousseau souhaite, pour Émile, un métier manuel : «Il faut

qu'il travaille en paysan et qu'il pense en philosophe
[…]. Le grand secret de l'éducation est de faire que
les exercices du corps et ceux de l'esprit servent toujours de délassement les uns aux autres[18]. » Le métier
de menuisier lui apparaît comme étant l'un des plus
adéquats : « Il est propre, il est utile, il peut s'exercer
dans la maison ; il tient suffisamment le corps en
haleine ; il exige dans l'ouvrier de l'adresse et de l'industrie, et dans la forme des ouvrages que l'utilité
détermine, l'élégance et le goût ne sont pas exclus[19]. »
Cette attention portée à une implication professionnelle de ce type, on la retrouve, ultérieurement, entre
autres chez Pierre-Joseph Proudhon. « Le travail est la
force plastique de la société, l'idée-type qui détermine les diverses phases de sa croissance, et par suite
tout son organisme, tant interne qu'externe[20]. » De
manière similaire, elle est, chez cet auteur, la condition
nécessaire pour pouvoir assurer la liberté de l'individu. Une fois que la reconnaissance de la compétence est acquise, cette dernière permet l'insertion
dans le lien social par le biais de cet axe cardinal, le
travail : « Le Travail, comme l'Univers, comme la Raison, ne revêt des formes pures et régulières qu'autant
qu'il est groupé, composé, sérié dans sa division. Frac-
tionné en parcelle infinitésimale, ou réduit à ses derniers éléments, le travail est, pour celui qui l'exécute,
chose inintelligible, abrutissante, stupide[21] » Du lien
émerge tant des séries ordonnées que de la réalisation des productions et des ordonnancements hiérar-
chiques de l'atelier : apprenti, compagnon, maître.
De la sorte l'enfant, l'adolescent puis l'homme doit
pouvoir se tenir à l'écart du vice et être à même de
développer les qualités essentielles qu'implique la vie
en société.

Jean-Jacques Rousseau, dans *Du contrat social*, donne

une interprétation heuristique et fondatrice des conditions nécessaires pour que les rapports humains s'établissent dans des conditions souhaitables, cela afin de pouvoir concilier la liberté de la personne et une forme de société induisant des liens sociaux propices à une telle perspective. L'état constant ou récurrent de guerre tend, à l'évidence, à instaurer un type de rapports dont l'esclavage découle «naturellement», comme l'avançaient Aristote, Grotius ou Hobbes, dans la mesure où : «Les esclaves perdent tout dans leurs fers, jusqu'au désir d'en sortir [...]. La force a fait les premiers esclaves, leur lâcheté les a perpétués[22].» Poursuivant les réflexions de ces auteurs, Rousseau souligne que, même en temps de paix, la prévalence du despote sur ses sujets conduit ces derniers à adopter des attitudes sinon similaires du moins peu éloignées : «On dira que le despote assure à ses sujets la tranquillité civile. [...] Qu'y gagnent-ils, si cette tranquillité même est une de leurs misères? On vit tranquille aussi dans les cachots ; en est-ce assez pour s'y trouver bien[23]?» Il retrouve des accents d'Étienne de la Boétie, l'auteur du *Discours de la servitude volontaire* : «Il n'est pas croiable comme le peuple, deslors qu'il est assujetti, tombe si soudain en un tel et si profond oubly de la franchise [...] servant si franchement et tant volontiers, qu'on diroit a le voir qu'il a non pas perdu sa liberté, mais gaigné sa servitude[24].» Ces accents sont plus que contemporains si on les rapporte aux analyses critiques des sociétés de consommation mais également d'exclusion de la fin du second et du début du troisième millénaire[25]. Pour Jean-Jacques Rousseau : «Renoncer à sa liberté c'est renoncer à sa qualité d'homme, aux droits de l'humanité, même à ses devoirs[26].» Le projet doit s'accompagner d'une égalité par convention ainsi que de droit qui

saura compenser les manques ou les faiblesses tant
d'ordre matériel que physique ou intellectuel de
certains.

L'accord devrait s'établir sur la préséance de la
communauté comme émanation de la volonté générale. Elle a pour destination le bien commun et elle
devrait être à même d'assurer la solidité du lien social
et d'en garantir la pérennité. Pour l'auteur du *Discours sur l'origine et les fondements de l'inégalité*, le lien
social est composé d'éléments communs aux différents intérêts. Il est constitutif de la conjugaison et de
l'accord des intérêts particuliers qui se formalisent
dans la volonté générale, cette dernière ayant pour
finalité le bien commun. Lorsqu'une altération de
cette volonté générale, qui a pour destination d'œu-
vrer pour l'ensemble, s'effectue, alors les intérêts privés
l'emportent. Chacun essaie de mettre à son avantage
les dispositifs publics qui, hier, étaient représentatifs
des intérêts de tous. Un délitement progressif s'empare des relations sociales tout comme des institutions et de l'État. Cela conduit à une situation où
«l'unanimité ne règne plus dans les voix, la volonté
générale n'est plus la volonté de tous [...] le lien
social est rompu dans tous les cœurs [...] le plus vil
intérêt se pare effrontément du nom sacré du bien
public[27]».

Le constat de ces carences, dont seraient également complices les esprits dits éclairés de l'époque,
conduit Jean-Jacques Rousseau à suggérer d'autres
modalités de constitution du lien social et du gouvernement des hommes. Ces propositions doivent décliner les valeurs paradigmatiques que sont la liberté et
l'égalité associées à l'inéluctable nécessité, du moins
depuis la sortie des premiers temps — celui de l'état
de nature —, d'une mise en relation ordonnée et ver-

tueuse d'un genre, l'espèce humaine marquée au
sceau de l'appétit et du vice.

Le pacte social reprend les questions soulevées
par Spinoza, Pascal et Locke, ceux qui souhaitent que
l'individu préserve son autonomie combien même il
ne peut faire l'impasse sur la mise en société et donc,
en particulier, sur des contraintes de soumission et
d'obéissance. Réfutant les prérogatives de la force
comme constitutives du droit et de la légitimité,
compte tenu de la précarité même de sa permanence,
il se confronte à l'apparente éternelle quadrature
du cercle : comment assurer des liens sociaux d'une
nature et d'une qualité telles qu'ils assumeraient
dans le contexte de l'état de société tant la liberté de
la personne que sa sauvegarde ainsi que celle de ses
biens ?

« Trouver une forme d'association qui défende et
protege de toute la force commune la personne et
les biens de chaque associé, et par laquelle chacun
s'unissant à tous n'obéisse pourtant qu'à lui-même et
reste aussi libre qu'auparavant[28] ? » Maurice Halbwachs, comme le feront régulièrement les exégètes
des diverses modélisations sociales, souligne le paradoxe sinon l'aporie d'une telle tentative[29]. Comme
l'indique ce sociologue, dans la suite des commentaires d'Émile Durkheim[30], la mise en acte effective et
réfléchie, dans le cadre de l'exposé du *Contrat social*,
trace l'une des gageures auxquelles est confrontée
la vie sociale : le rapprochement contradictoire entre
le besoin des autres et le refus ou la résistance à en
assumer les conditions :

> « [...] telle loi est-elle conforme à la volonté générale,
> qui a pour objet l'intérêt commun ? Or chacun obéit à
> la fois à deux mobiles : la recherche de l'intérêt com-

mun, la poursuite de son intérêt particulier. Si le second
mobile est le plus fort, l'homme croira que l'intérêt
commun se confond avec son intérêt particulier. Il
faudrait que ceux qui opinent ainsi soient éliminés,
pour obtenir en sa pureté la volonté générale[31]. »

L'aliénation, décriée, de la personne paraît nécessaire alors même qu'à l'opposé du *Léviathan* la liberté
de chacun, et non seulement sa sécurité et l'ordre, est
concurremment postulée. Cette aliénation, elle n'a
pas pour mentor une autorité dictante. Elle relève de
la volonté générale et est partagée par tous et de tous.
Une telle association « rêvée », « utopiste », qui conju-
guerait l'unité et le tout, l'unique et l'ensemble, déjà
à l'essai dans les traités de John Locke, devient de
plus en plus explicitement l'horizon contre lequel,
en particulier aux lendemains de l'Ancien Régime,
l'esprit humain cogne sans trêve. Le mouvement dialectique entre le particulier et le général, la conscience
individuelle et la conscience collective, met à l'épreuve
le contrat social.

   Le lien social se dit, chez Jean-Jacques Rousseau, à
travers la volonté générale. Le corps politique — correspondant à l'association du contractant — est institué en État ou souverain, suivant les contextes. Le
lien résulte de l'engagement entre les actants du
pacte social, c'est-à-dire par des citoyens dialectiquement agis, acteurs du corps politique impliquant l'interaction de la personne et de l'État, ce dont même
Hobbes convenait : « On dit qu'un *État* est *institué*
quand les hommes en *multitude* s'accordent et *conviennent, chacun avec chacun*, que, quels que soient l'*homme*
ou l'*assemblée d'hommes*, auxquels la majorité a donné
le *droit* de *représenter* la personne de tous (c'est-à-dire
d'être leur *représentant*), chacun, aussi bien celui qui a

voté pour que celui qui a *voté contre, autorisera* toutes les actions et tous les jugements de cet homme ou de cette assemblée d'hommes comme s'ils étaient les siens propres, dans le but de vivre en paix entre eux et d'être protégés contre les autres[32]. »

Les perspectives proposées par Rousseau dans les *Considérations sur le gouvernement de Pologne et sur sa réformation projettée* précisent les argumentaires et éclairent des pans du *Contrat social*. Elles leur donnent une ossature circonstancielle qui énonce les difficultés et les aménagements nécessaires. « Ne pouvant créer tout d'un coup de nouveaux citoyens il faut commencer par tirer parti de ceux qui existent ; et offrir une route nouvelle à leur ambition c'est le moyen de les disposer à la suivre[33]. » Cet éclairage dévoile les contingences imparables, celles auxquelles, plus de dix ans après sa mort, dans la dynamique de la Révolution française, devront faire face ou dont feront fi les acteurs de l'an III : « Personne ne nous a donné une plus juste idée du peuple que Rousseau, parce que personne ne l'a plus aimé. [...] Le peuple veut le bien, parce que le bien public est son intérêt, parce que les bonnes lois sont sa sauvegarde : ses mandataires ne le veulent pas toujours, parce qu'ils veulent tourner l'autorité qu'il leur confie au profit de leur orgueil. Lisez ce que Rousseau a écrit du gouvernement représentatif, et vous jugerez si le peuple peut dormir impunément[34]. » Sous des auspices fortement teintés par ces références, ils chercheront à conjuguer l'appel à la vertu, à la toute-puissance de l'État — émanation de la volonté générale —, avec les impératifs de l'idéalisme égalitaire, conjonction apparemment improbable, cela non sans relire et amender certains argumentaires rousseauistes[35].

Les thèses du *Contrat social* ont une portée incon-

testable non seulement de par les réflexions sur les
modalités d'un lien social dans ses antériorités et son
devenir, mais également pour les perspectives heuristiques à grande portée sur l'organisation politique
des sociétés humaines qu'elles impliquent. C'est dans
ce sens que les propositions présentées connaîtront
fortune et réserve. Cela sera en particulier évident au
travers des débats et des tentatives de mutation des
rapports sociaux et du lien social qu'initient et mettent
en œuvre non seulement les acteurs de la Révolution
de 1789, mais tous ceux : idéologues, philosophes,
théoriciens et praticiens, hommes politiques et légis-
lateurs qui s'attacheront à l'idée de l'organisation du
social et des sociétés humaines comme Proudhon
l'exprime : « L'un des plus fameux exemples de cette
idéomanie a été J.-J. Rousseau, qui, pour avoir très bien
aperçu les vices de la société, prit comme point de
départ de ses écrits réformistes un état de nature
impossible[36]. » Ces thèses continuent à tarauder,
aujourd'hui même, alors qu'elles procèdent, du moins
plus formellement, de la philosophie et du droit politique dont relève la codification des droits et des
règles des pays à régime démocratique. Les perspectives d'un contrat social garantissant tant l'individu
que l'association des individus dans la liberté et l'égalité de liens sociaux assumées et partagées n'en restent pas moins un défi sinon une chimère. Ce dont
vont procéder les réflexions des réformateurs, les
gloses des idéologues ainsi que les aspirations et
les eschatologies des mouvements révolutionnaires
du XIXe et du XXe siècle.

L'attention portée à l'œuvre de Jean-Jacques Rousseau n'a, depuis lors, cessé. Elle n'en a pas moins été

prise à partie ou du moins contestée pour des raisons diamétralement opposées et réductibles à un binôme opposant l'individualisme au totalitarisme. D'une part l'orthodoxie marxiste a reconnu la validité des critiques rousseauistes de la propriété et la qualité de leurs tentatives de transformer les rapports sociaux à l'avantage du plus grand nombre. Cependant, elle lui a reproché ses prises en compte insuffisantes des facteurs économiques tout comme des classes sociales et de leurs antagonismes, données fondatrices du matérialisme historique. Elle ne pouvait pas adhérer à ce qu'elle considère comme relevant d'un idéalisme utopique voire petit-bourgeois posant et prônant, en laboratoire, la possible harmonisation de contrats sociaux à advenir, mais en absolvant d'une certaine manière les limites : « […] le contrat social de Rousseau ne vint au monde, et ne pouvait venir au monde, que sous la forme d'une République démocratique bourgeoise. Pas plus qu'aucun de leurs prédécesseurs, les grands penseurs du XVIIIe siècle ne pouvaient transgresser les barrières que leur propre époque leur avait fixées[37]. »

D'autre part, les contraintes englobées dans la volonté générale ont suscité maintes critiques. Tout en donnant un écho favorable à certaines thèses rousseauistes, Friedrich Hegel et, plus radicalement, d'autres idéologues — tels que, au XIXe siècle, Joseph de Maistre ou Henri Taine ou, au XXe, Hannah Arendt ou Claude Lefort — se sont élevés contre les dangers d'un pacte social qui pourrait impliquer des restrictions radicales à la liberté humaine au profit de la mise en place d'un régime totalitaire[38]. Enfin, l'idée de peuple souverain et de volonté générale suscite également des réserves chez des républicains peu

convaincus de la valeur intrinsèque d'une telle délégation de pouvoir à des citoyens non avertis[39].

Comme suite aux limites des tentatives de mise en
pratique des propositions des philosophes, certaines
réflexions sur la nature du lien social vont se déplacer
vers d'autres orientations. Elles ne vont plus prendre
comme assises essentielles le champ des références
antérieures dans leurs déclinaisons, dont celles de
l'antiquité gréco-romaine et ses catégories de la tyrannie, de l'oligarchie et de la démocratie, ce qu'avaient
fait, sous des registres différents, Thomas Hobbes, John
Locke ou Jean-Jacques Rousseau. Les liens sociaux
attachés, par exemple, à l'état de nature étaient présentés soit comme associés à la barbarie pour Hobbes,
soit comme référence didactique chez Locke ou
comme antériorité positive pour Rousseau. Ils vont
dorénavant, et dans le cadre de la montée en puissance de la révolution industrielle, s'éloigner des
rives référentielles de la plus lointaine Antiquité pour
se confronter aux effets drastiques des conditions du
monde moderne.

CHAPITRE 4

Le lien espéré et la dé-liaison

Le XIXᵉ siècle, et en particulier sa première moitié, reprend partiellement les débats scolastiques. Ceux-ci ont émergé des distinctions historiques traitant de l'organisation des rapports sociaux et du lien social. Les propositions avancées tentent de trouver des modalités pouvant conjuguer la liberté, l'égalité et la fraternité. Mais les penseurs du XIXᵉ innovent également par des schémas qui se démarquent de ces conjectures antérieures, celles des philosophes de l'Ancien Régime. Ces dernières, combien même subtiles, cumulatives ou concurrentielles, ont montré les difficultés que soulèvent les tentatives d'instauration de liens sociaux, par le biais de pactes ou de contrats où prévaudraient l'égalité et la paix sociale. C'est à nouveaux frais, et en décalage ou du moins en mise à distance de ces référentiels devenus plus ou moins canoniques, que de nouvelles modélisations se développent. Leurs auteurs, couramment désignés comme utopistes, argumentent, selon une temporalité et sous des grammaires diverses, les conditions aptes à résoudre les contradictions inhérentes aux socialisations humaines.

La notion d'association est retenue comme variable pertinente pouvant apporter des réponses aux ques-

tions récurrentes. Elle était déjà un des axes de
réflexion des traités et des contrats élaborés aux siècles
précédents. Cependant elle n'y occupait pas une place
aussi stratégique. Au XIXᵉ siècle, elle devient l'un des
paradigmes essentiels, qui sera lui-même concrètement mis en pratique.

Des idéologues[1] tenants de ce que l'on désigne,
de plus en plus, comme relevant, en particulier, de la
philosophie morale et politique retravaillent des données. Ils étudient et conjecturent des hypothèses à
partir de situations sociales. Ils dressent des attendus
à visée radicale sinon eschatologique.

L'utopie harmonieuse : le libre jeu des passions comme lien social

François-Marie-Charles Fourier est l'une des figures
emblématiques de ce courant. Témoin des années
révolutionnaires en termes de convictions : «Ren-
dons à la politique civilisée le seul éloge qui lui soit
dû. [...] lorsqu'elle détruisit elle-même son ouvrage
de trente siècles, lorsque le premier des Empires civi-
lisés renversa toutes les charlataneries sociales : trône,
sacerdoce, féodalité, agiotage, tout s'écroulait à la
fois. Il semblait que le grand corps du peuple allait
se purger de tous les ulcères qui le desséchaient[2]»,
mais également en termes de limites — à son corps
défendant il sera, lui-même, inquiété en tant que
«défenseur» de la Gironde lyonnaise et également
en tant que réfractaire à l'enrôlement dans les
armées républicaines[3].

Ultérieurement, il va tracer une des perspectives
les plus novatrices de transformation des rapports

humains et du lien social. Pour ce faire et compte
tenu de

> « [...] l'impéritie dont les Philosophes avaient fait
> preuve dans leur coup d'essai, dans la Révolution
> française, chacun s'accordait à regarder leur science
> comme un égarement de l'esprit humain [...]. J'adop-
> tai donc pour règle dans mes recherches, LE DOUTE
> ABSOLU ET L'ÉCART ABSOLU [...] j'évitai toute
> recherche sur ce qui touchait aux intérêts du trône et
> de l'autel, dont les philosophes se sont occupés sans
> relâche [cherchant] le bien social dans les innova-
> tions administratives ou religieuses ; je m'appliquai au
> contraire à ne chercher le bien que dans des opéra-
> tions [...] qui ne reposassent que sur des mesures
> industrielles ou domestiques, et qui fussent compa-
> tibles avec tous les gouvernements sans avoir besoin de
> leur intervention [4]. »

Fourier met le concept d'association en rapport étroit
mais non dominant avec celui de passion. Ce dernier
lui apparaît comme vecteur méthodologique du lien
social. Il s'appuie non sur des dispositifs de politique
contractuelle mais sur ce qui relève des attirances et
plus encore de leur mise en harmonie. Il ne s'agit pas
d'une harmonie préétablie où la liberté et l'autonomie sont réductibles à des présupposés métaphysiques. Chez Charles Fourier, les références à une
entité conceptrice de l'univers, divine, apparaissent à
la fois comme centrales, car elle est figure et facteur,
mais également de manière latente comme postulat
nécessaire. Une fois reconnues, elles autorisent ou
devraient permettre à l'idéologue masqué de ne pas
être sanctionné du fait de thèses pour le moins iconoclastes pour l'époque.
   En fait l'auteur opère un renversement des rap-

ports entre ce qui relève de l'ordinaire et ce qui
touche à l'incommensurable. Il se fait le porte-parole,
l'intercesseur de ce que le divin implique : « L'Amour
est pivot de société. C'est, dit Fourier, la plus belle des passions... toute divine et qui nous identifie le mieux
avec Dieu, qui nous rend en quelque sorte participants de son essence[5]. » À la différence des idéologues qui interprètent sinon glosent sur des textes
pour déterminer la conduite à tenir, l'auteur du *Nouveau monde industriel et sociétaire* met en avant des processus dynamiques. Atteindre à l'Harmonie suppose
une implication active. L'attraction est le vecteur de
nouveaux liens sociaux à établir.

> « La loi de l'attraction passionnelle anime jusqu'à la
> matière et garantit la liberté des hommes, c'est-à-dire
> la réalisation de toutes leurs ressources. [...] Elle tend
> à trois buts : le luxe, les groupes et les séries. [...] La
> sagesse du créateur, dit-il, a distribué l'attraction pas-
> sionnelle dans tous les âges en doses proportionnelles
> aux emplois d'harmonie sociétaire. Selon ce principe,
> nous ne devons jamais rester en infra-destin : nos
> biens doivent égaler nos désirs[6]. »

Pour atteindre ce stade il convient de s'y attacher par
le biais de la notion d'association. S'agissant de celle-
ci, et non sans une habituelle faconde fréquente chez
lui, *hubris* peu soucieuse de reconnaître les travaux de
ses prédécesseurs (dont, en particulier ceux de l'auteur du *Contrat social*), Charles Fourier considère
qu'il innove radicalement :

> « Est-ce par dédain, par inadvertance ou par crainte
> d'insuccès, que les savants ont négligé de s'exercer sur
> le problème de l'association ? Il n'importe quel a été
> leur motif, mais ils l'ont négligé ; je suis le premier et

le seul qui s'en soit occupé : de là résulte que si la théorie de l'association, inconnue jusqu'à ce jour, pouvait acheminer à d'autres découvertes, si elle est la clé de quelques nouvelles sciences, elles ont dû échoir à moi seul, puisque je suis le seul qui aie cherché et saisi cette théorie[7]. »

Il est vrai que ce que propose Fourier est éloigné des thématiques habituelles, encore que les références à la liberté, à l'égalité et à un ordre supérieur, celui du bonheur, aient déjà été plus que présentes. L'association, l'attraction, n'est qu'une étape vers un monde où le lien social sera non l'accord, le pacte plus ou moins factuel entre des individus dans le cadre d'une finalité précise, mais l'ouverture vers la polyphonie des sens. Charles Fourier conduit un argumentaire visant tant à la critique de l'État social, dont les liens qu'il implique, qu'à la mise en place du devenir social, celui de l'État sociétaire qui sera d'autant plus remarquable qu'il a été différé. Dans la treizième expression des passions, l'unitarisme conjuguera, à l'encontre de l'égoïsme, le bonheur de la personne avec celui de tous les individus :

« L'Unitéisme est le penchant de l'individu à concilier son bonheur avec celui de tout ce qui l'entoure, et de tout le genre humain, aujourd'hui si haïssable. C'est une philanthropie illimitée, une bienveillance universelle, qui ne pourra se développer que lorsque le genre humain tout entier sera riche, libre et juste, conformément aux trois passions sous-foyères, Luxe, Groupe et Séries[8]. »

De la conjugaison graduée des processus d'association, d'attraction, de formalisation en série et en groupe devrait résulter un ordre inséparable du mou-

vement des attractions qui le constitue. Ainsi ce bonheur serait capable de réaliser la gageure récurrente
du lien entre l'individuel et le collectif : le lien social.

> « L'Harmonie ne socialise ni ne discipline le désir,
> mais le branche de telle sorte que son procès ne soit
> pas interrompu dans un corps social et qu'il produise
> des énonciations collectives. En noyant l'égoïsme à
> force de ramifications et d'extensions, elle empêche
> l'unification autoritaire des manies et des goûts et
> favorise bien plutôt leur essaimage à l'infini. Ce que
> Fourier édicte en énonçant cette règle fondamentale :
> "Absorber la cupidité individuelle dans les intérêts col-
> lectifs de chaque Série et de la Phalange entière et
> absorber les prétentions collectives de chaque Série
> par les intérêts individuels de chaque sectaire dans
> une autre foule d'autres Séries"[9]. »

Le dialecticien met en place un dispositif subtil
qui, *a priori*, pourrait sembler opératoire car réconci-
liant des contraires en les saturant d'alternatives et
de possibilités, autant de situations où l'on capte et
détourne, suivant l'intensité nécessaire, les passions
négatives et asociales. La sophistication et le soin mis
à l'argumentation, à la définition des notions, aux
phases que connaît l'ordre social dans ses métamorphoses associées au degré atteint par son goût du
détail, au-delà de propos parfois amphigouriques, ne
peuvent que retenir l'attention. Ce lien social « dialectiquement passionnel » pourrait être ainsi une des
réponses à ce qui taraude sans cesse les spéculations
morales et politiques.

> « Il ressort de cette construction sémantique du
> monde que "l'association" n'est pas [...] un principe
> "humaniste" : il ne s'agit pas de réunir tous ceux qui

ont la même manie [...] pour qu'ils se sentent bien
ensemble et s'enchantent à se mirer narcissiquement
les uns dans les autres ; il s'agit au contraire d'associer
pour combiner, pour contraster. La coexistence fouriériste des passions ne procède pas du tout d'un principe libéral [...]. Le but de l'Harmonie n'est pas de se
protéger du conflit (en s'associant par similitude), ni
de le réduire (en sublimant, édulcorant ou normali-
sant les passions) ni encore de le transcender (en
"comprenant" l'autre), mais de l'exploiter pour le
plus grand plaisir de chacun et sans lésion pour
aucun. Comment ? En le jouant : en faisant du conflictuel un texte [10]. »

Non sans le regretter, Charles Fourier n'aura guère
l'opportunité de confronter ses théories à l'épreuve
des faits et à des tentatives effectives d'application, ce
qu'aura pu faire Robert Owen. Il ne lui reviendra
donc pas de dresser des constats quant à la pertinence
pratique et symbolique de ses architectures passion-
nelles [11]. D'autres essaieront d'approcher quelques-unes
de ces perspectives et de les mettre à exécution [12].
Ainsi l'un de ses émules : Victor Considérant fonde,
en 1855, aux États-Unis, une colonie dénommée
Réunion. Avant même qu'elle se soit pleinement
engagée dans la perspective phalanstérienne, les difficultés multiples la condamnèrent [13]. Sous d'autres auspices théoriques, Étienne Cabet lance le mot d'ordre :
«Allons en Icarie», afin d'implanter le modèle supposé fonder la communauté idéale. Il le fait à la veille
de la révolution de 1848, au grand dam des différents
acteurs du mouvement politique et social, et ce pour
une tentative également avortée [14].
Les tentatives de communauté et de phalanstère en
France se rabattent, le plus souvent, sur des associations de proximité, des communautés productives ou

divers types de coopératives et de familistères. Ainsi,
par exemple, du premier d'entre eux, le phalanstère
de Condé-sur-Vesgre, *sis* dans la région parisienne et
vite dénoncé comme ne correspondant pas aux intentions initiales du sociologue-philosophe. Il en sera
sensiblement de même pour le familistère établi à
Guise, agglomération du département de l'Aisne, par
l'entrepreneur André Godin[15]. À l'envers des radicalités fouriéristes qui se voudraient totales, collectives
et simultanées, ces mises à l'essai modestes sinon précaires correspondent aux faibles potentialités de modification du lien social.

Nonobstant de telles difficultés, cette Harmonie
irénique interpelle les socialistes du XIXe siècle. Elle le
fait, pour beaucoup, dans des contextes étroitement
encadrés par la morale républicaine et par les conventions de la société bourgeoise. Les tenants de sociétés
à advenir n'y sont, également et à l'évidence, pas
insensibles. Pierre Leroux se fait le porte-parole des
sceptiques :

> « Nous ne nions pas absolument l'utilité des tenta-
> tives qui ont pour but de constituer, au milieu de la
> grande société, de petites sociétés présentées comme
> un idéal et un type [...]. Quand tout paraît désordre
> et dissolution, il est naturel que des âmes ardentes, ou
> des esprits, à la fois logiciens et aventureux, aspirent à
> créer soudainement pour eux et pour tous un ordre
> chimérique [...]. Nous ne trouvons donc rien de sur-
> prenant à voir aujourd'hui tant d'hommes dans l'at-
> tente d'un messie ; et il ne nous étonne pas non plus
> que quelques-uns se fassent révélateur et messie et
> donnent leur règle comme le type de l'avenir... Assez
> contre les révélateurs qui veulent usurper la souverai-
> neté de l'esprit humain[16]. »

Pierre-Joseph Proudhon ou Karl Marx seront également plus que dubitatifs vis-à-vis des thèses modérées de l'auteur de *De l'humanité*[17]. Friedrich Engels, au contraire de ces deux derniers, réitérera son estime pour ce précurseur, cet utopiste : «Presque à chaque page des œuvres de Fourier [...] jaillissent les étincelles de la satire et de la critique des misères de la civilisation tant vantée[18].» Ultérieurement, certains épigones marxistes ont pu voir, dans les soviets, la mise en pratique d'éléments fouriéristes[19]. Des écrivains, des psychologues, des pédagogues et des féministes ne restent pas indifférents, de manière plus ou moins explicite dans leurs travaux, à ces «utopies» dont le temps montre la récurrente capacité d'interpellation. Ce sera le cas, en particulier, d'Émile Zola (*Travail*) ou d'André Breton (*Ode à Charles Fourier*). Toutefois l'incapacité d'actualiser les principes de plaisir aux principes de réalité en réduit l'écho[20]. Une résurgence endoréique n'en sera pas moins latente sinon effective autour du mouvement de Mai 1968[21]. Les thèses libertaires prônant l'autogestion en sont une illustration, celles avancées par les ouvriers de l'usine Lip ou par nombre de communautés.

La grande percée de Charles Fourier et le devenir de ses réflexions reposent sur le fait qu'il ne se situe ni en référence aux catégories de l'individu ni par rapport aux classes sociales, paradigmes qui vont saturer l'espace des réflexions ultérieures. Il s'inscrit dans une perspective originale d'«exister ensemble» dont les contours explicites ont été tour à tour critiqués, invoqués, redéfinis ou ignorés.

La dé-liaison marxienne

Au cours du XIXᵉ siècle, la question du lien social se rétracte du champ ouvert des possibles pour s'arrimer, de plus en plus, aux conditions économiques et à leurs effets. Le lien social s'inscrit plus en filigrane qu'en vecteur premier dans les travaux de Karl Marx. L'auteur du *Capital* ne centre pas l'essentiel de ses analyses théoriques sur les modalités d'élaboration de rapports à finalité cohésive ou du moins ne les indique qu'en relation avec un devenir. L'important, à ses yeux, relève d'une lecture critique et d'une analyse matérialiste de la société de son époque, celle de la révolution industrielle. La finalité poursuivie consiste à déconstruire les valeurs dominantes, à étudier leurs fondements afin d'accéder à la nature réelle des rapports sociaux. Ce qui importe, dans ce contexte, ce ne sont pas, entre autres, les thèses essentialistes d'un Ludwig Feuerbach ou la critique de la «critique critique» des frères Bruno et Edgar Bauer, désignés, ironiquement, comme «la sainte famille», sinon l'individualisme de Max Stirner[22]. La tâche essentielle, c'est l'étude approfondie des mécanismes qui sont à la base de la mise en mouvement historique de l'échange et de l'accumulation du capital dans leurs conditions matérielles et non dans les catégories de *l'idéalisme spéculatif*[23].

Alors, il apparaît, à l'analyse des conditions matérielles et idéelles du plus grand nombre et, en particulier, pour cette nouvelle formation sociale : le prolétariat, que le lien social est comme frappé au sceau de l'aliénation. Le travail, tel qu'il s'est constitué au cours de la révolution industrielle, réifie l'individu. Les rapports sociaux dépendent étroitement des rapports de production. Le travail aliéné rend l'homme, en l'occurrence l'ouvrier, étranger à la nature, à lui-même, à l'altérité et au genre humain.

> « Une conséquence immédiate du fait que l'homme est rendu étranger au produit de son travail, à son acti-vité vitale, à son être générique, est celle-ci : *l'homme est rendu étranger à l'homme*. Lorsque l'homme est en face de lui-même, c'est l'*autre* qui lui fait face. Ce qui est vrai du rapport de l'homme à son travail, au produit de son travail et à lui-même, est vrai du rapport de l'homme à l'autre ainsi qu'au travail et à l'objet du tra-vail de l'autre. D'une manière générale, la proposition que son être générique est rendu étranger à l'homme, signifie qu'un homme est rendu étranger à l'autre comme chacun d'eux est rendu étranger à l'essence humaine […] dans le rapport du travail aliéné, chaque homme considère autrui selon la mesure et selon le rapport dans lequel il se trouve lui-même en tant qu'ouvrier[24]. »

De telles conditions suscitent la dégradation des qualités humaines, dont celles permettant d'envisager l'Alter et de s'y adresser, en tant que sujet interpellant un autre sujet. L'aliénation et le dessaisissement de la réalité humaine présument de l'incapacité d'établir un rapport social, des liens effectifs. La part d'huma-nité est ravalée à ses fonctions animales. « Manger, boire et procréer, etc., sont certes aussi des fonctions authentiquement humaines. Mais, séparées abstraite-ment du reste du champ des activités humaines et devenues ainsi la fin dernière et unique, elles sont bestiales[25]. »

Ces argumentaires, ceux des premiers écrits du jeune Marx, soulèveront, compte tenu de leur édition fortement décalée dans le temps (1932), de vifs débats.

Ils sont considérés par les uns comme les témoins
d'un humanisme idéaliste à connotation principalement philosophique ou, pour d'autres, comme une
mise en place de perspectives ultérieures proches
des sciences politiques sinon de la sociologie[26]. Ces
manuscrits se rattachent plus à une étude centrée sur
l'individu, voire sur un idéalisme du sujet — ce que
justifierait la constatation d'une aliénation que l'on
pourrait percevoir comme irréductible —, qu'à une
recherche portant sur des collectifs concrets, en action.
De ce fait, dans un premier temps, on peut concevoir
que la réification oblitère le lien social. Celui-ci est
impossible ou n'est que, négativement, une réification de l'être et de son universalité, une soumission
aux rapports de production, à la domination et à
l'esclavage que ces derniers suscitent. Une dé-liaison
effective marquerait les temps modernes, ceux de l'ar-
rachement de l'individu à son essence et son arri-
mage aux conditions industrielles[27]. Cette condition
n'en porte pas moins les ressorts de l'émancipation :
« Ce n'est pas le travail qui forme le prolétaire mais
seulement sa désappropriation. Ce qu'il y apprend,
c'est à perdre sa qualité de travailleur. [...] Si le prolétaire vient à être agent de l'histoire, ce n'est pas
parce qu'il "crée tout" mais parce qu'il est dépos-
sédé de tout[28]. » Cette situation de l'homme pris dans
les rets d'un dessaisissement intégral peut être perçue comme répondant à un moment de la pensée
marxiste, celle de sa formation et des contextualités historiques, philosophiques et politiques dans le
temps de ses premières énonciations[29]. Ce cadre est
celui de l'Allemagne des années 1840, des perspectives que traçait l'advenue de la Raison et de ses intellectuels déçus dans leurs attentes. Ceux-ci, de fait, sont
partagés, dans leur volonté de changement, entre

les apports de l'économie anglaise et ceux des idéo-logies politiques françaises. Cet étirement des pré-mices, vécu effectivement par l'auteur du *Capital* à Paris puis à Londres, conduit vers les œuvres de matu-ration et de maturité à statut « scientifique ». La pré-gnance partielle d'une anthropologie philosophique des *Manuscrits de 1844* s'ouvre à la nécessité. Les pos-tulats essentiels sont posés : « Dans le prolétariat plei-nement développé se trouve pratiquement achevée l'abstraction de toute humanité, même de l'*apparence* d'humanité ; dans les conditions de vie du prolétariat se trouvent condensées toutes les conditions de vie de la société actuelle dans ce qu'elles peuvent avoir de plus inhumain. Dans le prolétariat, l'homme s'est en effet perdu lui-même, mais il a acquis en même temps la conscience théorique de cette perte[30]. » Dès lors, il convient de ne pas s'en tenir qu'à une lecture de la conscience de soi subsumant les acteurs de l'histoire et leurs pratiques[31].

Dorénavant, pour Marx, il faut discerner et focali-ser l'attention sur les conditions infrastructurelles, matérielles, facteurs déterminants sinon surdétermi-nants la pluralité des facettes de l'humain et du social. La mise à nu des substrats historiques et économiques irrigue un argumentaire se voulant scientifique, arqué à la constatation de leurs dynamiques évolutives, serait-ce sous des abords divers. La compilation et l'analyse systématique des nombreux rapports et des observations du monde industriel réalisées par Frie-drich Engels contribuent à ce constat d'une déré-liction du lien social dans une société sourde aux aspirations de tout « humanisme réel ». L'implication dans les débats d'associations de travailleurs, dont ceux de l'Association internationale des travailleurs, soit directement soit par personne interposée, parti-

cipent à privilégier la dénonciation des situations
infra-humaines plus qu'à envisager et à s'impliquer
dans des palliatifs ponctuels.

Cela ne signifie pas une dévalorisation de ces populations «objectivement» réifiées. Leurs capacités ne
sont pas occultées ou minorées à l'avantage de la
seule perspicacité des couches intellectuelles, de la
critique absolue qui se pose comme séparée des pratiques effectives, celles de la «Masse», c'est-à-dire du
peuple, du réel concret[32]. Ici se situe le paradoxe de
travaux qui, dans une première période, celle du jeune
Marx, ont des connotations socioanthropologiques
mais restent relativement à distance de la praxis.
Dans une seconde période, marquée par la fréquentation effectives d'ouvriers et le constat de potentialités à même de subsumer les conditions objectives de
leur aliénation, ils s'ouvrent sur des argumentaires et
des démonstrations économiques se voulant exhaus-
tives quant au procès de la circulation du capital et de
la production capitaliste. De ce fait, ils tendent à masquer les dimensions symboliques et idéelles. Ce qui
est loin d'exclure une volonté plus qu'opiniâtre d'imposer ses propres vues sur le mouvement ouvrier et ce
à l'encontre des thèses des anarcho-proudhoniens et
des russo-bakouninistes.

À terme, les réalités, expurgées de leur gangue
métaphysique et idéaliste, doivent, dans le cadre du
matérialisme historique, permettre d'envisager et de
construire un modèle de société sinon de lien social
répondant aux aspirations humaines : «Quand, avec
le développement multiple des individus, les forces
productives se seront accrues elles aussi, et que toutes
les sources de la richesse collective jailliront avec
abondance, alors seulement l'horizon borné du droit
bourgeois pourra être définitivement dépassé et la

société pourra écrire sur ses drapeaux "De chacun selon ses capacités, à chacun selon ses besoins!"[33]. » De ce fait, l'attention de Karl Marx et de Friedrich Engels, mais également de ceux qui s'inscrivent jusqu'au tournant des XIXe-XXe siècles dans cette perspective, s'oriente d'abord vers cette analyse et cette implication critique vis-à-vis des conditions présentes plus que vers des propositions sinon des expérimentations (phalanstères, coopératives, mutuelles, etc.) aptes, éventuellement, à instaurer d'autres conditions de lien social. Les résultats limités de ces tentatives « utopistes » confortent leurs réserves. Ils dénoncent, en particulier, les tendances centrifuges qui les animent et qui risquent d'aller à l'encontre d'un changement radical de l'ensemble sociétal au profit de l'instauration d'enclaves spécifiques soucieuses, uniquement, de leur propre intérêt.

À l'aube du XXe siècle, ces positions s'actualisent dans les critiques adressées, par les tenants du marxisme scientifique, dont Karl Kautsky, au réformisme représenté, en particulier, par Édouard Bernstein. Ces critiques concernent également le révisionnisme des *trade unions,* le populisme russe ou plus généralement ceux qui considèrent que les conditions de développement des sociétés industrielles et des démocraties à la fin du XIXe siècle ne présentent plus, dorénavant, les catégories qui ont pu justifier certains des écrits marxistes, dont ceux des années 1840. Ces travaux considéraient alors la désespérance et la paupérisation du prolétariat industriel comme une donnée inéluctable mais, concurremment, comme condition d'une prise de conscience du mouvement historique, ce que réfutent, désormais, les tenants du socialisme réformiste.

La problématique de la dé-liaison sociale tout

comme celle, *a fortiori*, du lien s'inscrivent, du fait
d'une volonté de transformation radicale des réalités
économiques et sociales, en postulat de départ de la
réflexion marxiste plus qu'en variable axiale.

Le mutuellisme : futur antérieur du lien

Les résultats relatifs des volontés de transformation
de la société et des thèses individualistes et contrac-
tuelles que la Grande Révolution a postulées et mises
en pratique : droits de l'homme (non de la femme),
sujet unique, « nous » abstrait supposé représenter et
assurer la liberté, l'égalité et la fraternité, conduisent
à réinterpeller les définitions attendues du lien social.

La critique du radicalisme des années révolutionnaires s'accompagne d'une volonté de restauration
de solidarités antérieures telles que celles de la famille,
des corporations et des métiers. Elle se retrouve
partiellement et paradoxalement chez des auteurs
tels que Robert Owen ou Pierre-Joseph Proudhon.
Ce dernier s'oppose à l'emprise d'un pouvoir étatique, serait-ce même sous les traits de la démocratie
politicienne :

> « Dans la sphère politique, la démocratie est la sou-
> veraineté passant de l'individu-roi à l'universalité des
> citoyens ; dans la sphère intellectuelle, la démocratie
> est la souveraineté passant de la raison sacerdotale et
> patricienne à la raison collective : — sous l'un et
> l'autre point de vue, la démocratie n'est point *loi*, mais
> *matière* de législation ; elle n'est pas *forme* politique,
> mais *sujet* d'organisation politique[34]. »

Il souhaite son effacement au profit d'entités de voisinage tant sur le plan géographique, régional et local,

que face aux conditions de production et de reproduction de la force de travail et des moyens d'existence. Il privilégie, dans ses propositions, l'associationnisme, la coopération et plus encore la mutualité, et ce à l'encontre des directives centralisées émanant du politique. La manufacture et l'atelier seraient les lieux les plus propices à l'expression du sujet, de sa liberté et, de ce fait, de liens sociaux le valorisant. S'agissant du travail, axe essentiel : « Tout ce que nous possédons, tout ce que nous savons provient du travail ; toute science, tout art, de même que toute richesse lui sont dus. La philosophie n'est qu'une manière de généraliser et d'abstraire les résultats de notre expérience ; c'est-à-dire de notre travail… Par le travail nous spiritualisons de plus en plus notre existence[35]. » Il est clair que, pour Pierre-Joseph Proudhon, les liens sociaux seront aménagés et distribués par ce paradigme fondateur. Prométhée des temps modernes, l'individu peut, dans le cadre d'une démocratie industrielle, induire, à partir d'une sérialisation et de la polyvalence des travailleurs, des rapports sociaux dont les qualités cardinales seraient l'égalité, la liberté, la justice et la solidarité. La mutualité, expression dialectique impliquant d'amont en aval le producteur et le consommateur, en est l'une des illustrations.

De la capacité politique des classes ouvrières, l'un des derniers ouvrages de Proudhon, reprend et précise, non sans un évident irénisme, l'idée à laquelle il est parvenu et qu'il lègue : le mutuellisme. Il considère ce principe comme étant supérieur à celui d'association car il implique plus d'extension et d'unité. Il signifierait le lien social tel que le perçoit l'auteur :

« Tel doit […] être, entre les humains, créatures raisonnables et libres, ou destinées à le devenir, le lien

social, principe et fondement de tout ordre politique,
en un mot, l'UNITÉ. Elle se constitue invisible, impal-
pable, perméable en tous sens à la liberté, comme l'air
traversé par l'oiseau, et qui le fait vivre et le soutient.
[...] cet ordre [...] est précisément ce que promet de
nous donner l'organisation mutuelliste. Qu'est-ce que
la mutualité, en effet? Une formule de justice, jusqu'à
présent négligée, ou tenue en réserve, par nos différentes catégories législatives; et en vertu de laquelle
les membres de la société, de quelque rang, fortune et
condition qu'ils soient [...] se promettent et se garan-
tissent réciproquement service pour service, crédit pour
crédit [suit une longue énumération comprenant gage,
sûreté, valeur, liberté, propriété, etc.]. Que ce mutua-
lisme existe, et nous avons le lien le plus fort et le plus
subtil, l'ordre le plus parfait et le moins incommode
qui puisse unir les hommes, la plus grande somme de
liberté à laquelle ils puissent prétendre[36]. »

Ce monde « enchanté » n'en restera pas moins utopique si ce n'est dans des formes de succédanés
beaucoup moins ambitieuses et telles que l'on peut
les observer dans différentes formes de mutuelles
contemporaines[37].

La pression associative

La pensée du lien social se heurte, au XIXe siècle,
à la conceptualisation que l'État a du politique. La
volonté des pouvoirs publics français est de dénier
toute légitimité aux formes d'organisation collective
autres que celles relevant directement de son autorité. Cela se traduit par l'insistance à créer un rapport
direct entre l'État et l'individu. Comme suite aux lois
proposées par les députés Le Roy, baron d'Allarde, et

Le Chapelier, adoptées par l'Assemblée constituante en mars 1791 pour la première, et en juin de la même année pour la seconde, ne doivent subsister que d'une part l'intérêt propre de chaque individu et d'autre part l'intérêt général. Ce dernier est représenté par l'État. Nul corps ou individu ne peut exercer d'autorité autre que celle qui émane de celui-là (article 3 de la Déclaration des droits de l'homme et du citoyen). Cela implique l'extinction des possibilités d'association des ouvriers mais également, et du moins *a priori*, de toute autre catégorie. Sont donc concernées une pléiade d'entités dont les devoirs, les compagnonnages, les confréries, les corporations, les chambres de métier, etc.

Sous le Premier Empire, et les régimes monarchiques qui lui succèdent, le contrôle est strict. L'autorisation préalable est impérative. Nonobstant ces contraintes, de façon éphémère, cachée, endoréique ou, parfois, suivant les circonstances plus explicites, des individus réussissent à instaurer des liens rémanents qui ne soient pas circonvenus par le bon vouloir des institutions dominantes : État ou Église. Des regroupements et plus généralement diverses modalités de construire du lien social dans des *communitas* perdurent. Les compagnonnages apprennent à se présenter sous des apparences suffisamment discrètes afin de ne pas subir la vindicte des autorités. Ils réussissent à perpétuer des rites et des liens sociaux où les symboliques associées aux métiers et aux savoir-faire occupent une place essentielle[38]. Pierre-Joseph Proudhon, un temps compagnon du Tour de France, s'y réfère comme le feront Martin Nadaud ou Agricol Perdiguier.

Ces ouvriers, compagnons, artisans se manifestent également dans le cadre des sociétés de secours

mutuel[39]. Ces dernières sont acceptées par les pouvoirs publics tant qu'elles s'attachent, essentiellement,
à soulager des détresses et à remédier, tant soit
peu, aux conditions misérables des populations labo-
rieuses[40]. Lorsqu'elles prennent une tournure pouvant les assimiler à un regroupement corporatiste,
résultant de la proximité professionnelle de leurs
membres et non d'une diversité d'origines de ceux-ci,
elles se voient suspecter de vouloir initier une coalition
d'intérêts et, de ce fait, risquent l'interdiction.

La remise en cause de l'autorité des pouvoirs et
plus encore la dégradation des conditions de travail
et d'existence des couches populaires encouragent
des concertations et le désir de transformation des
situations subies. Les journées de 1830, les Trois Glorieuses, marquent l'arrivée d'une monarchie se présentant comme «libérale», cela afin de répondre tant
soit peu à ces attentes d'expression sinon de changement. Les classes dominantes n'en continuent pas
moins à refuser certaines concessions, dont en particulier le droit de coalition ainsi qu'une liberté effective de la presse. Des ouvriers s'organisent, de leur
propre chef[41]. Le lien social à connotation professionnelle se reconstitue non à l'identique, combien
même des traits du compagnonnage s'y retrouvent,
surtout quant à l'insistance portée à la préservation
des arts de faire, à la lutte contre la concurrence, à
l'autonomie sinon à l'endogénéité. S'y ajoutent de
nouvelles dimensions héritées de la Révolution et des
idéologies socialistes et utopistes de l'époque, tournées vers l'universalité et l'émancipation du genre
humain en écho aux perspectives avancées par Charles
Fourier, Émile Cabet, Pierre-Joseph Proudhon. Le
court épisode de la révolution de 1848 permet un
desserrement des dispositifs juridiques et une «exu-

bérance associationniste[42] ». Le Second Empire réinstaure de fortes contraintes, du moins jusque dans les années 1860, période marquée par un assouplissement et une politique plus libérale vis-à-vis, entre autres, des syndicats professionnels. Les associations qui peuvent être perçues comme ayant une finalité politique sont l'objet, elles, d'un contrôle beaucoup plus strict.

La volonté réitérée est celle de construire des liens sociaux forts, une fraternité entre les producteurs mais également entre ceux-ci et les consommateurs par le biais d'associations populaires et d'ateliers sociaux combinant «l'organisation corporative de la production avec une organisation territoriales des liens entre production et consommation[43] ». Ce mouvement s'accompagne souvent d'une volonté d'intervention et de transformation adossée à l'idée républicaine. Les brèves et peu concluantes expériences des révolutions de 1830 et de 1848 induisent une mise à distance des débats politiciens. Elles justifient des prises de conscience tournées vers les particularités et les antinomies entre les classes sociales et les divers regroupements sociaux :

> «L'Association, de principe vulgarisé par la Révolution de Février, devait trouver, d'après les promesses faites alors au Peuple, une vive sympathie dans les classes privilégiées, un appui sérieux dans le Gouvernement. On sait ce qu'il en a été de ces promesses ; les Ouvriers seuls commencèrent le mouvement ; seuls ou presque seuls, ils supportèrent les fatigues, les privations, les sacrifices [...] heureux encore quand ils ne furent pas persécutés par ceux-là mêmes qui leur avaient promis aide et protection[44]. »

Les formes et les finalités des associations sont multiples. La bourgeoisie se réunit dans des lieux desti-
nés à cet effet ou du moins ponctuellement attribués
à un club, à une société savante, à un cercle. Elle le
fait tout en cherchant à se démarquer suffisamment
afin d'éviter les oukases anti-jacobines et/ou anticlé-
ricales qui perdurent tout au long du siècle. Les
classes populaires, n'ayant pas ou très peu d'assises
matérielles, ont recours, pour tisser du lien social,
aux occasions et opportunités ponctuelles ou plus
conséquentes qui se présentent. L'associationnisme y
prévaut. «L'ouvrier est […] par sa condition spécifique, rapproché, à l'atelier comme au faubourg, de
congénères dont il partage le sort, l'association en est
donc une conséquence naturelle, si nature il y a en
la matière[45]. » Ces réunions ludiques ou studieuses
se tiennent dans des estaminets, des quinquets, des
cabarets : églises de l'ouvrier[46]. Martin Nadaud organise, pour ses compagnons, des cours dans sa propre
chambre[47].

Suivant les circonstances, des sociétés de secours,
des mutualités, des compagnonnages sinon des sociétés secrètes trouvent des locaux et, avec plus ou moins
de régularité, donnent à voir, à entendre et à débattre
diverses questions dont celles afférant aux liens sociaux.
Ultérieurement, à la fin du siècle, les Bourses du travail et le syndicalisme prennent, partiellement, la
relève de ces multiples associations, tout en ne pouvant ni ne prétendant assumer l'effervescence multi-
forme des sociabilités populaires et ouvrières[48].

Ces liens sociaux se présentent donc, au XIXe siècle,
dans leurs constructions et dans leurs expressions
sous divers abords. Un faisceau de circonstances, dont
le libéralisme relatif des autorités britanniques, la
présence sur leur sol de nombreux exilés français et

européens, l'organisation effective des *trade unions*,
l'Exposition universelle de 1851 au Crystal Palace à
Londres et la venue de délégations ouvrières de différents pays, concourent à l'émergence d'une association qui sera, sous diverses moutures, appelée à
retenir plus que l'attention. Il s'agit de l'Association
internationale des travailleurs. Celle-ci met en place
des liens qui ne relèvent plus uniquement du local ou
du national mais qui prétendent organiser sur un
plan européen sinon mondial l'intelligence politique, économique et sociale des classes populaires
dans le contexte de l'industrialisation et des logiques
du capital et de la condition ouvrière. En 1864, à l'initiative des *trade unions* se tient, à Londres, un meeting
fondateur. Plusieurs ouvriers français y participent.
Un comité élu est chargé d'en élaborer les statuts.
Les expériences antérieures et leurs résultats limités
en ce qui concerne l'amélioration de la condition
ouvrière conduisent les membres de l'association, du
moins dans un premier temps, à mettre l'accent non
plus sur le plan politique *stricto sensu* mais sur les
questions économiques et sociales. Cela présente aussi
l'avantage d'éviter, autant que faire se peut, les autorités du Second Empire. Les gloses sur la Première
Internationale sont plus que nombreuses mais il
s'agit, ici, d'y revenir pour ré-interroger les aspects
sociaux de l'initiative.

Considérant que l'émancipation des travailleurs ne
peut être traitée sur un plan individuel, l'Association
en appelle au «concours mutuel». Dans le cadre des
travaux du premier congrès, qui se tient à Genève en
septembre 1866, le mémoire présenté par les délé-
gués français, tout en reprenant les thèses essentielles
de l'adresse de 1865, rédigée par Karl Marx, introduit
l'idée de création d'un «lien moral» et s'attache à

mettre en avant la notion de coopération comme forme de lien souhaité :

> « Jusqu'à ce jour l'*association* [...] a voulu dire : soumission de l'individu à la collectivité aboutissant presque infailliblement à l'anéantissement de la liberté et de l'initiative individuelle. [...] Dans l'*association*, l'intérêt général était le principe supérieur devant lequel s'inclinait l'individu ; dans la *coopération*, c'est la collectivité qui s'organise, en vue de fournir à l'individu tous les moyens d'augmenter sa liberté d'action, de développer son initiative individuelle [49]. »

On peut y lire tant une critique des thématiques du contrat social propre au XVIIIᵉ siècle et à la Révolution de 1789 qu'une forte influence des thèses proudhoniennes. La distance prise vis-à-vis d'interprétations et de perspectives plus ancrées dans le politique s'exprime, entre autres, dans les propos d'André-Pierre Murat. Inculpé, en 1868, avec plusieurs membres du bureau parisien, pour son appartenance à une société non autorisée, il réaffirme, lors du procès, que l'Association internationale est « fondée pour établir un lien de solidarité entre les travailleurs de tous pays [...]. Nous avons jeté dans le public le résultat de nos études, procédant ainsi, par la persuasion, à la révolution juridique, à l'avènement du droit, alors que tout nous conviait à la révolution de fait [50] ».

Les positions mutualistes de Pierre-Joseph Proudhon et celles, anti-autoritaires, de Michel Bakounine entrent en opposition avec les thèses prônées par Karl Marx, centralisatrices et collectivistes. La fin des années 1860 est marquée par la guerre franco-prussienne, la chute du Second Empire et, plus encore, par la Commune de Paris. Les effets de ces événements interfèrent dans des débats qui traitent, entre autres, de la forme souhaitée pour les liens sociaux à advenir et de la pertinence des propositions avancées par les uns et par les autres. Michel Winock donne à lire les points de vue dénués de toute aménité des divers protagonistes[31].

Les perspectives autonomes et radicales, proudhoniennes sinon fouriéristes, ne perdureront pas ou peu, si ce n'est dans le cadre des Bourses du travail[52]. La dispersion des forces vives et la montée d'approches et de perspectives considérant que l'appareil d'État n'est plus foncièrement antagonique à l'émancipation ouvrière réduisent l'espace des alternatives autres que celles estampillées par les régimes parlementaires, sous leurs divers avatars[53]. Le lien social, et son pan populaire sinon « prolétarien », pris dans des rets de plus en plus institutionnalisés, perd, en partie, les capacités heuristiques qui avaient été les siennes au cours du XIXᵉ siècle.

Lien social, compassion et stigmatisation

Or d'une part l'Église, d'autre part l'État vont s'efforcer de trouver, par le haut, des parades aux difficultés présentes. Le regard des possédants face aux conditions de vie du plus grand nombre oscille entre deux limites extrêmes, celle de l'amour de l'autre — et ce d'autant que celui-ci apparaît sous des jours dramatiques : la pauvreté et ses effets — et celle d'une condamnation rigoureuse et radicale d'une situation qui ne saurait mériter d'indulgence[34].

L'Église puis l'État s'attachent à la première option, celle de la pitié et de la compassion. En Angleterre, la loi sur les pauvres de 1601 stipule que ceux-ci doivent être pris en charge par les paroisses, auxquelles il revient de fournir des tâches et des secours aux indigents. Elle implique que les pauvres ont le droit de vivre. La loi de Speenhamland (1795) complexifie le dispositif en introduisant la notion de travailleur secouru. « Selon la loi élisabéthaine, les pauvres étaient forcées de travailler pour le salaire, quel qu'il fût, qu'ils pouvaient obtenir, et seuls ceux qui ne pouvaient trouver de travail avaient droit à un secours [...]. Selon la loi de Speenhamland, un homme était secouru même s'il avait un emploi, tant que son salaire était inférieur au revenu familial que lui accordait le barème[55]. » Ce barème est indexé sur le prix du pain. L'horizon des couches populaires ne devait, ainsi, ne plus être borné par la faim. Cette décision rencontre l'approbation ainsi que le soutien des classes supérieures tenantes du paternalisme. Comme le souligne l'auteur de *La Grande Transformation*, cela n'est pas sans similitude avec ce qui se manifeste, ailleurs, dans les sociétés dites exotiques ou traditionnelles : « [...] le maintien des liens sociaux est essentiel. D'abord, parce qu'en n'observant pas le code admis de l'honneur ou de la générosité, l'individu se coupe de la communauté et devient un paria ; ensuite, parce que toutes les obligations sociales sont à long terme réciproques, et qu'en les observant l'individu sert également au mieux ses intérêts "donnant donnant"[56]. » Cette thématique, Paul Lafargue en avait esquissé la comparaison en fustigeant la triste humanité laborieuse de l'ère industrielle et en lui opposant « la beauté physique et la fière allure des hommes des peuplades primitives, non souillés par ce que Paeppig appelait le "souffle empoisonné de la civilisation"[57] ».

Les perspectives que dessine, au XIXᵉ siècle, l'idéologie du progrès technique, du libre-échange, de la

division du travail et du profit sont, à l'évidence, plus
qu'éloignées de ces «exotismes». Un siècle plus tard,
Karl Polanyi, interrogeant les effets de ce «droit de
vivre», souligne que l'option de subsister sans avoir à
subir les contraintes du travail contredit la pression
croissante liée à l'industrialisation. La volonté des
entrepreneurs est d'avoir à leur disposition une main-
d'œuvre qui n'a que le choix des tâches imposées,
sous peine de périr d'inanition. Les autorités politiques, monarchiques, impériales ou républicaines
s'attacheront, suivant des procédures variées, à désac-
corder les solidarités antérieures des sociétés pay-
sannes de l'Ancien Régime, de la tripartition sociale,
là où le lien social, quoique inégalitaire, l'emportait
sur les rapports économiques. «Sans doute, par leurs
liens avec la vie politique, par leur action religieuse,
par leur rôle social, les anciennes communautés sont
un reflet de la société tout entière où elles vivaient[58]. »
Elles leur opposent les lois du marché et celles de la
vente du travail humain, condition unique de survie.
L'exténuation ne laisse place qu'à des temporalités
parcimonieuses propres aux sociabilités légitimées
par les procédures réglementaires. Le lien social, ce
sera principalement la manufacture qui en dessine,
quotidiennement, les contours, dans le bruit et la
fatigue. Avec la montée de l'industrialisation, deux
nouvelles entités, la bourgeoisie et le prolétariat, vont,
progressivement, succéder aux catégories antérieures :
noblesse, clergé, tiers état.

Les interrogations afférentes à celles-là ne sont pas,
d'abord, celles du lien social. Il ne s'agit pas précisément et de manière plus ou moins impérative de s'en-
quérir des caractéristiques qui seraient les leurs en
terme de valeurs spécifiques. N'y aurait-il pas pluralité de liens ? Et, alors, quels en seraient les prédomi-

nants, ceux qui apparaissent comme les plus effectifs ou du moins les plus apparents? La question est beaucoup plus, du côté des instances de pouvoir, celle de l'ordre social à instaurer pour se préserver d'antagonismes radicaux ou de liens alternatifs. Pour ce faire, les gouvernements successifs s'appuient sur des procédés qui auront, le plus souvent, recours à l'imposition sinon à la contrainte plutôt qu'à la compassion. Les réglementations édictées par les instances dirigeantes le sont sans ou avec très peu de consultations. Elles ont pour finalité d'assurer l'ordre social dans des circonstances et des rapports de forces déterminés. Les réglementations et la division des tâches et des fonctions prennent le statut de données normées sinon « naturelles ».

Cette situation entraîne une série de conséquences qu'il convient d'analyser à l'aune des présupposés dominants du moment. On peut arguer que, lorsque les rapports entre des individus et des catégories ou des classes sociales n'apparaissent pas comme suscitant des interpellations tant soit peu véhémentes, la question du lien social apparaît peu dans les préoccupations des principaux acteurs sociaux. Les institutions (Église, État) assument la charge du liant et de l'homogénéisation minimale apte à répondre aux individus qui gravitent dans leur champ. Leur diversité permet des circulations et, ainsi, la capacité à satisfaire des attentes. La pertinence qui leur est reconnue par des groupes d'origines et d'aspirations multiples constitue un terreau où se développent et s'enracinent des convictions. Celles-ci sont confortées par la réputation de ces institutions et par l'audience qu'elles sont capables de susciter. L'indécis ou celui qui est peu satisfait des prestations établies, celui qui ne se retrouve pas dans les discours de légitimation que mettent en avant les unes et les autres a, de par cette pluralité, la possibilité de se tourner ailleurs et de choisir. Un paysage de ce type assure, par l'écoute qu'il suscite tout autant que par la diversité dont il est porteur, des potentialités de lien social. C'est celui, toutes choses égales par ailleurs, qui marque le XIXe siècle, période de vifs débats tant sociaux qu'eschatologiques.

En particulier à la suite des soulèvements révolutionnaires de 1830 et de 1848, certaines administrations, dont l'Académie des sciences morales et politiques, mandatent des observateurs avec, pour mission, de donner une image moins compassée et plus objective des conditions de ces classes populaires et dangereuses. Les enquêteurs s'attachent, entre autres, à ce qui peut être perçu, *a posteriori*, comme relevant, plus ou moins implicitement, de la question du lien social. Certains des éléments dégagés par leurs travaux vont à l'encontre de l'idéologie dominante. Toutefois ils ne les exposent pas en tant qu'admonestations mais comme des constats résultant d'une ignorance des pouvoirs publics plus que d'une volonté délibérée ayant conduit à ces situations critiques.

Louis-René Villermé, dans les conclusions de son ouvrage sur l'état physique et moral des ouvriers, tient à préciser la complexité des rapports sociaux qu'il a rencontrée mais également la nécessité de tenter, tant soit peu, d'y remédier :

« Je n'ignore pas combien l'organisation actuelle de l'industrie a rendu le maître et l'ouvrier étrangers l'un à l'autre, mais je sais aussi combien il serait important que le contraire eût lieu. Certes, il ne peut y avoir communauté de vie entre eux ; mais l'abandon complet des ouvriers par le maître hors de ses ateliers, et

leur renvoi, sans s'inquiéter de ce qu'ils deviendront,
quand, après s'être usés à son service, ils ne lui procu-
rent plus les mêmes profits, sont des iniquités contre
lesquelles protestent tous les sentiments humains[59]. »

Dans cette perspective nombre de suggestions en
appellent non à la remise en cause fondamentale des
rapports sociaux mais à l'intervention des individus et
des pouvoirs publics, à une socialisation de la solidarité. Celle-ci doit s'attacher à atténuer les maux que
suscite la misère. Elle met en scène et interpelle les
capacités de compassion des classes favorisées.

Précédemment, un autre membre de l'Académie
des sciences morales et politiques, Joseph-Marie de
Gérando, préconisa, à côté et en liaison avec les institutions caritatives, le développement de ce qu'il
nomme les «visiteurs du pauvre». Il revient à ces derniers, quel que soit leur rang, de faire prévaloir «les
liens de la grande confraternité religieuse et morale
[…] ces rapports sacrés qui unissent tous les membres
de la famille humaine[60]». Ces «visiteurs» relèvent, *a
priori*, des couches sociales aisées mais pas uniquement
ment. Les «dames de charité» ont pu, elles-mêmes,
connaître des avanies. Leurs expériences les rendront
d'autant plus sensibles et aptes à comprendre et à
soulager la misère d'autrui. Ces propositions en
appellent au sentiment religieux et à une morale
conservatrice. Elles ne sont pas unanimement partagées. Le recours à la charité ne satisfait pas ceux
— socialistes et utopistes — qui prônent un changement radical des structures et du lien social. Elles
sont également dénoncées, avec autant de vivacité,
par ceux qui récusent cette nécessité d'établir un lien
social par le biais de la pitié. D'aucuns considèrent
qu'il s'agit de préoccupations qui font obstacle au

libre développement naturel du cours des choses et aux trajectoires des êtres.

En Angleterre, Thomas-Robert Malthus avait critiqué tant cette charité que les projets socialistes[61]. Il considère, entre autres, qu'une réduction du nombre des ouvriers par le contrôle des naissances serait un remède à la pauvreté car elle pourrait conduire à réaliser une adéquation entre la quantité des subsistances disponibles et le volume de la population. Pour le révérend, seul le travail justifie le droit à l'existence. La misère et la pauvreté sont accompagnées, le plus souvent, par la paresse et le vice. Elles peuvent être, de plus, le lit de la contestation de l'ordre établi et du droit à la propriété. Cela justifie la nécessité d'intervenir dans ce domaine. Joseph-Marie de Gérando réfute vivement de telles thèses, qui s'inscrivent, peu ou prou, pour lui, dans l'idée qu'«une bonne extermination serait ainsi un vrai bienfait pour la société humaine[62]».

Ultérieurement, l'un des plus éminents sociologues britanniques, Herbert Spencer, auteur des *Principes de sociologie*, ne trouvera pas, quant à lui, de motifs à critiquer cet état de fait : la pauvreté. Il adhère aux thèses de Malthus, au nom du libéralisme et du rejet de tout collectivisme que celui-ci soit d'origine étatique, bureaucratique ou politique, et repousse toute compassion :

> «Une des preuves de la parenté entre l'amour et la pitié est que celle-ci idéalise son objet. La sympathie pour une personne qui souffre supprime, pour le moment, le souvenir des fautes qu'elle a commises [...]. Ceux dont les souffrances sont exposées dans les brochures et proclamées dans des sermons et des discours qui retentissent dans tout le pays, nous sont don-

nés tous comme des personnages bien dignes, traités avec une injustice cruelle : aucun d'eux n'est présenté comme portant la peine de ses propres méfaits. [...] Est-il naturel que le bonheur soit le lot d'individus de ce genre ? ou est-il naturel qu'ils attirent le malheur sur eux-mêmes et sur ceux qui se rattachent à eux[63] ? »

Herbert Spencer déduit de ces constatations et de ces interrogations l'argumentation suivante :

> « Eh bien ! le commandement "si quelqu'un ne veut pas travailler, il ne doit pas manger" est simplement l'énoncé chrétien de cette loi de la nature sous l'empire de laquelle la vie a atteint son degré actuel, la loi d'après laquelle une créature qui n'est pas assez énergique pour se suffire, doit périr ; la seule différence étant que la loi qui, dans un cas, doit être imposé par la force est, dans l'autre cas, une nécessité naturelle. Cependant ce dogme particulier de leur religion, que la science justifie d'une façon si évidente, est celui que les chrétiens semblent le moins disposer à accepter. L'opinion courante est qu'il ne devrait pas y avoir de souffrances, et que la société est responsable de celles qui existent[64]. »

Les propos de ce philosophe, en l'occurrence, ici, de sociologie politique, sont l'une des expressions extrêmes d'un rejet de la compassion tel qu'exprimé, par exemple, dans cette note à la fin de l'article cité : « L'indulgence pour les gens qui mènent une vie dure n'implique nullement de la tolérance pour les vauriens. » On en retrouve l'esprit aujourd'hui. De telles assertions ne gêneraient pas, outre mesure, nombre de responsables actuels confrontés à l'exclusion d'un grand nombre de leurs concitoyens.

Dans cette perspective, le lien social ne signifie pas l'empathie pour l'Autre ou pour les Autres. Il parle et il exprime le langage de la dé-liaison, de la contrainte, et ce au nom d'obligations sociales présentées comme nécessaires. Lorsqu'elles ne sont pas tenues, elles suscitent l'opprobre et le châtiment. Mais il s'agit bien d'un effet de l'éthique du lien social, des manières diverses de l'appréhender, de le concevoir et de tirer les conclusion de ces argumentations.

Pour sa part, Frédéric Le Play en appelle, tout au long de son œuvre inscrite dans un XIXᵉ siècle traversé par de nombreux bouleversements sociaux, à la « paix sociale », notion que l'on peut considérer comme désignant un état fixe de relations fondamentales et non porteuse de connotations dynamiques entre les divers acteurs. Il s'élève contre ce qu'il nomme les « faux dogmes ». Ces argumentaires sapent ce qu'ont su ou avaient su créer les peuples prospères, ces contextes où la paix et l'ordre social dominaient par le biais de la coutume, de la religion et de l'autorité :

> « J'appelle "prospères" les sociétés où la paix règne sans un recours habituel à la force armée ; où la stabilité des foyers domestiques, des ateliers de travail et des voisinages est assurée par la libre entente des pères de famille ; où enfin la conservation de l'ordre traditionnel, fondé sur la loi morale, est le vœu commun des populations[65]. »

Le désordre social résulte de la corruption des classes dirigeantes. Il dérive également de l'influence d'idéologues dont en particulier des thèses telles que celles de l'« omnipotence de l'État et l'oppression de la famille [...] érigées en doctrine par J.-J. Rousseau dans l'*Émile* et le *Contrat social*[66] ». Pour Le Play cela concourt à « la rupture des liens sociaux, créés par les peuples prospères, qui porte chaque individu à

isoler ses aspirations[67] ». L'auteur en donne des illustrations et des contre-exemples. Avec d'autres collaborateurs de la Société d'économie sociale, il publie
des monographies de familles populaires. L'ouvrage
Ouvriers des deux mondes en présente certaines[68]. Les
qualités morales, le goût du travail et de l'épargne
permettent aux familles qui suivent de tels principes
de ne pas avoir recours à l'assistance et à la charité, le
propre des individus sans foi ni lieu. Il leur oppose la
figure du père de famille dont l'autorité, si elle n'est
pas minée par l'État, constitue « la plus naturelle et
la plus féconde des autonomies, celle qui conserve le
mieux le lien social, en réprimant la corruption originelle, en dressant les jeunes générations au respect et
à l'obéissance[69] ».

Entre les solutions « démographiques » à la Malthus et celles stigmatisantes d'un Spencer ou celles
tournées vers la tradition de Le Play, la recherche de
la « paix » sociale passe par divers imaginaires qui
décrivent en même tant qu'ils prescrivent face au
processus lié à l'industrialisation.

Le lien tendu du monde industriel

Les interprétations que la plupart de ces auteurs
donnent du lien social sont fortement connotées,
toutes proportions gardées, en France, en Angleterre
ou aux États-Unis par des soubassements idéologiques
dont les assises reposent tant sur la morale judéo-
chrétienne que sur l'illustration et la défense des
régimes politiques dirigés, sous une forme ou une
autre, par des représentants de la bourgeoisie. Elles
trouvent également des alliés auprès des ordres rémanents, ceux de l'aristocratie et des Églises, qu'il s'agisse

de la monarchie de Juillet, de la royauté constitu-
tionnelle britannique ou du Premier et du Second
Empire. Pour leur part, des industriels et des entrepreneurs tels que, par exemple, les de Wendel, Leblanc,
Oberkampf, Pereire, Boucicaut, etc., mettent en avant
leurs volontés expansionnistes. Dans les domaines
économiques où ils interviennent, ceux de la sidérurgie, des transports mais également de la banque ou
de la grande distribution, ils prônent le libéralisme,
tout en souhaitant que l'État protège les marchés
intérieurs de la concurrence étrangère. Le lien social
ne peut que s'inscrire dans l'idéologie du libre-
échange. L'aune en est la liberté formelle revenant à
tout individu nonobstant, par exemple, les carnets,
disposition plus ou moins suivie, que devraient posséder les travailleurs pour pouvoir circuler et trouver
un emploi :

> «Apparemment [...] le livret est un simple moyen
> d'assurer [...] le respect du contrat de travail libre-
> ment discuté et accepté [...]. En fait, il subordonne
> l'ouvrier au bon vouloir patronal et le place sous le
> strict contrôle de la police. L'employeur a le droit de
> garder entre ses mains le livret pendant toute la durée
> de l'engagement, d'y inscrire les avances qu'il fait, de
> retenir le livret — et donc le travailleur — jusqu'au
> remboursement en temps de travail des avances faites.
> Or, c'est, devant la police et en justice, la parole du
> maître qui fait foi en cas de contestation de salaire et
> d'avances[70] ! »

L'instauration et la jouissance de biens auxquels, *a
priori*, tout un chacun peut prétendre et grâce auxquels il subvient à ses besoins physiologiques et idéels
reposent, principalement, dans des sociétés dont la
rhétorique est le travail, sur les compétences dont

il sait faire preuve dans le domaine de l'économie pris au sens large (industries, commerces, services, finances, etc.). Or, dans ce champ de l'économique, la notion de lien n'occupe qu'une place résiduelle. Elle est dépendante des contingences dont le marché et la concurrence sont les régisseurs. Les lois de l'offre et de la demande tout comme les effets qu'induit l'organisation du travail dans la manufacture, dans l'usine sinon le grand magasin constituent la base de l'organisation sociale imaginée par des entrepreneurs[71]. Dès le XIXᵉ siècle, l'utilisation de machines, le « travail mort », est préférée au « travail vivant », celui qui est réalisé par des hommes ou des femmes, ouvriers et employés. Le recours aux techniques cherche à diminuer la dépendance vis-à-vis de la force de travail humaine et à évacuer ainsi, autant que faire se peut, le facteur lien social.

Les liens imaginés par le patronat sont de deux sortes. D'une part, ils comprennent, avant même les travaux de Marx, que les revendications face aux volontés d'accroissement des rythmes et aux conditions de réalisation des tâches vont briser le lien entre le maître et le journalier. Cela conduit, sporadiquement, à des arrêts de travail sinon à des bris de machine. Ce lien rompu entre les industriels et les ouvriers le serait au corps défendant des premiers mais ressoudé pour les derniers, adossés, entre autres, aux corporations antérieures. De l'autre côté, et pour parer à cette éventualité, une prise en charge étroite des faits et des gestes ouvriers et de leurs agencements par les directions d'entreprise est retenue, non sans un certain succès, par un nombre conséquent d'entrepreneurs. Le paternalisme qu'ils déploient réussit à stabiliser la main-d'œuvre et à atténuer, ponctuellement, l'insatisfaction, compte tenu de l'absence d'alternatives du travail vivant. Cela a prévalu dans les charbonnages, le textile ou la sidérurgie. Les scansions fondamentales de l'être humain, ici du travailleur, sont prises en charge, du berceau à la tombe, et telles que les exprime, par exemple, un patron, gérant d'une société minière : «La Compagnie [...] prend soin de l'ouvrier depuis sa naissance jusqu'à sa mort. Des aumôniers, des Frères, des Sœurs sont chargés de l'élever, de le marier et de le soigner. Enfin, lorsqu'il ne peut plus travailler, une retraite élevée le met à l'abri du besoin[72].» Un syndicaliste évoque, plus récemment, l'industrie sidérurgique : «On naît à l'hôpital de Wendel, à la Clinique de Wendel, on va à l'école de Wendel, on est apprenti au Centre d'apprentissage de Wendel, on devient ouvrier chez de Wendel, et lorsqu'on meurt on a encore droit à la couronne de Wendel[73].»

Au fil de la montée en puissance de l'industrialisation — c'est-à-dire tout au long du XIXe et du XXe siècle —, les rapports et les liens sociaux déclinent une gamme allant du consensuel à l'ambivalent et au conflictuel. Leurs caractéristiques dépendent des maîtres d'œuvre ainsi que des personnels sinon de la conjugaison de ces deux acteurs centraux. Ces rapports seront généralement plus coercitifs qu'empathiques. Jusqu'au mitan du XXe siècle, les affrontements plus ou moins violents : révolutions de 1830, de 1848, la Commune, les grèves générales de la première décennie du XXe siècle sinon le Front populaire, donnent à voir non de la conciliation, du lien mais d'abord de l'opposition plus ou moins véhémente et radicale.

Cependant entre les moments de forts conflits ces interactions se subdivisent elles-mêmes en courants d'idées et de perceptions selon les obédiences profes-

sionnelles, corporatives, syndicales sinon politiques.
Cette complexité donne de la variation aux liens
sociaux suivant les formes que prennent, ponctuellement ou de manière plus conséquente, les agencements entre ces différentes entités : commandement,
exécution et en particulier, pour les travailleurs, tel
ou tel type de majorité élective les représentant. Ces
combinaisons suscitent tantôt du lien social fonctionnant à l'antagonisme, tantôt, et concurremment, du
lien porté sur des *modus vivendi* jugés nécessaires.

Les profils des postes et des fonctions à remplir
induisent un minimum des prérequis spécifiques. Une
commune compréhension est indispensable. Elle rapproche dans le cadre d'une division ordonnée des
tâches. Les attentes, tant de l'organisation que d'exécutants confrontés à des situations relevant de procédures et de techniques proches, suscitent, entre ces
derniers, des attitudes ou de la compréhension réciproque. Cela enclenche un nombre non négligeable
d'occasions où du lien se tisse. Celui-ci ne déborde
généralement pas le cadre des temps et des lieux de
production et ne socialise véritablement que lors d'oppositions entre, d'une part, les exécutants et, d'autre
part, les intéressés, c'est-à-dire les directions voire, dans
certaines circonstances, les pouvoirs publics et la société
environnante. Pour les instances dirigeantes, il s'agit
d'instaurer ce qui assure au mieux la perpétuation du
mode d'organisation et de répartition des pouvoirs.

Dans la longue histoire de la révolution industrielle, la place du lien social apparaît donc comme
correspondant aux enjeux et aux stratégies ultimes et
quotidiennes qui animent et mobilisent des individus, des groupes, des organisations et des classes
sociales dans leur présent et dans leur devenir. Celui
qui a analysé le plus en profondeur ces conditions, en

amont du lien tendu, est Karl Marx. Il convient d'y
revenir pour lire, en creux de son analyse économique et sociale, les fondements de la difficulté du
ciment social.

Une façon de poser la question du lien social est de
distinguer d'une part les individus partageant des
conditions communes et relevant *a priori* d'une classe
sociale en soi, mais n'ayant pas une conscience pour
soi de classe, de ceux qui d'autre part ont l'intelligence de leur positionnement historique et des
potentialités dont ils sont porteurs. L'auteur du
18 Brumaire de Louis-Napoléon Bonaparte souligne que
la masse des paysans français du milieu du XIXᵉ siècle
ne sont « unis que par un lien purement local, par le
fait que l'identité de leurs intérêts ne crée pas de
communautés[74] ». De ce fait ils n'ont pas de représentants, ni d'organes politiques, ni, dès lors, d'autres
liens sociaux que ceux issus des proximités physiques
et culturelles. Ils relèvent, pour l'auteur du *Capital*,
de la première catégorie alors que la bourgeoisie et le
prolétariat se rattachent à la seconde, ceux qui ont
conscience de leur positionnement social et historique.

En effet, pour Marx, les valeurs d'usage et d'échange
des marchandises impliquent des modes spécifiques
de relations sociales qui s'inscrivent dans la production, l'échange et la consommation. La première, la
valeur d'usage, concerne la destination d'une chose
nécessaire utilisée pour répondre à un besoin humain
résultant d'une activité concrète. Dans les conditions
du système capitaliste, la valeur d'échange implique
le passage du travail individuel, celui de l'artisan,
concepteur et réalisateur de *sa propre* production, en
un temps de *travail socialisé* qui implique « *la séparation radicale du producteur d'avec les moyens de pro-*

duction[75] ». Comment, dans ce contexte, créer du lien social ? L'industrialisation entraînerait des rapports sociaux spécifiques marqués au sceau du travail aliéné et de la plus-value extorquée. Ces conditions accompagnent la montée inexorable du travail socialisé, la circulation des marchandises réifiée par la monnaie et l'abstraction de la valeur du travail.

La lutte des classes sociales représente, pour Marx, la force motrice de l'histoire. Elle marquerait, sous différentes formes, le cours de l'humanité. Des antagonismes récurrents ont opposé les éléments constitutifs des sociétés, qu'elles aient été serviles, féodales, aristocratiques ou bourgeoises. Sous l'égide de cette dernière, les propositions de contrat social argumentent les liens que la société civile souhaite promouvoir autour des notions de libre concurrence et d'autonomie de l'individu. Celui-ci serait ainsi dégagé des liens antérieurs qui l'inscrivaient dans des ensembles spécifiques, ceux de la communauté primitive, de la *gens* romaine, de la commune villageoise ou des ordres de l'Ancien Régime. Les rapports sociaux résultant de la productivité matérielle induisent de ce fait des idées, des catégories et des principes ressortissant de ces rapports sociaux mêmes, « *produits historiques et transitoires*[76] » qui se présentent comme propres à des contextes spécifiques façonnés par la mutation des forces productives.

Dorénavant des rapports antagoniques obèrent toute possibilité effective d'expression d'un lien social signifiant la liberté de tous. Pour Karl Marx, l'opposition entre les classes a circonscrit les possibilités d'expression personnelle au bénéfice de ceux qui ont le privilège de faire partie de la classe alors dominante. Cela avec, à chaque fois, la prétention que cette situation s'inscrit comme une donnée à valeur universelle

et non pas comme un avantage circonstancié historiquement d'une classe particulière, celle qui marque
son époque en expulsant ses adversaires et en disant
les nouvelles légitimités. Suivant cette optique, du
lien social prévaut comme valeur unanime alors qu'il
ne peut être que spécifique et ne s'exercer en fait
qu'en relation avec des intérêts particuliers. Il revient à
une catégorie d'idéologues, ceux qu'Antonio Gramsci
désignera sous le nom d'« intellectuels organiques »,
d'élaborer le corpus des « lois éternelles » qui ne
sont que l'expression de la puissance matérielle et
intellectuelle :

> « Chaque groupe social, naissant sur le terrain origi-
> nel d'une fonction essentielle dans le monde de la
> production économique, crée en même temps que
> lui, organiquement, une ou plusieurs couches d'in-
> tellectuels qui lui donnent son homogénéité et la
> conscience de sa propre fonction, non seulement dans
> le domaine économique, mais aussi dans le domaine
> politique et social[77]. »

Ces scribes s'attachent, également, à construire et à
argumenter l'illusion que cette classe se fait d'elle-
même et, par suite, que les individus la composant
souhaitent propager. Pour cela elle va devoir élargir
ses références en s'attachant à rallier les élites antérieurement locutrice des légitimités :

> « Un des traits caractéristiques les plus importants
> de chaque groupe qui cherche à atteindre le pouvoir
> est la lutte qu'il mène pour assimiler et conquérir
> "idéologiquement" les intellectuels traditionnels, assi-
> milation et conquête qui sont d'autant plus rapides et
> efficaces que ce groupe donné élabore davantage, en
> même temps, ses intellectuels organiques[78]. »

Ainsi, si les classes dominantes réussissent jusqu'à imposer leur conception du lien, il faut renverser celles-ci aussi bien que leurs forces matérielles. Pour les marxistes, ce ne serait qu'à la suite de révolutions successives que pourrait s'instaurer ce qui est attendu de par le développement des forces productives : une situation où prévaudra une véritable association libre des individus.

> « Dans les succédanés de communautés qu'on a eus jusqu'alors, dans l'État, etc., la liberté personnelle n'existait que pour les individus qui s'étaient développés dans les conditions de la classe dominante et seulement dans la mesure où ils étaient des individus de cette classe. La communauté apparente [...] représentait l'union d'une classe face à une autre, elle représentait non seulement une communauté tout à fait illusoire pour la classe dominée, mais aussi une nouvelle chaîne. Dans la communauté réelle, les individus acquièrent leur liberté simultanément à leur association, grâce à cette association et en elle[79]. »

À la différence d'autres idéologues de son temps, tels que Robert Owen, Charles Fourier ou Étienne Cabet, Karl Marx ne traite pas de manière extensive de ces communautés où du lien social librement choisi s'établit entre individus. Elles ne sont pas historiquement contemporaines des conditions de son époque et relèvent de perspectives futures. Il en indique cependant les assises. Elles reposent sur le contrôle des conditions d'existence de tous les membres de la société et du libre développement de l'individu et des individus par la communauté des « prolétaires révolutionnaires ». Celle-ci serait apte à permettre à l'individu de se réaliser. Dans un contexte historique marqué par la division de classe entre la bourgeoisie et le prolétariat, cela signifie que pour que les prolétaires puissent s'affirmer en tant que personnes, il est nécessaire qu'ils mettent fin aux contingences comme personnifiées par le travail et l'État :

> « [...] les prolétaires [...] doivent, s'ils veulent s'affirmer en valeur en tant que personne, abolir leur propre condition d'existence antérieure, laquelle est, en même temps, celle de toute la société jusqu'à nos jours, je veux dire, abolir le travail. Ils se trouvent, de ce fait, en opposition directe avec la forme que les individus de la société ont jusqu'à présent choisie pour expression d'ensemble, c'est-à-dire en opposition avec l'État et il leur faut renverser cet État pour réaliser leur personnalité[80]. »

Cette étape ou les quelques occasions qui pourraient ne plus être déterminées par ces oppositions centrales, Marx ne les récuse pas. Il les perçoit soit dans les traits qui, en l'absence d'une division du travail, avaient cours dans les sociétés primitives, soit dans des sociétés où la tradition s'oppose et se tient à distance de l'accumulation des capitaux, ou bien, il les perçoit, plus fondamentalement, dans une perspective ultérieure de développement des forces productives et d'évolution des sociétés, celle où le prolétariat, classe ultime et par là niant ce concept même de classe, adviendra.

Mais avant ce devenir, Marx accorde cependant un certain intérêt à ce qui relève d'une « économie politique du travail ». Le regroupement et la maîtrise par des travailleurs d'une organisation de divers secteurs de la production ont des vertus potentiellement alternatives : « La classe ouvrière s'est identifiée à l'usine,

elle s'est identifiée à la production [...]. La division du
travail a créé dans le monde prolétarien cet ensemble
de sentiments, d'instincts, de pensées, de mœurs,
d'habitudes, d'émotions que résume l'expression
"solidarité de classe" [...] [le prolétaire] ressent [...]
la nécessité que l'ordre, la précision, la méthode, qui
vivifient l'usine, soient étendus à l'ensemble des rapports qui lient une usine à une autre usine, une ville
à une autre ville, une nation à une autre nation[81]. »
De même les coopératives tendent à prouver que du
lien social non aliéné peut se constituer alors même
que la société dans son ensemble reste insérée dans le
système capitaliste. Cette association s'exercerait dans
le cadre de rapports où prévalent des valeurs librement choisies et assumées, des liens sociaux où se
manifestent « des bras bien disposés, un esprit alerte,
un cœur réjoui[82] ». Néanmoins ce mode de production ne constituerait qu'« une *forme supérieure* du type
archaïque de la propriété collective du communisme
primitif[83] ». L'auteur du *Capital* n'en est pas moins
sceptique sur les capacités de ces dispositifs à participer aux mutations nécessaires. Il souligne tant l'aspect
circonstanciel et localisé, donc de peu de résonance,
de ces percées, que les tensions qui agitent leurs
membres ou l'innocuité que leur attribuent les autorités. Ces réserves s'adressent en particulier aux socialistes dits « utopistes », dont Friedrich Engels reprendra
et analysera les travaux à diverses reprises.

Compte tenu du fait que, pour Marx, les rapports
sociaux s'inscrivent dans des oppositions, celles qui
distinguent les classes entre elles, les possibilités d'envisager des vecteurs de lien social ne peuvent être
considérées que sous la forme négative de liens sociaux
conflictuels. Cette aporie le conduit à s'attacher aux
spécificités, aux dynamiques et aux évolutions des

conflits et non aux situations impliquant des liens d'entente et de concorde.

Le religieux comme reliant

Dans l'univers déshumanisant et désocialisant de la révolution industrielle, objet d'analyse des socialistes et des marxistes, se développent, parallèlement quoique décalées dans le temps, des réflexions s'appuyant non plus sur une critique radicale des rapports sociaux et sur des propositions de transformations, mais sur un recours à la foi religieuse comme palliatif des antagonismes sociaux. L'incurie et les affrontements que l'industrialisation et l'urbanisation croissantes suscitent, dans leurs dimensions fondamentales mises au jour par l'existence quotidienne des travailleurs et par les écrits des idéologues, seront plus ou moins masqués ou réinterprétés. Des institutions auront pour charge, au plan symbolique, de construire du discours se référant à l'idée de cohésion nécessaire afin d'essayer d'atténuer et de diriger vers d'autres voies les antagonismes. Au XIXᵉ siècle, il n'est plus possible d'utiliser de manière explicite la trame religieuse et, en l'occurrence, en France, celle de l'Église catholique, trame qui, pourtant, comme le souligne René Rémond, avait peu ou prou assuré cette fonction «conciliatrice» pendant des siècles : «La religion règle toute l'existence, individuelle et collective [...]. Elle occupe tout l'espace social, rythme le temps : la société s'aligne sur son calendrier pour le travail et pour les fêtes. Elle bénit toutes les fonctions sociales...[84].»

Aux lendemains de la Révolution, malgré le retour de la royauté, la perte d'audience de l'orthodoxie vaticane suscite des relectures et des propositions qui

cherchent à mettre les dogmes plus en accord avec
les mutations sociétales. Le clergé ne retrouve pas
l'ensemble de ses positions ni les convictions que la
foi suscitait. La Constitution civile du clergé institué
en 1790, tout comme le Concordat de 1801 réglant
les rapports entre le Vatican et l'État, ne présentent
plus le catholicisme comme la religion officielle mais
comme celle du plus grand nombre. Cela participe
au desserrement d'une cohésion qui mêlait intime-
ment celle-ci à la vie de la société tout autant qu'aux
sphères et aux activités privées[85]. La foi n'est plus inscrite en tant que pierre angulaire du pouvoir établi
dans tel ou tel pays, ainsi que l'impliquait la maxime :
« *Cujus regio, ejus religio.* » Le lien social était alors étroitement associé par cette imbrication des pouvoirs
temporels et des pouvoirs spirituels. Les conduites
ordinaires des sujets se devaient d'être en adéquation
avec les préceptes moraux des instances religieuses
tout comme la vie et les mœurs du croyant ne devaient
pas être dissociées de l'obéissance due aux représentants de l'autorité publique et à celle due aux instances cléricales (« Une foi, une loi, un roi »).

L'Église catholique présente le désavantage d'être
perçue comme ayant été un des piliers essentiels de
l'Ancien Régime. Dans les années 1820, l'ouvrage
de Félicité Robert Lamennais : *Essai sur l'indifférence
en matière de religion*, analyse les conditions de l'enjeu.
En faisant appel à l'esprit du temps, celui des libertés
et des capacités de la raison, cet auteur, par ailleurs
prêtre, va, de plus en plus, s'engager dans une
réflexion dont le but est de réinsérer le christianisme
dans son époque. Cela lui vaudra, alors, l'ire du Vatican. Dans des perspectives idéologiques fortement
distinctes, d'autres auteurs ne s'en réfèrent pas moins
à cette prégnance du religieux comme potentialité

de reliant social. Ainsi, par exemple, des propos de Pierre Leroux, à qui l'on doit plusieurs ouvrages traitant, dans un esprit déiste et critique, des rapports entre le religieux et le devenir sociétal : « On ne voit que ministres des autels occupés à rassurer Mammon sur la durée de son empire […]. Le fonds de tous ces sermons, c'est toujours l'harmonie, établie par le christianisme, entre l'humanité riche et l'humanité pauvre. Le sens du christianisme est si clair qu'il paraît fort difficile d'abaisser ainsi, aux pieds de la Ploutocratie régnante, le Christ, dont le règne est promis. Mais à quoi ne parvient-on pas, avec un peu d'adresse ! Plus l'Évangile résiste, plus on mettra de subtilité pour en altérer le sens[86]. »

Cette satire, adressée à l'institution ecclésiastique, s'ouvre sur une théodicée non dénuée de l'accent prophétique propre aux idéaux socialistes du XIXe siècle. En l'occurrence le lien social s'incarne dans la figure de l'Humanité, et dans son mouvement, notions axiales de la réflexion irénique de celui, Pierre Leroux, qui sera élu député à la Constituante de 1848 :

> « Regardez ce qu'il y a d'éternel et d'infini en vous ; car là est véritablement votre être, là est véritablement votre vie. Et si réellement vous êtes lié à l'humanité par ce qu'il y a d'éternel et d'infini en vous, il s'ensuit que vous êtes lié à l'humanité d'une façon éternelle et infinie à chaque instant de votre existence ; que, par conséquent, la normalité de votre existence consiste à ne pas violer ce lien qui vous unit à l'humanité[87]. »

Des perspectives de l'utopiste Charles Fourier se rattachent à cette même veine[88]. Leurs références font écho au religieux profane qui inspira des acteurs de la Révolution tels que, par exemple, Maximilien

Robespierre. Pour ce qui le concerne, Pierre-Joseph Proudhon a accordé, dans ses réflexions, de l'importance à la dimension religieuse tout en, également, ne ménageant pas ses critiques vis-à-vis de l'institution cléricale[89].

Les positions avancées, dans les années 1840, par le clerc Lammenais ne seront plus du goût du Vatican, attaché aux hiérarchies et à l'ordre social représentés, en l'occurrence, par les monarchies et les instances de l'Église. Ces entités sont les garantes des interactions et des échanges que trame la vie en société. L'adhésion et l'obéissance font office de valeurs aptes à répondre aux attentes et aux interrogations essentielles tant d'origine philosophique qu'existentielle. Le Saint-Siège est, de ce fait, réticent face aux crises de conscience de ses membres et plus encore face à leurs admonestations.

Le catholicisme social ne prend pas moins une relative importance au cours du XIXe siècle. Il trouve ses marques avec l'encyclique *Rerum novarum* publiée en 1891. Le pape Léon XIII se propose de traiter de la « condition des ouvriers ». Cette charte part d'un constat emprunt d'idées et de points de vue qui auraient pu ne pas déplaire à un lecteur d'écrits socialistes sinon d'ouvrages tels que *Le Capital* : « La richesse a afflué entre les mains d'un petit nombre et la multitude a été laissée dans l'indigence[90]. » Cette constatation critique est explicitée à la fin de l'encyclique :

> « La violence des bouleversements sociaux a divisé le corps social en deux classes [...]. D'une part, une faction, toute-puissante par sa richesse. Maîtresse absolue de l'industrie et du commerce, elle détourne le cours des richesses et en fait affluer vers elle toutes

les sources. Elle tient d'ailleurs en sa main plus d'un ressort de l'administration publique. De l'autre, une multitude indigente et faible, l'âme ulcérée, toujours prête au désordre[91]. »

L'argumentaire est développé sous de nombreux angles, y compris dans le cadre d'une réfutation de l'idéologie socialiste « en ce qu'elle viole les droits légitimes des propriétaires, qu'elle dénature les fonctions de l'État, et tend à bouleverser de fond en comble l'édifice social ». Les rôles de l'Église, de l'État, des corporations et des syndicats occupent une place conséquente dans cet exposé. Cela témoigne de l'attention prise, alors, par les questions sociales et des positions que l'Église souhaite mettre en avant afin de circonvenir le désordre latent sinon manifeste que génère une industrialisation dénuée de principes éthiques, cause partielle de l'impiété. S'appuyant, comme cela avait été le cas traditionnellement, sur l'autorité de l'État, elle en appelle aux capacités de celui-ci à assurer l'intérêt commun et à intervenir pour protéger la propriété privée — constante d'autant plus claire qu'elle sous-entend, sans le dire explicitement dans cette encyclique, les biens du clergé, possessions fortement remises en cause à de nombreuses reprises. De manière plus pragmatique, s'agissant de la question du travail, des mesures de protection y sont amplement développées de manière novatrice quant aux conditions affectant la pénibilité, le travail des femmes et des enfants, les salaires, la santé, etc. S'y adjoint l'incitation au recours à des regroupements tels que les associations professionnelles. De droit, elles correspondent à la « naturelle sociabilité de l'homme », principe essentiel de la société civile et de la nation. Cette qualité relève de celle du lien social. Par le biais de ces regroupements professionnels, il serait possible de donner libre cours à l'amitié et à la fraternité entre des classes antagonistes. Ces recommandations s'inscrivent dans un contexte où prévalent, en ressort essentiel, le maintien et le développement d'une foi confrontée à des remises en cause provenant tant du comportement des classes dirigeantes que d'idéologies prônées par des milieux populaires. Ce faisant, l'épiscopat déroge à ses positions précédentes, celles d'un Grégoire XVI qui condamna l'ex-ultramontain, devenu réformateur, Félicité Lamennais et, de manière plus ou moins délibérée, les thèses défendues par les partisans du catholicisme social.

Comme suite à ces directives, et en écho aux avancées sur le terrain social d'une réflexion sur la place que pourrait et devrait y occuper la foi, des syndicats mixtes cherchent, au tournant du siècle, à rapprocher le patronat et les ouvriers. Ces associations professionnelles ne se développent que lentement, compte tenu de la difficulté de considérer le profane sous un angle non immédiatement connoté et inscrit dans la *doxa* religieuse. La déshumanisation du travail à l'usine et dans les ateliers se prête, apparemment, moins à l'exercice de la foi que les temps de la ruralité, ceux des saisons et des communautés, les riches heures du duc de Berry, enchâssées entre le château et l'église.

Le secteur tertiaire présente, lui, des opportunités. Il ne suscite pas de contraintes aussi violentes que les mondes de l'industrie, assujettissements pouvant se traduire, en termes de comportements, par la fuite vers des paradis artificiels dont en particulier ceux que procure l'alcool. Dans ce contexte, le respect des préceptes empreints de moralité résiste mal aux effets réifiants de la promiscuité, de la fatigue physique et mentale et de l'incapacité d'exprimer des pratiques valorisantes.

Les rapports sociaux qui relèvent des univers du commerce et des services se différencient en partie de ces situations. Ces dernières ne se résument pas aux mêmes types d'impositions économiques et de contraintes subies. C'est dans ce contexte que se développe une relative réinsertion des capacités heuristiques du religieux dans le corps social. En 1887 apparaît ce que l'on peut considérer comme le premier syndicat confessionnel catholique : le SECI, syndicat des employés du commerce et de l'industrie, influencé par les travaux de Frédéric Le Play et par ceux de la revue à laquelle il participe, *La Réforme sociale*. Ce syndicat des employés du commerce et de l'industrie associe « entre catholiques » des salariés[92]. Peu à peu, diverses initiatives voient le jour : coopératives, cercles d'étude, etc. Impulsées, entre autres, par Marc Sangnier et le mouvement du *Sillon* : cette organisation s'ouvre aux non-croyants et instaure des liens entre la religion et la république démocratique[93]. Le pape Pie X récuse, en 1910, ces avancées[94]. Nonobstant telle critique, une confédération nationale voit le jour en 1920 : la CFTC, Confédération française des travailleurs chrétiens. Elle rétablit, sur la longue durée, le lien avec la foi du monde profane du travail industriel et des services.

Aujourd'hui, malgré la sécularisation croissante, de nombreuses sociabilités gravitent encore autour de l'institution religieuse et, dans le contexte français, surtout de l'Église catholique. À l'évidence les minorités, protestantes, juives ou musulmanes produisent également, mais à leur manière, et proportionnellement à leur influence, des types spécifiques de rap-

ports sociaux. Ces liens relèvent en partie d'une
volonté délibérée d'impulser des éléments pratiques
et des valeurs aptes à instaurer et à renforcer les
convictions des adeptes effectifs ou des prosélytes.
Des données spécifiques s'attachent à leur donner un
poids et une densité suffisants. La finalité poursuivie
par ces Églises vise, également, à leur obtenir l'attribution d'une reconnaissance la plus officielle possible. Cela participe à leur insertion dans le tissu
social, à les institutionnaliser et à réglementer les
usages qui doivent leur être reconnus. Pour ce faire,
des compléments sont ajoutés et intégrés dans le
corpus établi. Ainsi, par exemple, du baptême et
de l'instauration d'un parrainage dont les formes
contemporaines se seront mises en place non sans
controverse alors que, au départ, elles ne relèvent que
de pratiques ponctuelles induites, par commodité
et souci d'adéquation, par de nouvelles attentes de
fidèles et d'officiants. Les sites miraculeux ne le
deviennent que par suite de poussées de croyants qui,
au départ, instaurent un lien social très vif autour
d'une personne et de ses qualités posées comme
transcendantes. Ces convictions partagées entre fidèles
le sont en amont d'une reconnaissance et d'une offi-
cialisation par des autorités ecclésiastiques précau-
tionneuses sinon rétives à des modifications ou à des
initiatives dont elles ne maîtriseraient pas tous les
tenants et les aboutissants. Lorsqu'il apparaît qu'une
latitude trop grande se constitue autour de nouveaux
comportements et à l'encontre de l'orthodoxie, des
ruptures s'établissent soit à l'initiative des structures
officielles, soit sous l'impulsion des sectateurs[95].

En ce qui concerne le Vatican, le traditionalisme
et les critiques du modernisme l'emportent, le plus
souvent, sur l'ouverture aux thèses et aux pratiques

empreintes de volonté réformatrice et de jonction plus étroites avec les mœurs renouvelées de la société civile. Le lien social auquel participe, de manière évidente, l'Église, est relativement peu retravaillé compte tenu du maintien de positions dogmatiques sur nombre de thématiques contemporaines telles que, par exemple, celles soulevées ouvertement sur la question des missions en milieu ouvrier, du célibat des prêtres, du contrôle des naissances, du divorce, de la place et du rôle des femmes dans les offices ou de la théologie de la libération.

Le lien social que produit l'Église a tendance à fonctionner en cercle clos, malgré une attention nouvelle porté à l'œcuménisme et à une implication de laïcs, sous certaines conditions, aux services religieux. Ainsi, paradoxalement, alors que ce tournant de siècle témoigne d'une écoute renouvelée et montre une attente du religieux pris au sens large, le tissage de liens nouveaux s'effectue, pour beaucoup, à l'extérieur de ce que l'on peut considérer comme l'*Alma Mater*[96]. L'institution reste partiellement prisonnière de son aura passée, des pesanteurs qui entravent ses disponibilités aux mutations ainsi que du poids d'un système centralisé qui entend en contrôler le fonctionnement et condamner les éventuelles critiques.

Toutefois, comme à son insu ou du moins de manière discrète, on a assisté, au cours des deux siècles passés, et malgré la déchristianisation faisant suite à l'époque révolutionnaire et à la perpétuation de l'esprit des Lumières sous les traits du positivisme et de la laïcité, ainsi qu'à la séparation des Églises et de l'État, à un relatif maintien de ses positions en France et dans le monde. Elles concernent divers secteurs de la société pour lesquels le religieux fonctionne comme vecteur de lien social. Le prêtre, l'église, la paroisse et

les textes de référence que constituent l'Ancien et le
Nouveau Testament en sont les intercesseurs tout
comme le sont, et plus encore, les œuvres sociales et
caritatives.

En 2003, dans le cadre de l'élaboration d'une Constitution pour l'Union européenne, de vifs débats ont
montré la présence récurrente de ces enjeux entre les
représentations religieuses et les pouvoirs politiques
quant aux valeurs globales du sociétal. Deux acteurs
continuent à se trouver en présence, l'Église et l'État.
Doit-il être fait référence à l'héritage et aux valeurs
religieuses comme invariants du continent européen ?
Faudrait-il préciser cela en déclarant comme le souhaiteraient certains que « les racines judéo-chrétiennes
sont les valeurs fondamentales de l'Union » ou ne
serait-il pas préférable, comme l'avancent les partisans
de la laïcité, de marquer clairement la séparation des
Églises et du pouvoir politique[97] ? La pérennité de ces
controverses atteste de l'importance d'un enjeu que
recouvrent de telles prises de position sur les esprits et
sur les conduites touchant non seulement aux rapports de la quotidienneté, mais également aux liens
sociaux, dont l'ordonnancement symbolique sinon
pratique avait ou devrait revenir en priorité à l'un ou à
l'autre de ces acteurs historiques. Antérieurement, ils
marchaient de pair, l'un attaché au spirituel, l'autre
au monde social, non sans dispositions dont les répar-
titions convenaient, peu ou prou, à ces deux constituants. La fin de l'Ancien Régime et la séparation des
Églises et de l'État, un siècle plus tard, n'ont pas
apporté de réponse définitive à ce dilemme où se
trouve impliqué du lien social.

DEUXIÈME PARTIE

Le lien social, objet des disciplines

CHAPITRE 5

L'émergence des sciences sociales

La crise morale due à la remise en question de l'appréhension du monde et des comportements humains à travers le prisme de la religion et des structures de l'Ancien Régime contribue à une réévaluation des modalités d'explication cognitives.

Le lien social est, certes, un fait plus ou moins effectif suivant les époques, comme cela a été exposé dans les chapitres précédents à travers les arguments proposés par divers penseurs. Parallèlement, mais distincte de ces approches le plus souvent individuelles, une transformation du champ des sciences humaines s'opère à l'avantage de nouveaux venus. Les XIXᵉ et XXᵉ siècles vont être marqués par l'éclatement du savoir en secteurs spécialisés. Chacun d'entre eux va interpréter le social — lui-même éclaté — de manière autonome, mettant en avant des façons d'analyser et de proposer spécifiques. Des domaines disciplinaires apparaissent, se construisent, se professionnalisent, induisent des liens internes. Ces derniers vont susciter des façons particulières quant à l'appréhension de la question du lien social.

La philosophie, tout d'abord, tente de perpétuer, quand bien même sous diverses formes, la position dominante qu'elle exerce, depuis des siècles, sur un

très large spectre de connaissances allant des sciences
de la nature à celles traitant de l'homme et de la
société. On est en présence, en ce qui la concerne,
d'une approche que l'on pourrait qualifier de mono-
disciplinaire à vocation plurielle. Elle prône une
lecture visant et prétendant traiter d'une pluralité
de domaines de la connaissance : nature et action
humaines à partir d'un prisme spécifique, le philosophique. La montée du rationalisme et du scientisme,
parallèlement aux crises morales, éthiques et sociales,
conduit à l'étirement des liens qui unissaient antérieurement les divers ordres de connaissance entre
eux et qui pouvaient susciter, comme le souligne
Émile Durkheim, le fait que : « [...] la science, n'étant
pas très divisée, pouvait être cultivée presque tout
entière par un seul et même esprit. Ainsi avait-on un
sentiment très vif de son unité. Les vérités particulières qui la composaient n'étaient ni si nombreuses,
ni si hétérogènes qu'on ne vît facilement le lien qui
les unissait en un seul et même système[1]. »

L'attitude antérieure, œcuménique voire épistémo-
logiquement holiste, fut encore celle de la génération
du fondateur de la sociologie : Auguste Comte. La
sociologie ne constituait, pour lui, qu'une partie analytique d'un système général embrassant l'ensemble
des connaissances regroupant ce qu'il nomme la
science des corps bruts (mathématique, astronomie,
physique, chimie) et la science des corps organisés
(physiologie, physique sociale ou sociologie). « La
philosophie *positive*, dans laquelle je comprends l'étude
des phénomènes sociaux aussi bien que tous les autres,
désigne une manière uniforme de raisonner appli-
cable à tous les sujets sur lesquels l'esprit humain peut
s'exercer[2]. »

Dans la seconde moitié du XIXᵉ siècle, un nouveau

contexte prend ses marques en terme d'appréhension scientifique. Il trace une distinction entre les domaines rattachés aux sciences de la nature et ceux concernant l'homme et la société. À la monodisciplinarité philosophique, à très large spectre, succèdent une pluralité de disciplines, de sciences particulières : « [...] à mesure que la spécialisation s'est introduite dans le travail scientifique, chaque savant s'est de plus en plus renfermé, non seulement dans une science particulière, mais dans un ordre spécial de problèmes[3]. » Paradoxalement, ces sciences particulières, quoique ne prétendant plus à l'exhaustivité, ne tendent pas moins à considérer que, dans leur champ de compétence, elles détiennent « une valeur absolue[4] ». On est en présence alors de disciplines à champ spécifique et exclusif, ce que l'on peut désigner comme une pluralité de monodisciplines.

Le nombre de ces entités à champ spécifique croît tout au long du XXᵉ siècle, accompagnant les découvertes et les novations qui particularisent, fractionnent ou recomposent des domaines. Sociologie, psychologie, histoire distendent leurs attaches, leurs filiations antérieures[5]. Elles vont le faire en focalisant leurs objets d'étude et en spécifiant ou plus précisément en établissant, de manière latente puis de plus en plus argumentée, leurs manières d'être et leurs façons de faire.

Cette dispersion, ou plus exactement cette spécialisation au sein du domaine des sciences humaines, procède de la donne propre aux sciences de la nature. Elle instaure une distinction entre ce qui relève de la science expérimentale et ce qui se résume à la métaphysique sinon à l'idéologique, dont le champ concernerait les faits humains. Cela implique des interactions entre ces domaines, compte tenu de ce

que les séparations restent dépendantes de l'autonomie à instaurer dans l'élaboration des résultats.

Faire lien disciplinaire

Construire un dispositif interprétatif, c'est également mobiliser des individus et des connaissances. La
démarche est idéelle mais également pratique, matérielle et professionnelle. Elle implique un nombre
conséquent d'acteurs et ne saurait exister et se développer sans des liens sociaux irriguant le propos scientifique et permettant le développement du champ
disciplinaire concerné. Ce qu'illustre un double mouvement à la fois de lien endogène nécessaire et inhérent à l'émergence du disciplinaire et de réflexion de
ce dernier sur du lien exogène substantialisé et constitué autour des faits analysés dans leurs causes, leurs
mécanismes et leurs effets.

On retrouve dans le cadre de ces monodisciplines
en émergence dans les sciences humaines des éléments de questionnement qui abordent le lien social,
sa nature, ses constituants. La difficulté réside dans le
fait que cette notion est perméable et labile, particulièrement lors des processus de fondation. Elle n'en
est pas moins présente dans des raisonnements qui,
sans toujours la nommer, s'y réfèrent sous les termes
de socialité, de sociabilité, de solidarité, d'association,
etc. Les problématiques restent suffisamment larges
pour pouvoir, si nécessaire, se l'annexer. Il importe
de voir la limite où, d'un terme proche sinon syno-
nyme, on va au-delà, vers un signifiant plus précis et
réservé à certaines modalités attribuées par telle ou
telle discipline à ce que l'on pourrait désigner comme
relevant de la sémantique : lien social. La difficulté

tient à ce que de nombreuses composantes peuvent s'y référer, par exemple l'amitié, le compagnonnage, l'union, sinon la famille, le mariage, la parenté, la communauté, la patrie, la nation, etc.

Face à cette porosité idiosyncrasique, il convient de privilégier les auteurs et les problématiques faisant plus explicitement références séminales à la notion dans son sens premier, tourné non vers l'individu proche mais vers les interactions. Procédant par champs disciplinaires, on peut, en partant du XIXᵉ siècle et de la philosophie, discipline alors dominante traitant, entre autres, de cette question, décliner ensuite les spécialisations qui sont ou auraient pu naturellement être également concernées. À l'évidence, la sociologie, science des phénomènes sociaux, s'impose de manière privilégiée.

Resserrement philosophique et lien social

La philosophie est généralement comprise comme une discipline intellectuelle cherchant à établir une connaissance rationnelle de la nature et du système général des connaissances humaines tant dans les domaines des actions que du savoir. Attachée génétiquement à la pensée occidentale, elle en porte les marques discursives et les avatars : science des fondements du réel et éthique, elle se développe dans l'Europe chrétienne à l'ombre de la théologie tout en tentant subrepticement d'en desserrer l'étreinte. Le XIXᵉ siècle fait définitivement éclater son ambition impériale, celle de traiter tant des faits de la nature que de l'humain. L'autonomie prise par les sciences de la nature conduit à un rejet ou du moins à une non-prise en compte des extrapolations «philoso-

phiques » sinon métaphysiques ainsi que du refus
d'une dépendance vis-à-vis de conceptions apodictiques. Pour l'homme de science, il n'est plus nécessaire de faire allégeance à un moment ou à l'autre de
son traité ou de ses analyses scientifiques à l'immanence du religieux sinon du pouvoir politique. René
Descartes n'aura plus à disserter masqué.

Dépouillée de ses capacités à traiter des faits de
la nature, le domaine des humanités, de la nature
humaine reste, *a priori*, à sa portée. Il ne s'avère pas
moins que, dans ce dernier secteur, les données ont
également changé quoique dans une mesure moins
radicale. L'imprimatur des Églises et la censure des
autorités publiques se font relativement plus souples.
Le domaine des humanités, pris au sens large et non
seulement dans celui restreint d'étude des langues,
de la littérature et de la philosophie, est travaillé
par les mutations sociales. Celles-ci renouvellent l'origine et le recrutement des hommes de science et
de lettres. Elles s'ouvrent sur une diversification, par
fragmentation, des corpus antérieurs.

Ces éléments sont accompagnés, de manière plus
ou moins effective et pertinente pour ceux qui les
insèrent dans leurs procédures, par les avancées liées
à l'utilisation de nouvelles techniques et de nouveaux
outils et instruments d'observation et d'expérimentation. Un certain recours à des procédures techniques
s'effectue au sein même du champ philosophique,
domaine qui était désigné ou du moins relevait antérieurement des sciences de l'âme et de l'esprit et
dont les argumentations reposaient principalement
sur l'approche cognitive, la connaissance par idéation.
Ces modifications heurtent, peu ou prou, la *doxa* philosophique du moins dans ses usages et conceptions
traditionnels.

Le bourgeonnement et l'apparition de surgeons ne se font pas sans nombre de difficultés. La sève nourricière indispensable, les données contextuelles tout comme la profusion de ces germinations adossées aux racines et au tronc des orthodoxies viennent souvent, du moins dans les premiers temps, à faire défaut ou à n'être allouées que de manière parcimonieuse dans les espaces nécessaires à leur développement. Ces conditions déterminent en grande partie le sort qui leur sera réservé, leurs capacités à faire, à leur tour, non pas rejets mais corpus et discipline.

De fait la philosophie subit de multiples et diverses échappées et une forte réduction de ses domaines antérieurs. Ceux-ci se détachent, prennent des libertés et ne considèrent plus comme nécessaire de devoir en référer, en dernière instance, à des axiomes ou à tel ou tel des paradigmes classiques. La philosophie qui jouissait, jusqu'alors, d'un statut incontesté est désormais contestée sur ses marges ou de la part de démarches ne prétendant pas forcément à se substituer à elle en tant que *deus ex machina*, vecteur de la connaissance et de l'interprétation du monde. L'indiscipline s'empare de la discipline par excellence.

Une illustration, parmi d'autres, de cette nouvelle donne est l'apparition, dans le domaine de ce qui n'est pas sans traiter du lien social, et à quelques années près, les années 1890, de plusieurs revues portant le nom d'un secteur particulier des sciences humaines et sociales et proclamant leurs intentions d'exclusivité. Ainsi dans ce contexte de reformalisation, de resserrement et d'antagonismes plus ou moins feutré à l'intérieur des sciences humaines, l'étude d'une revue philosophique dirigée par un des représentants éminents de cette discipline permet de suivre

et de préciser, dans leurs mutations successives, les
changements qui s'opèrent dans les sciences humaines.
Au cours des dernières décennies du xixe siècle, on
assiste aux phénomènes qui se sont produits, antérieurement, dans les sciences naturelles, à savoir la
spécialisation croissante des secteurs. Concurremment
s'expriment des types particuliers de sociabilité qui se
regroupent autour de méthodes et de théories spécifiques. Ils vont créer parallèlement mais sur d'autres
points d'appui que les développements théoriques,
entre les rédacteurs et les lecteurs de la revue, du lien
social. Mais ici celui-ci est d'ordre latent plutôt que
manifeste. Il est associé à du disciplinaire mais ne s'y
épuise pas. Le lien social disciplinaire relève d'interactions intellectuelles mais également physiques,
circonstancielles et pragmatiques attachées aux incidences usuelles que suscitent le commerce humain,
l'échange, le débat, mais également les impondérables
de la nécessaire collaboration quotidienne entre rédacteurs, lecteurs, sans négliger la réalisation physique
d'un organe de presse.

Les revues disciplinaires mettent en scène ces
liens peu explicités car ordinairement subsumés par
la trame des arguties que suscitent les analyses, les
mémoires et les textes, réflexions argumentant, avant
tout, le corps même de la discipline. Des réseaux, des
« construits heuristiques », des « ensembles populationnels » trouvent leur cohérence dans des thématiques
scientifiques expérimentales s'ouvrant sur la publication des résultats y afférant. Cela ne suscite que rarement une ou des explications sur les modalités de
ces mises en commun de problématiques et de paradigmes, et le lien social qui en ressort. Cela semble
tenir au fait que la motivation centrale des auteurs est
centrée sur le vif du sujet et que les formes organisa-

tionnelles et symboliques que prennent ces expositions ne leur paraissent pas devoir retenir une attention particulière. Elles dépendent d'occasions, d'aléas où le disciplinaire s'imbrique dans les catégories plus labiles de la rencontre humaine. Celles-ci impliquent le recours nécessaire à des personnalités diverses. Ces liens sociaux engendrent des interactions multiples, de l'adhésion et de la critique, de la collaboration ou de la vindicte, de l'engouement ou de la concurrence et de la démission, sinon de la scission. Ces rapports subissent les *impedimenta* sociaux propres à la mise en adéquation des moyens nécessaires, ceux de l'intendance et des modalités d'organisation. Ceux-ci, parfois mésestimés, participent cependant à l'avancée des réflexions, des analyses et des expérimentations traitant du corpus considéré. Ce constat d'un faible écho de regards et d'analyses réflexives témoigne également de la presse et de la dynamique de champs disciplinaires souhaitant exposer, sans tarder, leurs propos. Ainsi comptent-ils obtenir le droit à l'existence, à l'écoute et à la reconnaissance de leurs travaux par les milieux considérés comme de référence. Or la construction même de ce milieu référentiel implique la mise en place d'un lien épistémologique.

Le lien social, pris comme thème abordé par les uns et les autres, se trouve doublement concerné. Il l'est sous l'angle du lien social disciplinaire endogène ainsi que, dans l'élaboration de réflexions, dont certaines traitent du lien social, exogène.

En 1867 des philosophes se dotent d'une revue spécifique intitulée : *L'Année philosophique*. Elle se présente comme une illustration idéal typique des mutations et des remises en cause entre disciplines. Son titre complet est alors : *L'Année philosophique, études cri-*

tiques sur le mouvement des idées générales dans les divers ordres de connaissances. Dans son avertissement François Pillon, le responsable, précise l'objet de cette publication, constituée autour de mémoires et d'une bibliographie analytique. Il donne une définition de la philosophie présentée comme : « [...] la synthèse du savoir humain. Toutes les sciences relèvent de la philosophie par leurs méthodes, par leurs rapports entre elles, par leurs principes et leurs théories [...] elle embrasse tout ; rien ne lui est étranger[6]. » L'auteur énumère une longue liste de domaines s'étendant de la logique aux sciences biologiques et anthropologiques. Les principes directeurs de cette publication sont ceux du rationalisme critique. Un second numéro, et qui constitue la dernière parution sous le titre initial, paraît l'année suivante, à la veille de la guerre franco-prussienne de 1870. Après le conflit et la chute du régime impérial, la revue est reconstituée par les mêmes principaux protagonistes : Charles Renouvier et François Pillon, mais sous une forme différente. Elle a changé d'intitulé, elle est devenue *La Critique philosophique, politique, scientifique, littéraire.* Les ambitions encyclopédiques de ces philosophes se rétractent comme en témoignent les réductions successives de l'arc de leur revue. Cet organe du néo-criticisme est hebdomadaire et non plus annuel. Il paraît en 1872, aux lendemains de la guerre franco-prussienne et de la Commune, et s'inscrit dans les débats philosophiques de l'époque, dont ceux marqués par l'influence du positivisme et de l'évolutionnisme sociologique spencérien. Plus que réservé face aux thèses métaphysiques ou scientistes, religieuses, panthéistes ou athées dont celles de la lignée « progressiste » établie par des saint-simoniens, l'éditorialiste, dans la présentation des intentions, considère que : « Le criticisme renouvelle la philosophie en faisant poser sur la raison pratique, c'est-à-dire sur l'ordre moral, les seules inductions rationnelles qu'il soit possible de tirer de la nature humaine[7]. » Il se réfère explicitement à « la pure formule du juste, enfin trouvée sous le nom d'*impératif catégorique* ». Ce sera donc sous l'égide d'Emmanuel Kant que cette revue philosophique souhaite traiter, dans ces temps difficiles, de la juste morale comme science rationnelle, condition pour assurer la paix et la liberté sinon le lien social. Dans une note bibliographique recensant l'ouvrage du sociologue Herbert Spencer, *Les Premiers Principes*, François Pillon, réitère, à l'encontre des thèses organicistes et évolutionnistes, l'axe central de l'apriorisme qui pose en amont l'immanence des formes exprimées et, en aval, le contexte des expériences[8].

La question du lien social est abordée incidemment sous des angles particuliers propres aux divers intervenants. François Pillon souligne que les avancées, tant dans le domaine philosophique que psychologique, et, en particulier, vis-à-vis de l'attention croissante donnée aux phénomènes et à l'expérimentation ne sauraient aller sans une interpellation de leur formalisation : « Il n'y a pas de science [...] qui puisse être constituée avec de purs faits et sans l'admission de lois préalables pour les organiser[9]. » Ainsi, par exemple, dans la France de cette seconde moitié du XIXe siècle, de la liberté d'expression collective qui dépend, note Pillon, de par les dispositions du Code pénal, du bon vouloir de l'autorité publique. Cela prévaut depuis 1810 contre un certain type de lien social, celui qui unit des opposants aux régimes successifs provenant principalement d'une fraction de la bourgeoisie et des couches populaires. Cette situation restreint fortement le droit d'association et les liens sociaux qu'ambitionne de mettre en place tout regroupement de citoyens afin de traiter de sujets littéraires, politiques ou autres.

Le criticisme de Charles Renouvier se traduit par un certain nombre d'articles où revient l'importance donnée à l'«impératif catégorique», illustré par le «beau proverbe français : *Fais ce que dois, advienne que pourra*[10]». Le devoir est défini par la Loi morale. Celle-ci intervient quant aux conditions de sociabilité où l'individu conjugue son intérêt avec celui de son environnement moral et cognitif. En ce qui concerne la question sociale, l'auteur en appelle à la modération face aux volontés de légiférer par décrets ou par acclamation. Ses réserves seront d'autant plus vives lorsqu'il ne sera pas fait référence aux nécessaires relations entre la morale et la politique. Il pointe, de manière plus explicite, dans un article où il interroge les évolutions au sein du courant fouriériste, cette interaction et les conditions d'un certain type de lien social, celui de l'associationnisme dont il est proche. Les difficultés que connaît ce dernier tiennent à la rupture d'avec les idées pivotales de Charles Fourier sous l'influence croissante du matérialisme, du mysticisme et du fait de l'abandon de la perspective phalanstérienne. Pour Renouvier, il est possible de créer des associations libres si le jeu organisé des passions est inséré dans «une morale assez fortement assise dans les âmes des sociétaires pour créer et entretenir toute cette part d'*harmonie* qui dépend inévitablement des efforts de bonne entente et de bonne volonté des associés[11]». Le jugement moral est la pierre philosophale, le paradigme construisant, entre autres, le lien social[12].

Ce faisant *La Critique philosophique, politique, scientifique, littéraire* apparaît, alors, comme une publication d'opinion, compte tenu de ses interventions dans les champs très divers, domaines inscrits dans le libellé de son titre. Par là elle montre tout à la fois la capacité ou la prétention de philosophes de traiter d'une vaste gamme de faits humains et sociaux mais également, dans le même temps, de leur tentative de rendre inutiles des spécialisations plus affirmées, face à la montée de disciplines et d'organes visant des domaines plus précis et cherchant à leur donner un statut scientifique distinct du généralisme habituel. Ainsi, cette revue présente l'intérêt de mettre en scène la modification des attendus et des ambitions qui traverse le domaine des sciences humaines ainsi que la relative contraction des champs, comme cela apparaît dans les années 1870-1880, en relation avec l'assurance progressive prise par l'idée républicaine laïque, scientiste et rationnelle.

La diversité des sujets abordés, si ce n'était des positions de principe réaffirmées et les critiques portées, entre autres, au positivisme, à l'évolutionnisme ou aux thèses saint-simoniennes du progrès, rattache cette publication aux nombreuses revues à tendance généraliste se réclamant de la philosophie. En l'occurrence la revue le fait sous l'angle d'un courant spécifique et reconnu : le criticisme. Prévalent également, à cette époque, des publications positivistes, dont *La Philosophie positive* initiée par Émile Littré (« La philosophie positive est une doctrine où [...] se trouve le lien général du savoir[13] ») ou, dans une perspective rationaliste, *La Revue de métaphysique et de morale* de Xavier Léon. Par ailleurs, *La Revue philosophique de la France et de l'étranger* fondée par Théodule Ribot rejoint cette tendance. Doit figurer également une parution antérieure à très large spectre, dans laquelle s'expriment

de nombreux écrivains et intellectuels de l'époque :
La Revue des deux mondes, créée en 1829.

Non assises sur un seul corpus scientifique démon-
tré, étayé ou critiqué au cours des parutions successives, et pouvant ainsi faire lien disciplinaire, c'est-à-dire
regrouper un certain nombre de chercheurs se donnant comme finalité de développer une démarche
autonome, ces livraisons, outre *La Revue des deux
mondes,* auront des difficultés à s'adapter aux mutations et aux fragmentations du domaine des sciences
humaines.

Les tenants de *La Critique philosophique, politique,
scientifique, littéraire* en prennent conscience. Au terme
de près de vingt ans d'existence, ils sont conduits à
cesser leur activité et ce malgré le changement, en
1885, de la périodicité et, plus encore, du titre, devenu
simplement *La Critique philosophique.* Ce signe est un
indicateur du nécessaire resserrement du domaine
traité, de la modestie succédant aux années ambitieuses. Dans un article intitulé : « Pour prendre congé
de nos lecteurs », Charles Renouvier dresse un bilan
plus que mitigé de ces travaux. Revenant sur le titre,
très large, adopté les premières années :

> « [...] il exprimait pour nous un double espoir, qui
> n'a pas été justifié : celui d'un succès matériel qui
> nous eût mis à même d'étendre notre cadre et nos
> matières, et celui de l'adhésion d'un plus grand nombre
> d'esprits jeunes parmi lesquels nous eussions trouvé
> des collaborateurs pour une tâche dont nous ne pou-
> vions embrasser toutes les parties. Il ne s'est point pro-
> duit dans la jeunesse, après les événements des années
> 1870 et 1871, un mouvement philosophique propre à
> nous seconder. Notre œuvre a dû rester jusqu'à la fin
> ce qu'on appelle en argot de publicité une *revue fermée.*
> Fermée, elle l'était, non par l'intolérance ou la jalou-

sie de ses rédacteurs trop peu nombreux, mais simplement parce que ce n'est pas coutume qu'un travailleur accepte l'aide de qui n'est bon qu'à lui défaire son ouvrage [14]. »

Il n'en termine pas moins le congé qu'il adresse à ses lecteurs par la note suivante : « Mon ami et collaborateur F. Pillon prépare pour 1890 la publication d'une Année philosophique écrite dans les principes du criticisme. » En 1891, le titre change pour redevenir *L'Année philosophique* et concerne l'année précédente, 1890. Il est édité par Felix Alcan. L'influence des thèses rationalistes de cette revue, de son républicanisme et de ses convictions égalitaristes ne s'exercera pas moins sur les générations suivantes, combien même ses travaux soient, depuis, relativement délaissés [15].

La trajectoire de la revue permet d'appréhender de manière exemplaire ce cheminement progressif qui va de la situation quasi impériale de la philosophie à la montée en puissance de sciences humaines et sociales spécialisées. Les rédacteurs de *L'Année philosophique* ont perçu les changements, la nécessité de focaliser et de construire un lien disciplinaire fort. Ils innovent, *nolens volens*, à quelques années près, par rapport à *L'Année psychologique* (1894) et à *L'Année sociologique* (1898). Cette émergence de nouveaux intitulés pour des revues de ce type indiquent la sensibilité des fondateurs à l'aura qu'a prise la science. Le « congé » de Charles Renouvier à ses lecteurs rend compte également des difficultés de mise en place d'un lien suffisamment pertinent pour assurer le projet envisagé. Il désigne les impératifs matériels, c'est-à-dire le succès ou du moins l'attraction nécessaire d'un public nombreux. Il soulève, tout en cherchant à s'en disculper, la question des contradictions que connaissent ces publications entre le manque de collaborateurs et des critères relativement opaques quant au recrutement et à l'aide souhaitée. Il pourrait sembler que le risque anticipé sinon imaginé d'une incompétence voire d'une volonté de défaire le sens du travail, en l'occurrence de la revue, ait, plus ou moins volontairement, restreint les apports extérieurs. L'attente souhaitée et les réserves implicites face à des collaborations éventuelles soulignent la tension vive que suscite l'insertion personnelle dans un champ disciplinaire scientifique qui, *a priori*, se devrait d'être dégagé de subjectivité ou du moins d'en maîtriser les effets. Cette réflexivité latente de Charles Renouvier n'est cependant pas de coutume dans le cadre d'une époque où le travail scientifique veut se dégager des contingences par trop personnelles.

Aujourd'hui, l'ère du soupçon modifie sensiblement les attitudes. Les rigidités volontaristes et égotistes sont, partiellement, prises en compte et déconstruites par la réflexivité et l'étude des disciplines comme objet même de recherche. Les faux-semblants et les palinodies du lien social dans les champs disciplinaires ne sont plus des *terra incognita*[16].

Dans leur domaine, ces revues annuelles reprennent, peu ou prou, ce qui se faisait antérieurement dans d'autres secteurs scientifiques sous le nom d'Annales. Cela avait été le cas, par exemple, avec les présentations annuelles des travaux de l'Académie royale des sciences, à partir de 1718, sous la houlette de Bernard Le Bovier de Fontenelle. Il s'agissait également de donner à lire des mémoires voire des comptes rendus relatant des résultats, obtenus dans tel ou tel champ d'observation et d'expérimentation, de manière systématique et reposant sur une datation et une série chronologique. D'autres manières de rendre compte de l'avancée des sciences existent. L'*Encyclopédie ou Dictionnaire raisonné des sciences, des arts et des métiers* avait adopté une présentation différente dans le sens où ce qui se donnait à lire, c'était une exposition «de l'ordre et l'enchaînement des connaissances humaines» et une présentation des principes généraux propres à chaque science et à chaque art. L'ordre alphabétique formalisait cette présentation, ce qui entraînait, pour les auteurs des mémoires et des articles, des contraintes plus fortes ou du moins différentes en terme de dépôt des manuscrits. Évidemment leur commande et leur publication pourront être datées sans que cela soit en l'occurrence un des éléments principaux. Le lien se fait autour non d'une discipline et de son développement, mais à partir des manières de percevoir les phénomènes naturels et humains inscrits dans une philosophie, celle des Lumières, de la rationalité, du progrès des connaissances et du lien social :

> «Oserions-nous murmurer de nos peines et regretter nos années de travaux, si nous pouvions nous flatter d'avoir affaibli cet esprit de vertige si contraire au repos des sociétés, et d'avoir amené nos semblables à s'aimer, à se tolérer et à reconnaître enfin la supériorité de la morale universelle sur toutes les morales particulières qui inspirent la haine et le trouble, et qui rompent ou relâchent le lien général et commun[17] ? »

Au niveau épistémologique, on peut distinguer le lien social induit par la construction de la discipline d'une part et, d'autre part, les analyses de ce champ disciplinaire quant au lien social lui-même.

Les sociologues restent relativement réservés vis-à-vis de la réflexivité ou de la prise de soi-même comme objet d'étude, cela pour des raisons quasi déontologiques. Ces procédures leur apparaissent comme se rattachant plus à la philosophie ou à la psychologie, compte tenu de méthodologies reposant en grande partie sur l'introspection individuelle sinon sur l'intuition. Ils se réfèrent plus facilement, par exemple, à la démarche du Jean-Jacques Rousseau auteur du *Contrat social* qu'à celles de l'auteur des *Rêveries d'un promeneur solitaire*. Néanmoins, on peut étudier les écrits initiateurs pour comprendre les manières dont ils se sont distingués des autres secteurs disciplinaires, notamment à travers l'analyse qu'ils ont conduite sur le lien social.

La mise en chronologie des travaux par les revues annuelles apparaît, *a posteriori*, comme pertinente. Elle permet d'avoir une vue plus large et plus synthétique sur les thématiques et sur les objets retenus au fil du temps et sur des enjeux prévalant aussi bien dans leur pays d'origine que dans ceux de leurs consœurs étrangères. Elle donne à voir les modifications latentes des champs épistémologiques à travers non seulement les thèses soutenues mais, également, dans le cadre des recompositions des rédactions et des changements de titre ou des cessations de parution de ces publications. Ces éléments sont révélateurs des liens sociaux à la base même de ces modes d'exposition : revues scientifiques dans le champ des humanités, de leur composition, recomposition et déshérence en proche symbiose avec les réflexions et les analyses menées par les composantes du corps social. L'émergence et la structuration de deux disciplines particulières et proches de la thématique poursuivie retiennent l'attention : la psychologie sociale et la sociologie. Chacune veut se détacher de l'emprise de la philosophie, chacune, à sa manière, scrute le social.

Les écrits initiateurs permettent de comprendre les manières qu'elles ont utilisées pour se distinguer des autres disciplines, notamment en ce qui concerne leur analyse du lien social.

La psychologie et le social

Jean Piaget distingue la psychologie scientifique de la psychologie philosophique. La première

> « [...] comme toute autre science, ne porterait que sur des « observables », tandis que la philosophie cherche-rait à atteindre la nature des choses et les « essences » [...]. Seulement l'histoire même de la psychologie montre immédiatement que la frontière entre les pro-blèmes considérés comme philosophiques et les pro-blèmes scientifiques s'est constamment déplacée et en des sens qui étaient imprévisibles[18]. »

Quatre ans avant *L'Année sociologique* paraît une revue visant à dresser et à présenter ce qui relève du domaine du psychologique, contexte antérieurement assimilé à l'étude des états de l'âme et de la psyché. Le premier numéro de *L'Année psychologique* est mis en vente en 1894. Cette livraison se veut l'écho de tra-vaux précédemment rattachés, pour beaucoup, au champ philosophique. La revue cherche, comme ses consœurs, non seulement à s'assurer d'une autono-mie mais, plus encore, à établir et à donner un statut scientifique à la psychologie, nonobstant les nombreux développements dont, pour les moins éloignés, ceux du XIXᵉ siècle de Maine de Biran ou des éclectiques.

Ces numéros annuels sont construits, dans une pre-mière partie, autour de mémoires originaux, dans une deuxième, autour d'une analyse de travaux, et dans une dernière sont centrés sur un index bibliographique recensant les productions internationales touchant à ce domaine. Cette disposition est celle que prendra, à quelques détails et quelques années d'écart près, *L'Année sociologique*, dont le premier numéro est daté, lui, de 1898.

Le lien disciplinaire qui réunit les rédacteurs part de la volonté de marquer une rupture avec la métaphysique : «À la science de l'âme se substitua peu à peu la *science des phénomènes psychiques*, conception nouvelle qui faisait de la psychologie une science naturelle et une branche de la biologie[19]. » Pour les rédacteurs, l'affranchissement et les progrès de la discipline passent par le recours à la physiologie. Cette dernière fournit une méthode et des procédés d'investigation :

> «Elle a prouvé que les phénomènes psychiques ont toujours un corrélatif physique, un concomitant cérébral qui leur correspond et dont il est la condition essentielle [...]. C'est grâce à cette méthode que la psychologie deviendra une science d'observation et d'expérimentation, c'est-à-dire une véritable science, comme les autres sciences naturelles[20]. »

De ce fait, et comme l'exprime Henri Beaunis, «les problèmes qui inquiètent et tourmentent l'humanité» ne relèvent pas de la compétence de la psychologie si ce n'est que les observations qu'elle effectue pourront être utiles, ultérieurement, aux sciences sociales, à l'éducation sinon à l'analyse et à la compréhension du lien social.

Ce dernier, en tant que tel et adressant les rapports interpersonnels, n'est donc pas, dans cette perspec-

tive, une variable centrale. Il l'est, par contre, comme
naturellement, quoique non explicité mais effectivement présent dans la mise en place et dans l'organisation progressive de ce champ disciplinaire entre
pairs, entre associés et vis-à-vis du public :

> « À mesure que la science marche, le cercle s'élar-
> git ; chaque travailleur apporte dans ses recherches ses
> tendances particulières [...], le problème psychique
> est abordé de tous côtés ; des méthodes nouvelles se
> créent, les méthodes anciennes se perfectionnent et se
> précisent ; enfin, et c'est là le point capital, les ten-
> dances expérimentales se dessinent de plus en plus.
> C'est à ces tendances que répondent ces laboratoires
> de psychologie qui se créent de tous côtés et qui ont
> eu le privilège d'exciter, dans les premiers temps,
> même dans le public scientifique, un si vif et si étrange
> étonnement[21]. »

Cette revue, comme ses partenaires et concurrentes,
tisse du lien entre ceux qui optent pour les renouvel-
lements de l'étude psychologique. Publié sous l'égide
de membres du laboratoire de psychologie physiologique de la Sorbonne, elle réunit un certain nombre
de chercheurs, dont Henri Beaunis, Alfred Binet
ainsi que Théodule Ribot, initiateur de la *Revue philosophique*. Cette publication s'avérera sensible à la psychologie expérimentale sinon, ultérieurement, à la
psychosociologie. Au tournant du siècle, *L'Année psychologique* témoigne des intérêts et des orientations
qui président à définir ou du moins à actualiser un
des principaux secteurs de ce domaine. L'angle adopté
met en avant la volonté de se distinguer des spéculations philosophiques et des gloses sur la nature
humaine dont elle procédait, peu ou prou, précédemment. L'influence des sciences expérimentales

conduit ceux qui se réclament de cette revue psychologique à adosser leur discipline, pour en assurer
l'étai, à l'observation et aux recherches en laboratoire. Des travaux comme ceux de Paul Broca sur les
localisations du langage, de Théodule Ribot sur la
mémoire ou de Jean-Martin Charcot sur les patholo-
gies mentales en sont, quoique d'origine différente
— anthropologique, psychologique ou psychique —,
des illustrations[22]. Le recours à l'impression, l'intuition ou l'introspection n'apparaît pas comme de mise
car ces démarches sont entachées de références aux
domaines spéculatifs.

Cela conduit *L'Année psychologique* à se tourner vers
l'organique, le biologique et le physiologique comme
références premières. Il s'agit d'observer, d'expéri-
menter, de classer et de mettre au jour les régularités
empiriques qui apparaissent aux chercheurs et aux
équipes. Ces protocoles se veulent à l'aune de ce qui
se fait dans les sciences dites exactes et qu'illustre,
dans ce champ même, le traitement de questions
relevant du biologique mais s'ouvrant sur des faits
d'ordre psychologique. Ils cherchent à en savoir plus
sur des régularités éventuelles résultant d'expériences
s'adressant aux perceptions sensorielles : vision, audi-
tion, toucher, notion d'espace, etc. L'observation
clinique permet de poser une approche d'ordre scientifique et non plus d'ordre purement spéculatif. Pour
cela une importance particulière est accordée aux
rapports entre la physiologie au sens large et les
phénomènes psychiques. Il est d'abord question de
l'homme et de ses caractéristiques individuelles et ce
par l'expérimentation. Les références aux dimensions
sociales ne seront qu'incidentes comme le montre, par
exemple, dans les premières livraisons, un mémoire
centré sur les émotions. Celui-ci insiste sur les conden-

sés d'impressions sensorielles plus que sur des représentations constitutives d'un social déjà là et pré-
gnant. L'année suivante, un article, dans une optique
proche, dresse une classification des tempéraments
en s'appuyant partiellement sur une anthropologie
physique à forte teneur physiologique[23].

En contre-champ à ce « scientisme » sinon à ce psychologisme tendant à considérer l'ensemble des questions dans une approche empirique occultant les
domaines de la logique, de la morale ou de l'ontolo-
gie, un certain retour en grâce d'approches antérieures s'effectue. Ainsi en est-il de l'introspection,
avec Alfred Binet adoptant à cette technique la rigueur
expérimentale, et plus encore des propositions d'Henri
Bergson visant à réinstaurer une spécificité à l'esprit
et à sa non-assignation à des faits physiologiques ou
à des logiques rationalistes et évolutionnistes. Ce
« spiritualisme », aux connotations holistes, se cale sur
l'individu et sur une récurrente conception non des
parties mais d'un tout psychique accessible, dans ses
formes et dans ses expériences vécues, par les procédures de l'intuition.

Dans ce contexte, le lien social retrouve ainsi une
certaine vigueur dans, par exemple, l'analyse psychologique des foules. L'apparition et l'écho que rencontre l'étude de l'inconscient participe, mais sous
un autre angle, à focaliser l'étude des faits psychiques
conscients, préconscients et inconscients, sur les instincts, les tensions et les pulsions qui structurent les
fondements de la personnalité. Reprenant et développant des idées présentes chez Gustave Le Bon, Sigmund Freud propose, comme facteurs explicatifs à la
psychologie des foules, la notion de « liens affectifs
solides », liens dédoublés rattachant l'individu à deux
pôles différents : d'une part, les « liens libidinaux »

qui relient l'individu au chef et, d'autre part, l'absence
de liberté de l'individu dans ce contexte éminemment
social des foules spontanées ou conventionnelles
(Armée, Église)[24]. Par le tamis de l'analyse psycha-
nalytique, le freudisme et ses épigones, dans une
optique discursive et potentiellement thérapeutique,
traitent, également, du Moi social. Quelques auteurs
élargissent le champ vers les connotations, culturelles,
anthropologiques sinon politiques où se dit et s'exprime du lien social, tels Georges Devereux, Geza
Roheim ou Wilhem Reich[25].

Le béhaviorisme va s'attacher à l'étude des comportements sous un angle prenant en compte non
pas directement les contextes mais plutôt les attitudes
individuelles, les artefacts personnels mis en place
et en relation avec ces milieux. Il est sensible aux
tenants de la Gestalttheorie introduisant l'intentionnalité et, à terme, avec Kurt Lewin, s'engage entre
autres dans l'étude de la dynamique des groupes.

Maurice Merleau-Ponty critiquera les attendus for-
malistes tant du béhaviorisme que de la théorie de la
forme qui en appellent à des structurants du système
nerveux homogènes au monde physique : «Tant qu'on
verra dans le monde physique un être qui embrasse
toutes choses et qu'on voudra y insérer le comportement, on sera renvoyé d'un spiritualisme qui ne
maintient l'originalité des structures biologiques et
psychiques qu'en opposant substance à substance, à
un matérialisme qui ne maintient la cohérence de
l'ordre psychique qu'en y réduisant les deux autres[26].»
Plus récemment le cognitivisme, adossé aux neuro-
sciences, étudie les comportements humains et les
représentations symboliques — en connexion avec
d'éventuelles composantes biochimiques du cerveau —
construisant des réseaux et pouvant donner lieu à la

mémorisation d'informations. Ces approches cherchent à dégager des structurants formels producteurs de comportements mais avec un rapport moins direct aux inférences et influences des milieux sociaux et des liens interpersonnels.

La psychologie soude ses liens disciplinaires en se centrant sur l'individu et, incidemment, sur les relations du social, du sociétal. Cette coupure épistémologique entre le sujet et son environnement peut être considérée comme faisant partie de l'essence première de la psychologie. Or, parallèlement à cette cristallisation de la discipline psychologique entre des pôles spiritualiste, béhavioriste ou psychocognitiviste, des chercheurs considèrent que l'on ne peut circonscrire le champ de la compréhension de l'homme au Moi intuitif ou à des caractéristiques biologiques et physiologiques. Un courant sinon un champ spécifique prend alors son essor sous le nom de psychologie sociale. Il s'agit là de ne pas s'en tenir aux travaux antérieurs atomisant d'une certaine manière leur objet d'étude : l'homme, mais d'analyser les rapports et les effets de cette mise en commun, de ces échanges incontournables qui font de l'homme un animal social, un être en société. La psychologie sociale, par son intitulé même, montre ses choix. Le social est donné comme un attribut du nominatif, du sujet, la psychologie.

Plus proche de la question du lien social et des liens sociaux, les œuvres d'auteurs du tournant du xxᵉ siècle tels que, en particulier, Gabriel de Tarde ou George Mead tracent les chemins d'une psychologie qui fait une place non négligeable aux relations entre le psychisme individuel et les comportements collectifs. De Tarde s'est attaché à analyser les comportements humains en privilégiant comme clé de leur compréhension le phénomène de l'imitation. Celle-ci, par la méthode introspective, est à même de trouver les causalités des attitudes individuelles et sociales. Dans ce contexte, la primeur revient au psychologique ou au psychosociologique, étant entendu que Gabriel de Tarde ne s'en tient pas aux données du psychisme individuel mais interpelle également et interactivement le social et l'individuel dans leurs relations réciproques. Se précise ainsi une volonté de positionner, à la jointure entre deux disciplines, une « science charnière[27] » en cours de constitution et à forte volonté d'intégration et de reconnaissance de la part du champ des humanités scientifiques. Elle se différencie de la sociologie, pour laquelle prime le social, et de la psychologie, qui affirme la part prédominante de l'individu.

La psychologie sociale ou psychosociologie cherche à pallier les exclusives inhérentes à l'une et à l'autre. Malgré la renommée de Gabriel de Tarde, de son vivant, ses thèses, confrontées à celles d'Émile Durkheim et à celles de *L'Année sociologique* dans le cadre des débats entre les disciplines et des rapports aux institutions, perdront ultérieurement de l'importance[28]. Il n'en reste pas moins que son approche des processus de socialisation participe, par l'intermédiaire fondamental de l'imitation, à des interprétations pertinentes de groupes sociaux. Dans son ouvrage *Les Lois de l'imitation*, il définit ces derniers de la façon suivante : « [...] une collection d'êtres en tant qu'ils sont en train de s'imiter entre eux ou en tant que, sans s'imiter actuellement, ils se ressemblent et que leurs traits communs sont des copies anciennes d'un même modèle[29]. » La répétition des attitudes et la propagation de ces dernières par le biais de l'imitation ayant pour vecteur la tradition, la coutume ou la

mode sont ou peuvent être, suivant les cas historiques
et selon les circonstances et les inventeurs, des éléments constitutifs du «lien social» qui se resserre,
«à mesure que d'autres traits communs se joignent
[…] tous d'origine imitative[30]». Il importe, pour
constituer une science du social, de quantifier les
répétitions d'ordre imitatif et ce afin de pouvoir
atteindre aux lois de fonctionnement des sociétés, à
une dynamique de différenciation puis d'homogénéisation par contagion. Son origine est dans les lois de
l'imitation qui mènent de l'inférieur vers le supérieur,
de l'idéel vers le comportemental. Gabriel de Tarde
perçoit, à terme, une égalisation et une modélisation
sociales croissantes. Ses thèses soulignent une reproduction de ce qui avait cours dans les civilisations
antérieures. Les processus imitatifs, chez Tarde, présentent des similitudes avec les particularités des solidarités mécaniques développées par Émile Durkheim,
auteur avec lequel des débats contradictoires ne ces-
sèrent. Tarde juge que, dans les sociétés modernes, au
siècle de la Raison, le goût de la similitude continue
à exercer un attrait effectif. Il n'enferme pas, pour
autant, l'individu dans les processus de reproduction
des schèmes dominants de ses environnements.

La réflexion de Gabriel de Tarde porte également
sur les processus d'invention. Elle est riche d'une
épistémologie des découvertes et des innovations qui
ne procède pas d'un évolutionnisme commun au
XIXe siècle et propre à la croyance en la continuité
lisse des métamorphoses. Il privilégie des enchaîne-
ments multiples, des chaînes d'idées «distinctes et
discontinues[31]» où, de manière latente ou effective
s'exprime, aux creusets d'imitations et de leurs abra-
sions, de l'innovation. Cela, nous le reprenons, en
partie, à notre compte, quant à l'émergence de

« construits heuristiques » et de « principes de coalescence » que nous présentons plus avant, tout en attri-
buant une marge plus conséquente tant à l'influence
des facteurs sociaux qu'à des dispositions personnelles ne relevant que de processus imitatifs.

Sociologie et lien social

Dans la préface à la première livraison de la revue
intitulée *L'Année sociologique*, couvrant les années 1896
et 1897 et mise en circulation en 1898, le directeur,
Émile Durkheim, présente les finalités poursuivies
par cette publication. D'emblée il souligne le fait que
cette revue ne s'en tiendra pas seulement aux travaux
relevant explicitement du sociologique mais bien plutôt qu'elle s'attachera à montrer comment de très
nombreux éléments analysés ou présentés dans le
cadre d'autres modalités d'interpellation peuvent et
doivent retenir l'attention des sociologues. Cela lui
apparaît comme plus que nécessaire. La discipline est
en cours de formalisation et elle peut trouver profit à
s'appuyer sur des données latérales, celles qu'analysent, par exemple, les sciences spéciales traitant de
l'économie, de la religion, des mœurs ou du droit. La
présentation raisonnée de travaux élaborés, non directement dans le cadre sociologique mais dans des
domaines annexes, doit permettre d'élargir le champ
d'analyse, de compléter des connaissances, de donner à entendre les multiples aspects qui relèvent des
faits sociaux. « Il nous a paru que, dans l'état actuel
de la science, c'était le meilleur moyen d'en hâter les
progrès [...]. Il y a encore trop de sociologues qui
dogmatisent journellement sur le droit, la morale, la
religion avec des renseignements de rencontre ou

même avec les seules lumières de la philosophie naturelle, sans paraître soupçonner qu'un nombre considérable de documents ont été, d'ores et déjà, réunis sur ces questions par les écoles historiques et ethnographiques de l'Allemagne et de l'Angleterre[32]. »

Pour mettre en place et développer l'analyse sociologique, il convient de montrer de quoi celle-ci ne relève pas. Vis-à-vis de la psychologie, les distances doivent être scientifiquement précisées et argumentées :

> « Ce qui distingue les phénomènes sociaux, c'est la force impérative par laquelle ils s'imposent à nous. Ils consistent en une manière de penser, d'agir, de sentir, à laquelle nous sommes obligés de nous conformer. Si donc ils exercent une telle pression sur les consciences individuelles, c'est qu'ils ne sont pas dérivés et, partant, la sociologie n'est pas un corollaire de la psychologie[33]. »

Le règne social, celui où se combinent et s'amalgament les représentations individuelles, ne peut être traité avec les méthodes d'une discipline qui ne s'attache qu'aux consciences individuelles, qu'aux atomes et non aux spécificités propres à leurs interactions. La sociologie se définit clairement par son souci du social et de ses liens mais comme la psychologie, par ailleurs, elle veut se distinguer « des généralités ordinaires aux traités de philosophie sociale[34] ». Émile Durkheim insiste sur le fait que, trop souvent, les travaux sociologiques ne peuvent arguer d'une qualité scientifique, faute de documentation suffisante, et que, dès lors, ils sont assimilés à des réflexions d'ordre général sinon à une lecture métaphysique des sciences sociales. Cette assimilation concerne nombre de travaux d'idéologues et de philosophes relevant de thèses

et de perspectives évolutionnistes, positivistes ou
socialisantes, voire utopistes mais néanmoins souvent
associés à la démarche sociologique. Commentant
Montesquieu, Durkheim précise son propos :

> « La Science sociale n'a-t-elle pas pour objet les
> choses sociales, c'est-à-dire les lois, les mœurs, les reli-
> gions, etc. ? Mais, si l'on regarde l'histoire, il est clair
> que, parmi les philosophes, aucun, jusqu'à une époque
> toute récente, ne les a conçues ainsi. Ils pensaient en
> effet que tout cela dépend de la volonté humaine, si
> bien qu'ils ne se rendaient pas compte que c'étaient
> de véritables choses, tout comme les autres choses de
> la nature, qui ont leurs caractères propres et, par
> suite, exigent des sciences capables de les décrire et de
> les expliquer [35]. »

Il souligne les relations qui unissent la nature des
sociétés aux valeurs générées par des structurants tels
que la famille, le commerce, la religion, etc. Ces liens,
dans leurs espèces et leurs types construisent les
sociétés.

Il apparaît donc que le devenir de la sociologie est,
en grande partie, dépendant de sa capacité à se dégager d'axiomes philosophiques par trop contraignants.
D'autres disciplines que cette dernière peuvent aider
à conforter cette démarche en cours de constitution.
Est retenue en particulier l'histoire, qui est présentée
par l'auteur de *La Division du travail social* comme
quasiment d'essence et de vocation sociologique.
Cela toutefois à condition qu'elle utilise la méthode
comparative afin de pouvoir mettre en regard les faits
étudiés et ainsi mieux en percevoir l'identité. D'ordinaire, l'histoire, pour Durkheim, présente un avantage ou une qualité qui la situe comme à l'opposé de
la sociologie telle qu'elle s'exerce le plus souvent.

Loin d'extrapoler à partir de faits somme toute limités comme trop souvent a tendance à le faire cette
dernière, l'histoire travaille des données précises sans
chercher à en dégager des idées par trop générales
qui déborderaient le cadre circonscrit de son domaine.
C'est un avantage par rapport à la tendance opposée
construisant des idées générales sur l'étude de peu de
faits effectifs. Cependant cette situation peut générer
des difficultés lorsque l'histoire s'en tient principalement à, par exemple, des monographies et des bio-
graphies individuelles ou collectives.

Durkheim considère que la perspective de rapprochement de ces deux disciplines est cependant relativement biaisée du fait que l'histoire s'inscrit dans une
tradition. Elle jouit d'une reconnaissance incontournable sise sur des siècles de pratique alors que la
sociologie est à la recherche de sa propre identité.
Les historiens ne sont pas indifférents à ces tentatives
de rapprochement et à la pression qui est exercée à
leur encontre. «En un sens, tout ce qui est historique
est sociologique [36]. » Émile Durkheim reproche à Fustel
de Coulanges d'avoir négligé des éléments ethnographiques — considérés comme relevant de la sociologie —, données qui auraient été mieux à même de
rendre compte de la nature de la *gens* romaine. L'auteur de *La Cité antique* retourne le gant en considérant que, de toute manière, la sociologie ne relève, en
fait, véritablement que de l'histoire. Pour l'heure le
constat mène à la subordination implicite de la sociologie résidant dans la profusion explicite d'éléments
idéographiques qui alimentent l'histoire et dont le
sociologue a besoin pour ses travaux. C'est en s'appuyant sur les formes sociales les plus lointaines dans
le temps mais également dans l'espace que cherche à
s'établir définitivement la sociologie. Cette position

rejoint les propos d'un positiviste tel qu'Émile Littré :
« Ceux qui pensent que la biologie ou la psychologie
sont capables de fournir, de conséquence en conséquence, l'enchaînement des faits sociaux, se trompent.
La sociologie n'est point une science de déduction :
c'est une science d'observation, et, si l'on prend les
phénomènes historiques pour des expériences, une
science d'expérimentation[37]. » Ce point de vue est
explicité de la façon suivante : « La loi fondamentale
de la sociologie est l'évolution[38]. »

La volonté partagée est celle de délimiter le domaine
sociologique, champ encore mal défini et qui, de
plus, malgré les avancées qu'il a produites, doit justifier de façon récurrente depuis près d'un siècle de
« ses droits à l'existence ». Il convient, alors, de s'inscrire dans une dynamique visant à établir méthodiquement des lois permettant d'expliciter des ou les
phénomènes relevant du domaine social et ainsi de
permettre à la sociologie d'accéder, sans conteste, au
rang de science nomothétique. Pour ce faire, parallèlement à la publication de plusieurs ouvrages : *De la
division du travail social, étude sur l'organisation des sociétés supérieures*; *Le Suicide, étude de sociologie* et *Les Règles
de la méthode sociologique*, est mise en forme, réalisée, et
éditée sous la forme d'un fort volume *L'Année sociologique*. La première livraison de cette publication
annuelle propose, en 1898, dans une partie centrale,
des mémoires originaux traitant divers types de faits
sociaux. Ainsi, par exemple, pour la première année,
des « Remarques sur le régime des castes », article
écrit par Célestin Bouglé, ou, dans la deuxième, un
mémoire du directeur de la publication, Émile Durkheim : « De la définition des phénomènes religieux ».
Par ailleurs, sur plus de cinq cents pages, la revue
recense et classe, par sections, des travaux présentant

des faits, des éléments et/ou des orientations aptes à
retenir l'attention de cette discipline « en formation ».
Ainsi d'une déclinaison de thèmes s'étendant de la
sociologie générale (sociologie et histoire, sociologie
et psychologie, philosophie sociale), à ceux traités
dans une dernière section : « Divers », en passant par
celles centrées sur les ouvrages de sociologie religieuse, de sociologie morale et juridique, de sociologie criminelle, de sociologie économique et de
morphologie sociale. Les questions de classification
sont importantes car elles constituent un des moyens
mis en place pour mieux organiser rationnellement
le domaine de la sociologie[39]. Les travaux recensés :
ouvrages, articles, conférences, etc., rattachés, de près
ou de plus loin, à tel ou tel domaine de spécialité,
contribuent à alimenter les analyses et les perspectives de la sociologie et les capacités de celle-ci à mettre
en comparaison, à établir des correspondances et à
dégager des régularités. Une volonté d'inscrire et de
mettre ces branches de spécialités au service de la
sociologie est explicitement affirmée mais cela sous
un angle se voulant essentiellement scientifique. Ces
références proviennent d'horizons variés. La nationa-
lité des auteurs est on ne peut plus diverses (allemande, italienne, espagnole, roumaine, russe, anglaise,
américaine, etc.). Elle se distingue fortement d'avec
la domination, aujourd'hui, de références le plus souvent d'origines nord-américaines.

Dans le contexte français, la présentation de cette
revue est, en un sens, fondatrice pour la discipline.
Toutefois, elle n'est pas sans similarité avec ce qu'ont
déjà réalisé, dans leurs domaines réciproques, les psychologues sinon antérieurement les philosophes et
les historiens en termes de publication. Ce faisant,
elle n'est pas sans reprendre, à son avantage, les posi-

tions hégémoniques dont se prévalait en particulier
la philosophie. Elle tend à se poser en interprète pri-
vilégié du lien social.

Production de lien social
et constitution du lien disciplinaire

Le projet de *L'Année sociologique*, tel qu'il est présenté dans un contexte théorique et méthodologique
ayant pour clé de voûte Émile Durkheim et ses collaborateurs, veut assurer, de manière définitive, la discipline en France et au-delà de ses frontières. Il
donne naissance à un des courants les plus représentatifs de ce domaine. Il va prendre une place conséquente au sein non seulement des facultés mais dans
l'esprit du public. On pourrait rapprocher cette ascen-
sion de celle qu'avait connue, au milieu du XIXᵉ siècle,
l'anthropologie physique voire même emprunter et
transposer les termes prononcés au palais du Troca-
déro par Paul Broca lors de l'Exposition universelle
de 1878 qui s'est tenue à Paris :

> « Il y a vingt ans, notre science dédaignée, presque
> inconnue, cherchait encore sa voie, cherchait encore
> son nom ; les quelques savants qui, çà et là, lui consa-
> craient leurs loisirs manquaient de moyens d'études ;
> ils travaillaient sans contrôle, ils écrivaient sans public,
> ils parlaient sans écho [...]. En temps normal, calme
> plat ; ni amis, ni ennemis ; la douce indifférence. [...]
> Mais aujourd'hui, quel changement ! Quiconque étu-
> die à un point de vue quelconque l'homme physique,
> intellectuel ou moral [...] rencontre à chaque pas des
> questions qui le conduisent jusque sur son seuil [...].
> Rien désormais ne manque à son cortège, ni les adeptes
> fervents, ni les alliés fidèles, ni la foule des amis connus

et inconnus, ni même les détracteurs systématiques, dont l'hostilité nécessaire rehausse son prestige[40]. »

Vingt ans plus tard, viennent, comme en écho, les propos suivants d'Émile Durkheim : « Le mot de sociologie qui, autrefois, faisait peur et ne se prononçait que du bout des lèvres, est entré dans le langage commun[41]. »

Les liens scientifiques et sociaux que génèrent les champs disciplinaires puis leur relative normalisation ou leur déclin suivent des dynamiques souvent similaires. Quelques décennies plus tard, Émile Durkheim relate, s'agissant de la sociologie, les difficultés rencontrées dans les premières années. Elles présentent des analogies avec les développements que connurent Paul Broca et l'anthropologie physique au niveau fonctionnel quoiqu'ils aient été différents sur le plan scientifique : « Dans le milieu universitaire, en particulier, la sociologie était l'objet d'un véritable discrédit : non seulement le mot semblait barbare aux puristes, mais la chose elle-même inspirait une espèce d'inquiétude et de répulsion à un grand nombre de personnes[42]. » Ce qui était perçu, au début du moins, comme un excès d'idéologie rebutait nombre de scientifiques. Ce ne sera donc que par un ordonnancement méthodologique qu'elle pourra échapper à ces tendances initiales, celles d'Auguste Comte ou de Herbert Spencer, qui ambitionnent l'élaboration de systèmes et s'adonnent au prédictif. Les débats politiques dont, entre autres, les effets de l'affaire Dreyfus et les enjeux de la décléricalisation de l'enseignement, sont autant d'événements conduisant à un rapprochement entre laïcs et républicains. Ils contribuent, de manière décisive, à modifier l'attitude des autorités et du public quant à ce qu'évoque

le mot sociologie. Les réformes de l'enseignement
secondaire interviennent également comme terreau
fertile pour la discipline. L'idée de spécialisation prend
corps face à l'encyclopédisme antérieur, quant aux
réquisits exigés[43].

« La philosophie avait régné à l'Université ; désormais, les matières spécialisées avaient pris la place,
avec, à leur tête, la sociologie. On ne pouvait lui
accorder trop d'attention, car c'était la science clé de
la Nouvelle Sorbonne et, par conséquent, de la Troisième République[44]. » Des regroupements d'enseignants et d'universitaires s'effectuent avec, comme
base d'appui, l'École normale supérieure. Ces personnels ont été confrontés à des conditions de formation identiques et ils ont également impulsé des
liens sociaux, des valeurs proches dans le temps de
leur scolarité. La sociologie rencontre un terrain propice dans ce vivier frotté de philosophie mais désireux de s'engager vers de nouvelles orientations plus
en adéquation avec les phénomènes sociaux et sociétaux de ce tournant des XIXe-XXe siècles. De plus la
volonté des autorités de rompre avec l'enseignement
clérical trouve une assise dans cette discipline qui renvoie, par ses études comparatives et ethnographiques,
à un relativisme et à une « neutralité » généralisés.
Ces travaux sont en opposition ou du moins en retrait
face à d'éventuelles valeurs intrinsèques dont se
réclament et que postulent tels ou tels courants religieux. Cette mise à distance sera dénoncée, au nom
du catholicisme, du sens national et du rejet de propositions pouvant paraître associées aux thèses socialistes, par des tenants de la droite conservatrice allant,
par exemple, d'écrivains comme Charles Péguy à
Charles Maurras[45]. Les orientations « laïcs et républicaines » valent à la sociologie de la première moitié

du XXᵉ siècle une réprobation continue de la part de membres de l'intelligentsia académique comme de l'enseignement des lettres et des langues classiques. Les réformes de Paul Lapie, en 1920, inscrivent dans les programmes des écoles normales des notions de sociologie appliquées à la morale et à l'éducation. Le titulaire de la chaire de philosophie sociale (sociologie) au Collège de France, Jean-Bernard Izoulet, s'en fait, au nom des valeurs traditionnelles, le contempteur : « L'obligation d'enseigner la sociologie de M. Durkheim dans deux cents écoles normales de France est le plus grave péril national que notre pays ait connu depuis longtemps[46]. » Des critiques venant d'un autre horizon souligneront, pour leur part, le conformisme régulateur des thèses durkheimiennes[47].

De ces débuts sociologiques, malgré les mises en garde, ne ressort pas moins la volonté latente non seulement d'étudier le présent mais également cette tentative récurrente de « nous faire comprendre les institutions sociales présentes de manière à ce que nous puissions entrevoir ce qu'elles sont appelées à devenir et ce que nous devons vouloir qu'elles deviennent[48] ». Alors se rétablirait la liaison avec la rhétorique, par ailleurs critiquée, propre aux pères fondateurs ou putatifs tels que, par exemple, Auguste Comte, Pierre-Joseph Proudhon ou Karl Marx.

Durkheim entre anomie et lien social

Dominique Schnapper précise les attendus poursuivis en ce tournant du XIXᵉ au XXᵉ siècle : « Le projet sociologique […] est né d'une inquiétude sur la capacité d'intégration des sociétés modernes : comment entretenir ou restaurer les liens sociaux dans des sociétés fondées sur la souveraineté de l'individu ? Comment entretenir et restaurer les liens sociaux quand la religion et les pratiques religieuses ne relient plus les hommes et que la citoyenneté constitue le principe de la légitimité politique en même temps que la source du lien social au sens abstrait du terme[49] ? » De telles interrogations n'ont pas perdu leur actualité alors que le projet sociologique n'en est plus un mais qu'il est devenu, aujourd'hui, une donnée effective et institutionnalisée et cela sans que ces questions aient trouvé de réponses.

Face à la pression des disciplines émergeantes, Émile Durkheim est l'un de ceux qui, pour le contexte français, met en avant une lecture spécifique des rapports humains et sociaux : « Nous sommes loin du temps où la philosophie était la science unique ; elle s'est fragmentée en une multitude de disciplines spéciales dont chacune a son objet, sa méthode, son esprit[50]. » Dans le cours de ses réflexions, l'auteur de *La Division du travail social* pose la question du lien social.

Elle irrigue ses premiers travaux et en particulier la thèse qu'il a soutenue, retravaillée et publiée, en 1893, sous le titre *De la division du travail social*.

L'argumentaire est construit en particulier autour de la capacité du travail social dans les sociétés moderne a produire de la solidarité. Ce faisant Émile Durkheim s'inscrit dans la lignée des courants idéologiques qui l'ont précédé et qui ont considéré que les nouvelles conditions économiques induisent un renforcement inéluctable des liens entre ceux qui sont les chevilles ouvrières de cette situation, à savoir les producteurs. Les rapports professionnels, il ne les appréhende pas comme facteurs d'aliénation et de domination irrémissibles de certaines couches ou classes sociales au détriment d'autres. Il ne les conçoit pas pour autant comme des données intrinsèques, naturelles et lisses propres aux progrès économique et technique. Il se tient à distance tant de ceux, libéraux, voyant dans la division du travail le cheminement vers des échanges entre acteurs maîtrisant et finalisant, à leurs mains, de nouvelles situations, celles du devenir, que de ceux, socialistes radicaux et marxistes, dénonçant les conditions du travail vivant et privilégiant la transformation des rapports économiques et sociaux.

La faillite ou du moins l'érosion d'institutions telles que le territoire, la famille, la religion en tant que forces intégratives est perceptible dans l'état moral des sociétés développées. Dorénavant tendraient à ne prévaloir et à ne s'imposer que deux pôles potentiellement concurrents : d'une part l'État et, d'autre part, l'individu. L'ouvrage *De la division du travail social* se propose de répondre à ce paradoxe qui voudrait que l'on soit en présence d'une accentuation de l'importance prise par l'individu et que, dans le même temps s'exerce une pression évidente du contexte social sur ce même individu : « Comment se fait-il que, tout en devenant plus autonome, l'individu dépende plus étroitement de la société ? Comment peut-il être à la fois plus personnel et plus solidaire[31] ? » Ces questions roboratives sont abordées sous diverses facettes et divers contextes au long de son œuvre. Elles seront au centre de l'étude publiée en 1895 et intitulée *Le Suicide*. Elles interpelleront ses derniers écrits tels que *Les Formes élémentaires de la vie religieuse* sous des angles spécifiques reliés à des faits dits archaïques en regard de la modernité.

La solidarité, terme le plus souvent utilisé par l'auteur, renvoie à la notion de liens sociaux. Celle-ci présente une plasticité sémantique qui, nonobstant le fait qu'elle désigne un rapport étroit entre deux enti-

tés et, ici, des humains, peut être toutefois appréhen-
dée comme porteuse d'un rapport positif entre les
intéressés ou exprimer une contrainte négative : liens
de l'amitié ou de la haine par exemple.

Les liens sociaux positifs précisés par la notion de
solidarité, terme axiologique, sont tout à la fois des
faits qui s'imposent à l'observateur et une valeur, la
solidarité, qui permet de construire l'analyse sociologique. Ce paradigme donne les clés d'une compréhension méthodique des phénomènes *a priori* disparates
et contradictoires.

Émile Durkheim confronte à divers types de situations les connotations positives du terme : entente,
complémentarité, coopération, cohésion. Ce faisant,
il en montre les effets ambivalents sinon contradictoires selon les populations et les époques : imposition
de liens non choisis dans les sociétés dites archaïques,
à solidarité mécanique, où prévalent la similitude et le
droit répressif, spécialisation croissante des sciences,
antagonismes dans la grande industrie entre ouvriers
et patronat, affaiblissement des sentiments collectifs.

La solidarité apparaît comme un fait social extérieur aux consciences individuelles. Elle peut exercer
une action coercitive. Dans les sociétés dites primitives, le terme de solidarité est plus entendu dans l'acceptation de lien, de donnée déjà là et par laquelle
l'individu est instrumentalisé. Le lien ou la solidarité
mécanique s'impose. Y déroger vaudrait d'être sanctionné. Toutefois une relative labilité peut prévaloir
et, comme Émile Durkheim le souligne en s'appuyant
sur des exemples pris dans diverses sociétés historiques, « ce qui fait la rigidité d'un lien social n'est
pas ce qui en fait la force de résistance[52] ».

À ce stade de rigidité et à son encontre apparaît,
dans les sociétés dites développées, une autre don-

née, celle d'un lien positif, c'est-à-dire du lien impliquant le libre choix dans un contexte où la spécialisation des tâches nécessite une organisation et une contractualisation choisies des fonctions. Cela ne peut prévaloir qu'adossé à une éthique, un sens moral : « Le droit et la morale, c'est l'ensemble des liens qui nous attachent les uns aux autres et à la société, qui font de la masse des individus un agrégat et un cohérent[53]. » Précisant son propos, il souligne l'importance de liens sociaux divers et vigoureux aptes à conforter la solidité de la moralité, source de solidarité s'opposant à l'égoïsme.

Face à l'évanescence des impositions propres aux liens mécaniques, la dimension morale n'est cependant qu'une construction sociale et collective émanant de la division du travail : « Voilà ce qui fait la valeur morale de la division du travail. C'est que, par elle, l'individu reprend conscience de son état de dépendance vis-à-vis de la société ; c'est d'elle que viennent les forces qui le retiennent et le contiennent. En un mot, puisque la division du travail devient la source éminente de la solidarité sociale, elle devient du même coup la base de l'ordre moral[54]. » La liberté individuelle ne serait compréhensible dans son indispensable dimension morale que par l'intermédiaire, par la relation inscrite dans la société, là où s'expriment les liens sociaux et moraux et là seulement. Le caractère moral s'exprime, dans sa quintessence, dans cette totalité organique postulée par les résultats des analyses durkheimiennes où devraient et où pourraient se dire l'égalité, la justice, sinon « l'idéal de la fraternité humaine[55] ».

La question du lien social et de ses figures : coercitive, négative, mécanique ou restitutive, positive, organique, est au centre des premières réflexions de ce fondateur de l'un des plus importants courants de la sociologie.

Le Suicide se présente comme une mise en expérimentation des résultats présentés en 1893 et formalisés dans *Les Règles de la méthode sociologique*. Traitant de manière extensive du thème du suicide, Émile Durkheim se démarque et récuse les explications fondées sur l'influence des états psychologiques, physiologiques, tout comme sur les variables cosmiques ou climatiques. L'analyse qu'il opère lui permet d'en situer la genèse dans le social. Il présente une typologie qui reprend, à des niveaux près, celle des solidarités mécaniques et organiques et des liens qu'elles suscitent. Mais ici, s'agissant du suicide, le mécanique, le coercitif se manifestent sous un angle intégratif et positif. Des entités telles que la religion, la famille, la corporation, le local relient les individus à l'existence et *a priori*, sauf dans le cas des suicides altruistes effectués au nom de valeurs transcendantes : religion, patrie…, sont des freins au désir d'autoaliénation volontaire de la vie.

Le suicide dit anomique serait une marque propre au XIXᵉ siècle, période où, du moins dans le contexte français, tendent à ne plus fonctionner ces représentations collectives antérieures. Un vide s'est creusé entre d'une part l'individu et d'autre part l'État : « Tandis que l'État s'enfle et s'hypertrophie pour arriver à enserrer assez fortement les individus, mais sans y parvenir, ceux-ci, *sans liens entre eux*[56], roulent les uns sur les autres comme autant de molécules liquides, sans rencontrer aucun centre de forces qui les retienne, les fixe et les organise[57]. » Cela s'exprime en termes de malaise, d'« alarmante misère morale », de taux de suicides égoïstes et anomiques, c'est-à-dire effectués sans référence aux liens sociaux et à l'éthique de solidarité sociétale.

Les conséquences pratiques de cette situation impliquent la mise en place de « pouvoirs moraux » situés entre l'État et les individus. Pour ce faire, Émile Durkheim réitère et précise le rôle qu'il assigne, ou plutôt qu'induit elle-même dorénavant, la division du travail, des fonctions et au-delà les regroupements des individus concernés par les spécialisations. Celle-ci, en une chaîne logique, est à même de déterminer des instances intermédiaires.

À la suite des écrits de Saint-Simon qu'il avait longuement analysés dans un cours inachevé sur l'histoire du socialisme mais également en écho aux thèses proudhoniennes, Émile Durkheim, comme le précise Marcel Mauss, poursuit ainsi, par-delà les auteurs, « sa théorie du groupe professionnel, inspirée par la science sociale, coïncidant avec le socialisme, et fondant une morale[58] ». Ces ensembles productifs, ces corporations portent en eux ce qui fait défaut. Il s'agit de contextes où des liens suffisants sont non seulement à même de susciter une solidarité endogène mais, plus encore, de milieux moraux vivifiant et donnant sens. Ces lieux nécessitent une démarche décentralisatrice. Cette décentralisation — thème récurrent du début du troisième millénaire — s'appuiera sur des centres de la vie commune : « c'est ce qu'on pourrait appeler la *décentralisation professionnelle*. Car, comme chacun de ces centres ne serait le foyer que d'une activité spéciale et restreinte, ils seraient inséparables les uns des autres et l'individu pourrait, par conséquent, s'y attacher sans devenir moins solidaire du tout[59] ». Des liens sociaux « moraux » en émaneront.

D'aucuns ont pu, tout en reconnaissant l'indéniable capacité heuristique de la méthode et de l'appareil scientifique, considérer ces perspectives et ces propositions comme empreintes d'un certain conservatisme[60], attitude propre également à des Ferdinand Tonnies, Georg Simmel ou Max Weber. Les communautés antérieures, les petits groupes, le désenchantement s'inscrivent comme lecture des solidarités antérieures opposées ou mises en perspective vis-à-vis des réalités que dessine ou augure la modernité, non sans ambiguïtés[61].

Les critiques face à ces réserves auront d'autant plus de corps que le siècle avancera. La sociologie critique marxiste et néomarxiste se tourne vers des analyses qui traitent de la question du lien social sous des angles fortement différenciés de ceux qui prévalaient antérieurement. L'axe central prend comme rhétorique le champ des infrastructures économiques et de ses constituants, dont en premier les formes et les logiques du capital.

La critique de la critique dénoncera les illusions métaphysiques et idéalistes de nombre des propositions émanant d'intellectuels peu ou pas au fait des nouvelles réalités économiques et du rôle fondamental qui devient les leurs.

Dans cette perspective la question des liens sociaux s'efface de la réflexion urgente ou plutôt devient incidente. Ce statut confirme que l'attention doit se porter sur certains postulats plus que sur d'autres, et parmi ceux-là, si référence à des liens sociaux il y a, ce sera dans l'acception première, physique, transposée dans le contexte de rapports humains marqués par la contrainte, par l'instrumentation métaphorique, l'abstraction des conditions réifiant l'individu et l'enchaînant objectivement à la machine, à l'outil mécanique, au contexte industriel. Cela ressort de l'analyse conduite par les économistes et idéologues marxistes.

Ces liens astreignants tendent à reproduire, sur le plan social et *a priori* dans le commerce humain, des situations de contrainte déjà présentes dans le rapport objectal à la réalisation physique de la tâche assignée. Les liens sont régis par des réglementations précises et édictées par les commandements et les directives d'organisateurs relevant d'un autre monde que celui de l'exécution sur le plan local des productions industrielles. Les dispositifs spatiaux et les conditions de réalisation tendent à empêcher tout lien social autre que celui imposé à l'avantage des organisateurs et des hiérarchies présentes et contrôlant, par la sanction, le travail humain. Sur le plan général, la réflexion, qu'elle soit celle de Karl Marx, de Friedrich Engels ou de leurs épigones, souligne la prédominance des facteurs économiques sur les variables sociales, dont les liens qui ne font qu'exprimer les conditions objectives des rapports de classes sociales et de leurs oppositions matérielles et idéelles. Les liens sociaux et leurs dynamiques s'expriment dans l'environnement et par rapport aux intérêts de chacune avec un avantage évident aux classes dominantes. Elles ne sont pas astreintes, retenues et attachées par des liens contraignants, combien même elles souhaiteraient mettre fin aux dominations qu'elles subissent, aux chaînes qui retiennent le prolétaire « dans d'infrangibles entraves et liens d'acier [62] », dans les enceintes anomiques des appareils de production. Cependant ces liens sociaux pourraient s'inverser, revenir à une posture non plus de repli et d'anomie mais d'action. Ils deviendront partie prenante non seulement de l'expressivité de l'autonomie de l'individu, mais collectivement de l'historicité s'ils font l'objet d'une prise de conscience de leur réification initiale

et des processus révolutionnaires de transformation
sociétale.

Le lien entre implicite et distance

Pour l'heure, celle du début du XXᵉ siècle, la généralisation croissante de l'organisation taylorienne des
productions travestit la solidarité organique prônée
par Émile Durkheim. Les dispositions adoptées même
par ceux qui se réclament du marxisme ont pour finalité principale le rendement maximal des systèmes
industriels et les profits que les directions peuvent en
attendre. Les liens sociaux émanent des impositions
et des éventuelles capacités du travail humain à en
rejeter ou à en distendre les liens, les lois d'airain. Au
matérialisme et à l'économisme plus ou moins réduc-
teurs selon les auteurs succède — ou va de pair —
une volonté de ne pas attendre des changements
organisationnels et macro-économiques la mutation
des rapports sociaux. Les subjectivités en action et
leurs capacités à se lier dans des dynamiques vont
tout autant sinon plus retenir l'attention des idéologues, des sociologues et des chercheurs en sciences
humaines et sociales. C'est dans cet esprit que des travaux, sur des registres différents, redonnent de l'importance aux sociabilités du désormais plus grand
nombre, du moins dans les sociétés industrielles.
Georges Sorel, critiquant l'économie politique réifiée
dans la théorie pour elle-même, sinon accaparée par
le parlementarisme, met en avant les processus moraux
dont le travail humain est porteur. Le syndicalisme
révolutionnaire, par ses pratiques et ses valeurs de
solidarité, en est la conscience active[63]. Cet accent mis
sur l'abord éthique constitue l'un des axes centraux

des travaux conduits par deux auteurs essentiels du XXᵉ siècle : Georg Lukács et Antonio Gramsci. Les questions du lien social, de la solidarité traversent leurs œuvres et en particulier l'ouvrage *Histoire et conscience de classe* du premier de ces deux auteurs[64]. L'analyse ne se porte plus seulement, comme dans les manuscrits de 1844, sur l'aliénation et la réification. Elle développe les composantes de la « fausse » conscience, valeurs que la société de consommation et le trade-unionisme inculquent de façon croissante. En aval, elle s'attache à la conscience « vraie », celle de la mission historique du prolétariat, c'est-à-dire à la disparition des classes et à l'instauration de rapports et de liens sociaux sinon iréniques du moins adossés à l'autonomie et à la liberté des sujets. Les mobiles qui brouillent ou détournent cette progression, mais également l'étude et le recours aux valeurs morales, culturelles, heuristiques des classes dominées, sont également une thématique axiale de l'auteur de *La Città futura*, où sont également présentes les influences de Georges Sorel et d'Émile Bergson, loin du « fatalisme positiviste[65] ».

Les philosophes et sociologues regroupés dans ce qui deviendra, sous un nom générique, l'École de Francfort, élargissent les processus d'aliénation aux diverses facettes de la vie individuelle, sociale et culturelle. Dans cette approche, la réification des liens sociaux ne concerne plus seulement le rapport de l'homme au travail mais son rapport à l'ensemble sociétal et à sa propre capacité cognitive. La dialectique négative théorise la régression et la destitution de la Raison[66]. La liberté et la conscience théorique active des individus sont subsumées par l'empire d'une raison qui n'autorise plus la réflexivité : « Triomphe de l'intégration, ils sont, jusque dans leurs comporte-

ments les plus intimes, identifiés à ce qui leur arrive.
Sujet et objet sont, dans un reflet railleur de l'espoir
de la philosophie, réconciliés. Le processus se nourrit
de ce que les êtres humains doivent également leur
vie à ce que l'on leur fait subir[67]. » Industrie culturelle, fétichisation et érotisation des biens de consommation et des strates intimes de l'individu obèrent la
dynamique sinon l'existence de liens sociaux autres
que réifiés. De ce fait, ceux-ci ne ressortent pas d'une
analyse en tant qu'entités propres, spécifiques, objets
de la réflexion poursuivie.

Jürgen Habermas se tient à distance des rhétoriques
de domination sociétale et ontologique[68]. Face au pes-
simisme de ses pairs, il avance une réflexion axée, en
particulier, sur l'espace public, la société civile et la
raison communicationnelle. Les capacités que peuvent
déployer ces entités ou ce vecteur auraient capacité à
interpeller l'anomie démocratique contemporaine
prise entre le formalisme de dispositifs étatiques et les
pressions des lois du marché. Cet enjeu, c'est entre
autres la réappropriation par les individus des réglementations et des lois auxquelles, en régime démocratique, ils se doivent et qu'on leur assigne. Confronté à
une médiatisation aux formes multiples et aux flux
incessants, le cadre du *medium* langagier, du dialogique, de l'activité communicationnelle pourrait, sur
le plan des pratiques, nourrir un renouvellement de
l'implication citoyenne, de l'espace public et de liens
sociaux actifs, non réifiés et à advenir, thématique
en filigrane dans l'œuvre de ce représentant de la
seconde génération de l'École de Francfort.

Pour sa part, Georg Simmel se situait, pour ainsi
dire, à mi-distance des thèses des rationalités désen-

chantées ou de celles de la radicalité instrumentale et des rapports et liens sociaux qu'elles produisent ou qu'elles oblitèrent. Il s'attache d'abord à établir une méthodologie, une abstraction apte à dresser une cartographie, un inventaire raisonné des formes et des contenus possibles que les rapports entre les individus peuvent prendre. Une typologie des formes devrait, en fin d'analyse, montrer que, quelles que soient les valeurs, elles s'expriment à l'intérieur ou par le biais de ces formes discernées par le sociologue et dont le substrat est formé par les actions réciproques des individus. Le but de la sociologie est de distinguer les diverses fonctions d'association et leurs évolutions successives ; la finalité étant d'accéder à la société, entité où des individus se trouvent en réciprocité d'action et induisent une unité, « unité *sui generis* distincte de ces éléments individuels [69] ». Il ne s'agit pas d'hypostasier cette dernière dans une conception moniste au détriment des arguments des thèses individualistes mais, en s'attachant aux formes et en les postulant, de positionner les actions réciproques de quelque ordre qu'elles soient : religieuse, politique, économique, etc. Une forme telle que par exemple le territoire ne change pas, combien même les populations y résidant ne sont plus identiques.

Le lien social est consubstantiel aux différentes formes que prennent les activités humaines. Suivant les entités isolées et désignées par une fonctionnalité spécifique : politique, artistique, administrative, etc., les formes sociales se maintiennent lorsqu'un certain nombre de conditions prévalent telles que la constance du lieu où s'exprime telle ou telle variable, ou plus encore lorsque ce rapport au territoire vient à faire défaut, « le lien physiologique est *l'ultimatum refugium* de la continuité sociale [70] ». Georg Simmel conçoit le

lien interindividuel en étroite relation à sa localisation ou plus encore au rapport à la communauté
de parenté, intergénérationnelle. Il donne, comme
exemple, l'hérédité des fonctions suprêmes comme
illustration du maintien de la cohésion par le pouvoir
objectivé dans cette forme sociale qu'est l'hérédité.
L'objectivation d'unité sociale où circule du lien peut
s'appuyer, pour dépasser les contingences humaines,
sur l'inaliénabilité des constituants matériels relevant
des actions réciproques mais abstraits des vicissitudes
individuelles.

Ses analyses reposent d'abord sur ce qui fait la spécificité de la sociologie en regard d'autres approches :
philosophiques, psychologiques, historiques, et qui
tient à ce qu'elle se propose la désignation des formes
des unités sociales et l'élaboration d'une topologie
des sociabilités et des actions réciproques. L'apport
simmélien tient en particulier à la démonstration que
des groupements relevant de finalités très différentes
empruntent des formes sociales identiques : « Ce n'est
pas seulement l'association d'une façon générale qui
se trouve aussi bien dans une communauté religieuse
que dans une conjuration, dans une alliance économique que dans une école d'art, dans une assemblée
du peuple que dans une famille, mais des ressemblances formelles s'étendent encore jusqu'aux configurations et aux évolutions spéciales de ces sociétés.
Dans les groupes sociaux, que leurs buts et leurs
caractères moraux font aussi différents que l'on peut
imaginer[71]. » Georg Simmel trouve des formes de
domination, de subordination, de concurrence, d'imitation, etc. Ce nombre et cette diversité tiennent aux
caractères propres à l'abstraction de ces occurrences
que le chercheur opère au bénéfice de l'association

en tant que telle, entité topographique ayant la capacité d'abstraire la densité des composantes sociales.

De nombreux exemples illustrent son mode d'approche. Parmi les nombreux faits sociaux observés tant comme forme pérenne que comme résultante active d'actions réciproques et singulières, ce qu'il présente autour du conflit est particulièrement pertinent et sera repris par d'autres auteurs tels que Lewis Coser ou Erving Goffman. Le vitalisme bergsonien, dont il est redevable beaucoup plus que du durkheimisme, montre comment l'énergie conjuguée et active de liens (liaisons) construit l'unité observée ici, en l'occurrence le conflit[72]. Le lien ou, pour Simmel, l'association pourra résulter d'un sentiment commun conduisant fortuitement des individus à dépasser leurs antagonismes de départ pour des raisons ayant trait à la volonté de préservation de l'unité. La guerre mais aussi la plasticité des alliances montrent que la finalité est le rejet ou l'éradication des éléments contestataires en interne ou des forces externes hostiles (situations propres à des partis, des Églises, des États). Plus quotidiennement le comportement sinon la présence d'un tiers peut aller au-delà de ce que des individus sont à même de supporter. Ces conditions vont créer un lien avec ceux qui, ordinairement, s'évitent ou sont en état latent d'hostilité sinon de conflit. Ainsi, par exemple, de passagers d'un compartiment de train, désunis *a priori* compte tenu de cette promiscuité involontaire et subie, qui deviennent unis face à l'incongruité et à la vulgarité d'un tiers.

Les liens sociaux emprunteront suivant les entités des variantes de contenus : obédience, opposition, autonomie, sacralisation, etc., relevant des qualités propres aux actions réciproques engagées par les agents concernés et relevant de la forme les subsu-

mant : État, Église, parti, etc. Georg Simmel se garde
cependant de vouloir découvrir des lois sociales,
« retour du credo philosophique des anciens métaphysi-
ciens[73] ». Ses propositions ont la qualité de relever plus
de propositions descriptives et méthodologiques quant
aux formes sociales que de déductions impérieuses.
Cela les rend, aujourd'hui, plus pertinentes que certaines affirmations péremptoires sinon univoques.

Le sociologue Célestin Bouglé, recensant et analysant, en 1932, la pensée sociale du XIXe siècle, considère, non sans raison, que les questions que pose de
plus en plus la démocratie industrielle tendent à
estomper les considérations antérieures dont, entre
autres, celles du socialisme utopique ou des générali-
sations universalistes[74].

Cette position, on en trouve des échos non seulement
en France, avec les courants sociologiques du début du
siècle chez des chercheurs plus attachés à l'empirique
qu'au volontarisme prophétique tels que ceux regroupés autour de *L'Année sociologique*, mais également
en Angleterre, dans le cadre de la London School of
Economics (Patrick Geddes ou Charles Booth), en
Allemagne dans l'esprit de la sociographie (Sebald
Steinmetz ou Paul Lazarsfeld) ou aux États-Unis avec
l'École de Chicago (Robert Park ou William Thomas).

La question du social occupe une place de plus en
plus conséquente dans les travaux de ceux qui se présentent comme des spécialistes des sciences de la
société. Suivant les auteurs et les courants prévaut
une approche se revendiquant de l'analytique plutôt
que du résolutif ou du prospectif.

Pour la plupart il apparaît acquis que la symbiose
antérieure faite entre l'objectivation des situations et
l'intervention subjective de l'auteur ne doit intervenir que, au mieux, marginalement. Le réflexif et

l'« autoscopique » sont renvoyés à des jours ultérieurs. Le *savant* et le *politique* doivent relever de deux champs distincts[75]. Le professeur d'université, homme de science, Max Weber, en s'adressant à des étudiants, souligne que l'apport des connaissances et l'expérience scientifique doivent prévaloir sur la propension à leur associer des valeurs personnelles et des conceptions politiques : « Je suis prêt à vous fournir la preuve au moyen des œuvres de nos historiens que, chaque fois qu'un homme de science fait intervenir son propre jugement de valeur, il n'y a plus compréhension intégrale des faits[76]. »

Quand bien même certaines situations révèlent l'impossibilité de s'abstraire des contingences historiques, ce que, malgré ses réticences, Max Weber, dans les affres de la guerre et des tensions sociopolitiques de l'époque, constate : « La science est de nos jours une "vocation" fondée sur la *spécialisation* au service de la prise de conscience de nous-mêmes et de la connaissance des rapports objectifs. Elle n'est pas une grâce qu'un visionnaire ou un prophète auraient reçue en vue de dispenser le salut de l'âme, ou des révélations ; elle n'est pas non plus partie intégrante de la méditation des sages et des philosophes qui s'interrogent sur le *sens* du monde[77]. »

Cette césure doit permettre, en temps normal, c'est-à-dire celui des démocraties en paix, la mise en ordre scientifique de dispositifs pouvant prétendre à la qualité reconnue des disciplines rigoureuses basées sur l'expérience et à la capacité de faire loi, ou du moins être perçues alors comme le sont la physique, la chimie ou sinon la biologie, là où l'intervention de l'observateur paraît la plus neutre.

La neutralité axiologique prône la rupture avec les argumentaires de la métaphysique. Les avancées

acquises par les sciences autorisent une approche
rationnelle des phénomènes, dont ceux relevant du
social, de l'économique, de l'historique, du politique.
Pour autant Max Weber n'hypostasie pas ces développements. Sa démarche «compréhensive» associe ou
du moins dresse une difficile passerelle entre science
et éthique. La science doit savoir s'extraire des jugements de valeur afin d'atteindre aux causalités. Elle
n'en est pas moins sinon d'autant plus nécessaire à la
prise de décision, à l'action humaine. Le dispositif
wébérien, comme l'indique Raymond Aron, se tient à
distance du déterminisme que peuvent induire les
procédures scientifiques : «Ni la science ni la réalité
n'imposent aucune loi; la science incapable de pro-
phétie ou de vision totale laisse à l'homme une entière
liberté ; chacun décide pour soi[78]. »

La sociologie se propose de comprendre l'activité
sociale. Elle devrait pouvoir, en tant que science empirique, rendre compte des causalités, des déroulements
et des effets de ce type d'activité, dont ce qui ressort
du lien social.

S'agissant des liens sociaux, Max Weber se réfère
aux distinctions prônées par Ferdinand Tönnies dans
son ouvrage *Communauté et société* (*Gemeinschaft und
Gesellschaft*) tout en s'en démarquant. Tönnies, dans
ce traité, pose une différence quasi radicale entre les
formes sociales possibles : «Tout ce qui est confiant,
intime, vivant exclusivement ensemble est compris
comme la vie en *communauté* […]. La *société* est ce qui
est public; elle est le monde ; on se trouve au contraire
en communauté avec les siens depuis la naissance, lié
à eux dans le bien comme dans le mal. On entre dans
la société comme en terre étrangère[79]. » Les liens
sociaux se ressentent des conditions propres à ces
deux catégories fondamentales : «La communauté

est la vie commune vraie et durable ; la société est seulement passagère et apparente. Et l'on peut, dans une certaine mesure, comprendre la communauté comme un organisme vivant, la société comme un agrégat mécanique et artificiel[80]. » Aux liens partagés dont la famille est l'épicentre s'ouvrant sur le voisinage, les corporations et la ville, seront opposées la tension incessante entre les individus et la circulation de liens essentiellement commandés par l'intérêt de chacun au détriment de toute concorde possible[81].

Max Weber propose qu'en termes de relations sociales soit retenue une typologie qui, quoique ayant des points communs avec celle de Ferdinand Tönnies, ne serait-ce que par son argumentaire fortement adossé à l'histoire, privilégie les concepts de communalisation (*Vergemeinschaftung*) et de sociation (*Vergesellschaftung*)[82]. Par le premier, il entend une relation sociale — impliquant *ipso facto* des liens sociaux — où l'individu a le sentiment subjectif d'appartenir à une communauté. Il ne s'agit pas ici de la constatation d'une insertion objective dans une communauté mais de la tentative du sociologue de parvenir à exprimer compréhensivement l'attitude subjective de la personne résultant du rapport à l'appariement collectif. C'est un renversement de l'objectivation subsumant l'individu pour s'ouvrir sur une relation non pas mécanique ou organique, mais d'abord énoncée comme activité vécue, incarnée et dicible par la personne. Cela, s'agissant des relations sociales, ne saurait être perçu comme un aval donné à ce qui deviendra ultérieurement, sous la désignation d'individualisme méthodologique, une perspective où les liens sociaux seraient exclusivement inscrits dans la logique de choix rationnels de l'individu instrumentalisant formes et institutions sociales.

L'analyse des causalités, dont celles relevant des facteurs économiques, occupe une place centrale sans néanmoins, et à la différence des travaux de Karl Marx, en être le *deus ex machina*. La sociologie compréhensive considère, elle, l'individu et son activité comme l'élément de base : « Des concepts comme ceux d'"État", d'"association", de "féodalité" ou autres semblables désignent, d'une manière générale, du point de vue de la sociologie, des catégories représentant des formes déterminées de la coopération humaine ; sa tâche consiste à les réduire à une activité "compréhensible", ce qui veut dire sans exception aucune, à l'activité des individus isolés qui y participent[83]. » Elle implique une capacité à pénétrer de l'intérieur « subjectivement » les comportements et à typifier les situations sociales où ils s'expriment et les liens sociaux qui leur sont associés. Ainsi des attitudes marquées par des rapports de domination et de subordination. Ils ont la capacité de construire des liens soit initiés par des motifs matériels et rationnels en finalité, soit marqués par des motifs affectuels ou rationnels en valeur. Les types de légitimité peuvent reposer, pour Max Weber, sur le caractère rationnel, légal, à statut, des rapports sociaux et des liens y afférant. Cela génère de la conscience consentante voire opposable à cette légitimité, situation qui prévaut dans les sociétés bureaucratiques de la modernité. La croyance en la qualité essentialiste des dispositifs et des relations propres à la tradition constitue un second type de domination légitime et de liens. Elle concerne et en appelle à l'affectif, ce dont relèvent les sociétés patriarcales et patrimoniales. Le troisième cas de figure repose dans la soumission à l'exceptionnalité reconnue à un personnage ou à ses directives. L'émotionnel et la reconnaissance pour l'élu marquent ces rapports «a-rationnels». Il implique une légitimité établie par et en référence au charisme qui pourra être celui qu'aura su établir, à son avantage, un chef de guerre ou un prophète.

La sociation exprime des liens sociaux où ne prévalent plus le traditionnel, la coutume, l'émotionnel et leurs modes de légitimation. On est en présence de compromis ou d'ententes en vue de la réalisation d'intérêts rationnellement motivés. L'association et l'institution en sont des figures. La première, l'association, est celle d'une procédure relevant de la volonté consciente des intéressés et, ce faisant, apte à induire des liens sociaux «positifs», dans le sens où l'intérêt commun suscite des comportements ou devrait susciter les comportements «vertueux» du libre choix, de la confiance, de la réciprocité. Pour sa part, l'institution détermine des relations sociales codifiées et de fait des liens peu ou prou établis et auxquels l'individu doit se conformer. Cette domination se justifie par des dispositifs réglementaires et juridiques rationnellement établis. Les relations et les liens sociaux possibles ou interdits, et alors sanctionnés, relèvent d'une reconnaissance partagée de la légitimité du dispositif institué. Les valeurs qu'impliquent ces institutions ne sauraient être cependant essentialisées à leur avantage et au détriment de la liberté de l'individu. L'auteur d'*Économie et société* ne rigidifie pas ces agencements. Il souligne l'hétéronomie et les porosités qui les traversent. Ainsi, par exemple, de la formulation des statuts, «qui réglementent *aussi bien* les institutions *que* les associations ne sont pas originellement le fruit d'un accord, mais ils sont octroyés[84]». Ils ont été imposés par certains «sur la base de l'"expectation que suscite l'entente"[85]». De même les relations sociales ne sont pas réductibles à des rapports marquées essentiellement au sceau de la tradition, du rationnel ou du charismatique. D'autres finalités, supposant des réciprocités sinon manifestes du moins latentes, y procèdent. Elles peuvent induire des conflits, tels que les rapports d'opposition et de lutte dans le champ de l'économie qui instrumentalisent les liens domestiques, ethniques ou religieux.

La dialectique du/des individus et des formes multiples de relations sociales s'ouvre, chez Max Weber, sur une appréhension pessimiste. Elle est liée, entre autres, à l'observation d'une réification des normes et à la constatation que le progrès tant technique qu'administratif éloigne, de par ses opacités, l'individu d'une compréhension et d'une universalisation de la connaissance : «Le "sauvage" en sait infiniment plus des conditions économiques et sociales de sa propre existence que le "civilisé", au sens courant du terme, des siennes[86].» Cela tient à sa croyance tant à la rationalité des processus qui encadrent l'existence qu'aux expectations légitimes que l'on peut en attendre.

L'esprit analytique et critique tout comme l'érudition conduisent bien au-delà de l'étude des relations sociales. Max Weber interpelle le politique, le religieux, l'économique, le juridique dans leurs dimensions historiques et par le biais de la démarche comparative. Le lien social, sinon sa problématique, est présent. Il traverse sans en être au centre, une œuvre à très large spectre mais théoriquement tramée. Il opère une ouverture vers une conscience et une prise de conscience, combien même désabusée ou désenchantée, une sociologie actionnaliste et dynamique où s'exprime, entre les subjectivités socialisées, du lien social.

Sociologie et anthropologie

Les approches sociologiques rencontrent, et particulièrement dans leurs prémices, l'ethnographie et l'anthropologie comme en témoignent, par exemple, de nombreux travaux de l'école durkheimienne. À cette intersection entre sociologie et anthropologie, la question du don constitue une entrée pour comprendre la problématique du lien social. L'article séminal : «Essai sur le don, forme et raison de l'échange dans les sociétés archaïques», écrit par Marcel Mauss et publié, en 1923, dans la revue fondée par Émile Durkheim, *L'Année sociologique*, en est l'un des vecteurs essentiels[87]. L'analyse de la dynamique de ce rapport social que représentent les échanges et les contrats de prestation sous la forme de cadeaux interroge les rapports individuels et sociaux, en l'occurrence, dans ce texte, des sociétés primitives. Les thèses que développe Mauss s'inscrivent dans une optique holiste. Elles visent à établir des régularités concernant des phénomènes d'un même ordre. Ici, il s'agit de ceux qui, par la démarche comparative, peuvent être reliés et permettre une mise en corrélation et une compréhension effective de leur nature, de leur fonctionnement et de leur finalité. Tout en posant que les groupes humains sont constitués par les actions et réactions d'une pluralité de consciences individuelles, le but de la sociologie, pour Marcel Mauss et Paul Fauconnet, est d'identifier les phénomènes spécifiques au sein de ces regroupements qui ne soient pas que l'émanation exclusive de celles-là. «Entre les idées qu'aurait, les actes qu'accomplirait un individu isolé et les manifestations collectives, il y a un tel abîme que ces dernières doivent être rappor-

tées à une *nature* nouvelle, à des forces *sui generis* :
sinon, elles resteraient incompréhensibles[88]. » Cela
renvoie au principe constitutif du lien social. Dans le
cas présent, et comme le souligne l'auteur confronté
à des phénomènes sociaux « totaux », il procède, en
l'isolant, à l'analyse de ce fait social que constitue le
don. Des études comparatives, menées dans de nombreuses sociétés, ont permis à Mauss de circonscrire
et de dégager les principes de ce type de lien social.

Dans le cadre de ces phénomènes, Marcel Mauss
constate que les économies primitives ne sont pas
réductibles à un stade supposé naturel mais qu'elles
forment des systèmes de « prestations totales ». Elles
mettent en jeu des transactions de biens matériels
mais également symboliques. Des liens sociaux s'y
expriment. Ils couvrent de nombreux pans de la vie
de ces sociétés. Un point axial est cette trilogie qui
s'articule autour de l'obligation associée aux trois
moments du geste : donner, recevoir, rendre. L'individu ne peut s'extraire des représentations collectives
de son contexte. Celles-ci donnent les normes, les
façons de faire, les rites et les nécessaires sinon incontournables modalités de l'échange et du don. Les
liens sociaux se calent sur ce système ternaire, qui en
serait la forme « simmélienne ». Ils s'expriment spécifiquement selon les registres considérés : par exemple
la parenté, le sacré, la guerre, le pouvoir, ainsi que
selon les « ensembles populationnels » considérés
dans le temps et l'espace qui leur reviennent. Ces
liens seront présentés comme positifs sinon moraux,
selon la terminologie de l'école durkheimienne, lorsqu'ils énoncent pratiquement et symboliquement certaines valeurs renvoyant à une conception éthique
des sociétés considérées[89].

L'étude de Marcel Mauss se termine sur une péda-

gogie des rapports sociaux et des qualités que devraient
induire les liens entre les diverses instances : de l'individu à la nation en passant par la famille, les clans
et les classes. La prophylaxie du donner, recevoir,
rendre apparaît comme une prescription qui rejoint,
mais sur une base scientifique, les attentes de philosophes et d'idéologues des siècles passés, du moins de
ceux qui mettaient en avant des esquisses de solutions
aux comportements d'hostilité, de haine sinon de
guerre de tous contre tous, individus et corps sociaux.
«Les sociétés ont progressé dans la mesure où elles-
mêmes, leurs sous-groupes et enfin leurs individus,
ont su stabiliser leurs rapports, donner, recevoir, et
enfin, rendre[90].» Les liens sociaux empruntent, dans
ces conditions, les voies qu'ouvrent la paix, le travail,
la richesse, la redistribution, le respect mutuel et la
générosité réciproque. La civilité ou le civisme ressortent des analyses du sociologue confronté aux enjeux
de politiques de son époque.

Ces propositions sont celles du scientifique menant
à son terme ses recherches tout autant que du
«citoyen Mauss» présenté, de manière extensive, par
Marcel Fournier[91]. L'auteur de l'«Essai sur le don»
s'engage, un temps, comme journaliste au quotidien
L'Humanité dirigé alors par Jean Jaurès. Il est attentif
au mouvement coopératif et soucieux de réformes
plus que d'oppositions violentes, dont celles entre
classes sociales ou entre nations[92]. Le lien, système de
représentation, passe par des valeurs morales basées
sur la conscience de l'altérité, sur l'harmonie et la
solidarité. Un tel programme proche, quoique plus
impliqué effectivement que celui de son oncle Émile
Durkheim, rejoint par là, mais sous un abord scientifique différent, les préoccupations du *Contrat social*
d'un Jean-Jacques Rousseau sinon les utopies harmo-

nieuses d'un Charles Fourier ou le coopératisme
d'un Robert Owen.

De nombreux travaux ultérieurs, en anthropologie
mais également en sociologie, utiliseront cette notion
et sa typologie pour des faits liés aux contextes industriels et post-industriels. Des reprises et des gloses
récentes partant de cet « Essai sur le don » ressortent
de divers apports, dont celui de Claude Lévi-Strauss.
L'auteur de l'« Introduction à l'œuvre de Marcel
Mauss » s'attache à l'analyse en terme de symbolique,
de « *signifiant flottant*[93] » quant aux sémantiques de la
notion de lien social. Le principe de réciprocité déve-
loppée, entre autres, dans *Les Structures élémentaires de
la parenté* et les liens qu'il induit dans les sociétés primitives et dans la société contemporaine dévoilent les
rapports symboliques aux choses. Ainsi, par exemple,
du « bien social » que constitue, en France, le vin
servi dans un restaurant populaire, illustration parmi
d'autres démontrant qu'il y a plus « dans l'échange,
que les choses échangées[94] ».

La prédominance du marché et d'un rapport à
l'autre se disant sur le mode individuel et contractuel
n'implique pas, comme l'indique Maurice Godelier,
que, aujourd'hui, les relations comme l'échange et le
don aient disparu des rhétoriques et des pratiques
effectives : « [...] tout n'est pas négociable de ce qui
fait lien entre les individus[95]. » Ce constat est celui que
corroborent, avec des nuances propres à leur proximité aux thèses maussiennes, de nombreux auteurs.
Jacques Godbout, par exemple, souligne la séparation
qui prévaut entre la production et l'usage. Il distingue deux catégories : celle relevant des liens primaires dont la famille est le princeps de l'obligation
et celle de la circulation contractualisée des choses
que génèrent le marché et l'État. Son attention se

sent les premiers ne sont pas de nature identique à
ceux propres aux seconds. La mobilité distend les
liens anciens et en détermine de nouveaux. Elle permet des socialisations dans des contextes diversifiés
tels que, pour Nels Anderson, celui des muletiers, des
manœuvres, et plus généralement ceux générés par
la mise en place des lignes ferroviaires. Dans son
enfance, il a appréhendé également le milieu des travailleurs agricoles ou celui plus tardivement des quartiers investis par les *hobos* et, de ce fait, les mobilités
ou immobilités des uns ou des autres. Les liens dif-
fèrent mais marquent et allouent du sens tant aux
migrants qu'aux sédentaires. Ils participent à désigner les relations et les interactions possibles et effectives. À l'aide de ses analyses de cas, un peu à la
manière d'un Frédéric Le Play[22], mais ici plus centrées — et pour cause — non sur des familles mais sur
des individualités, Anderson met en scène les liaisons,
même minimales, auxquelles ces vagabonds doivent
se prêter ne serait-ce que pour répondre aux nécessités les plus élémentaires. La faim, la soif, le froid ou la
chaleur conduisent ces *hobos* à traiter avec leurs core-
ligionnaires ou avec des représentants d'institutions.
Le plus souvent, et là aussi de manière spécifique,
ils s'efforcent de faire face à ces impératifs physiologiques par eux-mêmes ou dans des rapports limités à
l'altérité exogène dont ils se sont extraits et/ou qui
les a rejetés, que ce soit sciemment ou pas. Cela se
concrétise par des pratiques de débrouillardise, des
rapports manipulés, stratégiques, le plus souvent illé-
gaux, face aux normes : mendicité, détournement,
abus de confiance, boniment, larcins. Ce sont des
pratiques plus sporadiques qu'essentialistes mais ne
faisant pas moins partie intégrante du champ des possibles et devant s'inscrire, pour réussir, dans les rhé-

toriques ambiantes, qu'elles soient d'ordre caritatif, religieux ou autre. S'agissant des liens plus sensibles tels ceux de la vie amoureuse, ce sont, à l'évidence, des relations difficiles, éphémères où le nombre plus conséquent d'hommes vis-à-vis de celui des femmes induit le célibat et des rapports associés à la prostitution et à l'homosexualité.

Contrairement au sens commun, la conjonction de ces situations qui, de toute façon, sont peu homogènes et simultanées n'obère pas la capacité des vagabonds, qu'ils soient du type migrant ou casanier, à nouer et à entretenir des liens avec la sphère publique. Certains d'entre eux mettent en question, argumentent et intellectualisent l'état qui est le leur. Pour Georg Simmel, tout en considérant que c'est l'attitude collective et plus précisément l'assistance qui, sociologiquement, désigne le pauvre, ce qui aurait pour corollaire leur incapacité d'interagir, de se lier entre eux. « Néanmoins, une tendance explicite à la sociation n'a pas toujours fait défaut[23]. » Le livre d'Anderson et plus généralement les crises contemporaines vont plus que confirmer comment cette capacité qui est déniée trop facilement et de manière intéressée : le « bon pauvre » étant celui qui se prête, avec humilité, à l'assistance, est contredite à partir du moment où l'on étudie, sociologiquement et anthropologiquement, les sociabilités externes/internes de ces populations.

D'autres ouvrages illustrent, sur le mode littéraire, ces liens sociaux propres aux *hobos*, aux vagabonds du tournant et du début du XXᵉ siècle aux États-Unis. Le plus remarquable est *Boxcar Bertha*, titre et nom de l'héroïne, le terme *boxcar* désignant les wagons des trains de marchandises. Ce livre relate, sous la forme autobiographique, les pérégrinations d'une *hobo*[24]. La qualité de l'ouvrage et la connaissance du milieu

décrit proviennent, en particulier, du fait que son
auteur est le docteur Ben Reitman, personnalité présentée et désignée par Nels Anderson comme ayant
été le roi des *hobos* et, par ailleurs, l'amant de l'anar-
chiste russe Emma Goldman. De fait celui-là, tout en
faisant partie de la commission mentionnée ci-dessus
et du Département de la Santé de Chicago, a, précédemment, vagabondé pendant des années et connu
les multiples arcanes de l'*hobohemia*. L'histoire de la
vie de Bertha décrite par Reitman montre les liens
nombreux et forts qui unissent ceux qui se rencontrent sur la route, dans des aires de campement, près
des voies ferrées et qui, malgré les manques, partagent leurs subsistances. L'auteur met également en
scène les liens sociaux d'échange sinon de réciprocité, ce qui fut le cas avec «le professeur Nels Anderson» cité, non sans humour (Reitman ayant été l'un
des protagonistes et référents de l'ex-*hobo*, l'ex-étu-
diant Anderson), comme l'un des conférenciers de
l'athénée *hobo*, qui, plus que d'autres, a pratiqué l'interaction, le dialogue et la restitution. Est également
mentionné un aréopage de haute tenue avec, entre
autres, Herbert Blumer et Edwin H. Sutherland, auteur
du récit de la vie d'un voleur professionnel[25]. Il n'y a
pas anomie, déshérence ou absence de filiation mais
plutôt des lieux et des plages de temps où l'Autre est
présent, interagit et coproduit du lien. De même
dans *Les Vagabonds du rail*, récit autobiographie, le
romancier Jack London traite des pratiques dont la
resquille (brûler du dur) — et son apprentissage —
tout comme des sentiments de fraternité et de solidarité que suscitent ce nomadisme et ces pérégrinations
au sein des membres de ces cohortes[26].

Ultérieurement, dans ses travaux des années 1960,
Howard Saul Becker, figure représentative de la

seconde génération de l'École de Chicago, aborde, également, cette problématique. Il se pose la question de savoir ce qui permet les actions collectives entre les individus et en particulier lorsque l'on étudie des activités n'ayant pas un but précis mais induisant de l'unité et de la cohérence entre les intéressés[27] ; ce que nous nommons un « construit heuristique »[28]. Des éléments de réponse tiennent au fait qu'il y a un ajustement entre les uns et les autres de manière à ce qu'une compréhension s'établisse, ce qui sous-tend une complexité de comportements. Cela renvoie aux thèses de George Mead (cité par Becker) quant aux attitudes attendues, jouées, contournées et/ou impliquées par les institutions mobilisés par le Soi dans l'action collective envisagée ou en cours. La socialisation, vecteur potentiel de lien social, n'est pas réductible à la formation de la personnalité lors de l'enfance mais concerne les modifications liées à l'âge adulte. Elle résulte alors des réactions aux changements intervenant dans les contextes des institutions. Ces processus déterminent des effets, et il s'agit de s'interroger sur les manières dont ils sont incorporés au Soi, à la personnalité. Ces questions, que reprend et étudie Howard Becker, sont celles que se posent des institutions ayant pris pour objectif de modifier les comportements. Les exemples donnés portent sur des élèves d'écoles professionnelles, des délinquants emprisonnés ainsi que de jeunes infirmières et des personnels hospitaliers. Les institutions et les organisations concernées : école, prison, hôpital ont-elles obtenu les résultats attendus ou, comme cela est souvent le cas, pourquoi ne sont-elles pas parvenues au but qu'elles s'étaient fixé ?

L'auteur de l'article « The Self and Adult Socialization » voit plusieurs raisons qu'il a découvertes lors de travaux effectués sur ces terrains de l'enseignement, de l'hôpital et de l'incarcération. Dans le cas des prisonniers, leurs attitudes ne suivent pas une évolution rectiligne mais changent fortement pour se tourner vers une voie s'éloignant de la pente criminogène lorsque approche la levée d'écrou. Les institutions ne sont pas monolithiques mais complexes, parcourues par des tensions qui n'influent pas dans le sens attendu, celui de la socialisation, d'un lien à établir avec la « normalité » et ce au niveau des personnels mêmes de l'institution. Ainsi de querelles entre personnels soignants dans des hôpitaux psychiatriques quant aux changements à effectuer dans les traitements. Deux autres éléments ont été relevés. Le premier concerne le fait que les réponses attendues ne proviennent pas d'un niveau individuel mais de celui du collectif. Ici, il faut retenir que ces cultures endogènes, par exemple la « culture étudiante », induites par les interactions entre membres d'un même autrui-généralisé, d'une même communauté peuvent s'exercer aux dépens des attendus, en l'occurrence les logiques de l'école et de ses enseignants autour des valeurs et des effets que l'interaction entre les pairs suscite. Le deuxième point touche à l'influence forte que peut jouer le monde extérieur. Ainsi de l'efficacité des attitudes de l'infirmière confrontées à l'aspiration au mariage, norme du lien social ordinaire. Les mécanismes de socialisation de la personne, du Soi relèvent d'ajustement ponctuel, d'implication à longue portée ou de rejet radical. Du lien entre le Soi et l'Autrui est à chaque fois convoqué sur le mode amène ou plus ou moins déchiré.

Erving Goffman, à la même époque, s'attache aux rapports interpersonnels. On peut, par une mise en parallèle de la démarche, des notions et probléma-

tiques qu'il met en place et/ou utilise avec d'autres
travaux de cet ordre, l'inscrire dans une sociologie à
connotation psychosociologique en écho avec les travaux de Georg Simmel[29]. Dans un ensemble de travaux particulièrement pénétrants et subtils, il traite
également de la question du lien social. Il l'aborde
dans le cadre de la rencontre et des formes codifiées
qui mettent en relation ou unissent, ne serait-ce que
pour un laps de temps court, deux personnes ou
des individus entre eux. C'est ce que travaillent ses
ouvrages sur *La Mise en scène de la vie quotidienne* où un
chapitre est consacré à ce qu'il nomme : les signes du
lien[30]. Il déconstruit et analyse les modalités formalisées qui se donnent à voir dans l'interaction et les
interactions. La codification des usages et des civili-
tés ordinaires s'ouvre sur des liens normés quoique
souvent plus implicites qu'explicites. Ces derniers
demandent donc, de la part de l'ego et de l'alter, une
maîtrise des formalités, une connaissance socialisée
des attitudes, des postures et des propos à tenir dans
le cadre de telles ou telles circonstances, les signes
du lien[31]. Ces formes «simmeliennes» stables, régulières subsument diverses sémantiques correspondant
aux situations spécifiques d'acteurs en présence et
aux rôles contradictoires que suscitent les positionnements factuels dans des protocoles régionaux décou-
pant les présentations de soi (semblant, secret, tact,
etc.).

Erving Goffman et les interactions collectives

Goffman accorde une place conséquente, et parfois
sous-estimée par les tenants de l'individualisme ou de
la psychologie sociale, aux interactions collectives. Les

« équipes », notion cardinale, désignent : « [...] tout ensemble de personnes coopérant à la mise en scène d'une routine particulière[32]. » Cette désignation concerne le spectre des formes collectives stables. Elle implique un suivi mutuel des conduites attendues, « un lien de dépendance réciproque qui unit les équipiers les uns aux autres » et également une « tendance à se lier par ce que l'on pourrait appeler un droit de "familiarité"[33] », compte tenu de l'insertion des individus dans l'équipe. Liens de dépendance et de familiarité sont le propre de ces contextes sociaux que l'on peut rencontrer sur des scènes sociales aussi diverses que des services d'entreprise, des regroupements de sportifs ou de jeunes dans les soirées festives. L'auteur les distingue des cliques, ce que nous désignons comme des « construits de pratiques heuristiques » que peuvent initier des individus partageant pour eux-mêmes, vagabonds, artistes ou autres, en un temps et dans un lieu, l'art de faire et de se dire. Nonobstant l'interdépendance, une relative autonomie de jeu est possible.

Les *Total Institutions*, titre traduit en français par « institutions totalitaires » (!), ces institutions totales désignent une série de contextes allant du plus bénin au plus radical en termes de domination physique et morale sur la personne. Dans cette échelle, les entités les plus amènes sont destinées aux individus s'y trouvant, *a priori*, de plein gré, par exemple dans un cadre de travail, un pensionnat, une caserne, voire un lieu religieux les regroupant pour une période donnée. Le libre-arbitre s'y exerce. Des liens sociaux sont, peu ou prou, maintenus avec la société extérieure. Lorsque des décisions sanitaires ou de justice imposent la mise en institution de personnes jugées inoffensives mais présentant des risques pour la société, par exemple, ceux atteints de maladies pouvant contaminer leur environnement et lorsque la dangerosité assumée de l'individu est établie, l'institution renforce son contrôle. Les liens qu'elle pratiquait antérieurement dont ceux avec les milieux de la parenté et des connaissances amicales subissent ainsi des restrictions. Par ailleurs les rapports au personnel encadrant sont volontairement plus que limités du fait des directives organisationnelles mais également de par l'attitude des salariés eux-mêmes, peu désireux d'entretenir des liens avec des individus dont le bon comportement dépend de leur autorité. Ces reclus : malades mentaux, prisonniers se tiennent également à distance de leurs surveillants de par l'antagonisme institué qui préside à leurs positionnements respectifs. L'aliénation de la personnalité au profit de la soumission aux directives et aux règlements apparaît comme inhérente à la situation en particulier du nouvel arrivant, lourd de sa propre culture et de ses relations antérieures. Le repli pourra être l'une des postures employées pour se protéger, pour contrer, tant soit peu, l'asservissement. Erving Goffman analyse, avec brio — quand bien même son intérêt porte, en première instance, sur la conscience du moi et sa pérennité dans des situations limites comme celles de ces institutions totales —, les parades qui, au cœur même des ténèbres, redonnent ou tentent de maintenir, chez le reclus, les sentiments et les valeurs d'humanité. Les liens, les interactions et tout un ensemble de pratiques, de présentations, de manières de s'exprimer et de répondre aux quelques partenaires éventuels (codétenus, personnels divers de surveillance ou de soin) ne peuvent pas, quand bien même cela serait souhaité, être éradiqués par des dispositifs panoptiques et adhérer, sans barguigner, au mot d'ordre : Surveiller et punir[34].

Mais déjà ces termes impliquent du lien, des franges d'humanité, des univers où circulent, comme les présente l'auteur, des stratégies d'adaptation, des rituels, des échanges économiques et sociaux : « Dans tout établissement social, des liens de solidarité se nouent au sein des groupes [...] ces liens font partie de la vie clandestine de l'établissement[35]. » Cela tient à ce qu'ils ne correspondent pas aux principes de l'institution en termes de charge émotionnelle et, de plus, qu'ils permettent de pourvoir à une circulation illégale de biens et de services. Les formes que ces liens individuels entre reclus adoptent sont multiples : le copinage, le flirt, le clan, l'appartenance partagée. Les relations nouées par un responsable avec un reclus, lorsqu'elles prennent le biais d'une protection de celui-là à l'avantage de celui-ci, induisent des liens particuliers où la sujétion côtoie les faveurs. Des interférences dans les rôles peuvent s'effectuer. Des jeux insidieux et subtils tramant les liens, en particulier dans les établissements marqués au sceau de la contrainte et de l'abaissement des uns : les malades, les reclus, les détenus au bénéfice de ceux qui les encadrent, les soignent physiquement ou les surveillent mentalement. Des renversements de pouvoir peuvent éventuellement s'effectuer de patron à protégé. Au-delà, ce sont des liens pervers qui s'installent. Leur ambiguïté s'exerce à l'avantage et au détriment de chacun des protagonistes dans des échanges où la violence et l'attirance physique et/ou symbolique prévalent.

La sexualité, évoquée par Goffman, est un champ propice à ce type de situation. L'asservissement mais également la propension à jouir de la douleur et de

l'humiliation ont été mis au jour de manière particulièrement probante dans des ouvrages de reclus et
dans la représentation de personnages métaphoriques
tels que mis en scène dans les romans du marquis de
Sade ou dans celui, *Histoire d'O*, de Pauline Réage.
Plus récemment Michel Foucault a montré, contrairement aux pré-notions s'érigeant contre de telles
pratiques, l'innocuité ou du moins les glissements
opérés sur ces questions par les temps de la modernité.
Ces pratiques et leurs représentations ne remettraient
pas en cause le cadre apodictique de la normalité. Ils
pourraient même en être un des segments, certes
excessif, mais non pas moins inséré et nécessaire-
ment, à terme, contrôlable et contrôlé sinon explicitement assumé. Le pouvoir n'est pas un Moloch
homogène. Il transite, comme il le fait dans les établissements de soins et d'incarcération sinon dans les
liens sociaux quotidiens, par des mécanismes : « Le
pouvoir, je crois, doit être analysé comme quelque
chose qui circule, ou plutôt comme quelque chose
qui ne fonctionne qu'en chaîne. Il n'est jamais localisé ici où là, il n'est jamais entre les mains de certains, il n'est jamais approprié comme une richesse
ou un bien. [...] Le pouvoir s'exerce en réseau et, sur
ce réseau, non seulement les individus circulent, mais
ils sont toujours en position de subir et aussi d'exercer ce pouvoir[36]. » Les institutions savent, la plupart du
temps, tempérer des liens qui pourraient distendre le
maillage social et réglementaire, qu'ils soient ceux de
la folie individuelle ou du débridement des sexualités
et ce bien au-delà de la pudibonderie affichée : « [...]
jamais davantage de centres de pouvoirs ; jamais
plus d'attention manifeste et prolixe ; jamais plus de
contacts et de liens circulaires ; jamais plus de foyers

où s'allument, pour se disséminer plus loin, l'intensité des plaisirs et l'obstination des pouvoirs[37]. »

Erving Goffman, auteur de *Stigmate*, dans la lignée de George Herbert Mead mais également d'Alfred Schutz, fait partie d'une cohorte qui replace, sans l'altérer, l'individu dans ses interfaces tant avec le sociétal et ses institutions que vis-à-vis de ses alter et des effets de miroir que les coprésences suscitent. L'observation participante, les histoires de vie, le recueil des quotidiennetés, autant de procédures empruntées et aptes à dégager les normes culturelles, les rites de passage et d'interaction[38] de ces « ensembles populationnels » faisant sens en interne et produisant, socio-anthropologiquement, pour soi, du lien social.

De ce courant, on peut mettre en regard nombre de recherches plus contemporaines dont celles conduites en France.

La sociologie française et les problématiques de l'École de Chicago

Les relations entre les deux rives de l'Atlantique se sont considérablement accentuées avant et surtout après la Seconde Guerre mondiale. Cependant cela ne s'est pas fait sans tergiversations, sinon oppositions. L'influence des thèses structuro-fonctionnalistes et marxiennes est, en France, pendant quelques décennies, un frein aux modes d'appréhension du social tels qu'ils se sont développés là-bas dont ceux analysant des liens plus labiles que normés[39]. Néanmoins il y a des recherches qui font effectivement le pont entre les courants continentaux et les travaux nord-américains du type de ceux de l'École de Chicago ou, ultérieurement, de la Californie, avec les ethno-méthodologues. S'agissant de la place à donner à l'individu ou aux structures sociales et de leurs résultantes en termes de lien, étant quand bien même sur des préalables différents, on retiendra en particulier deux auteurs : Raymond Boudon et Michel Crozier. Ces deux sociologues se tiennent à distance, le premier d'un sociologisme dans lequel il inclut l'hyperfonctionnalisme, l'hyperculturalisme et le réalisme totalitaire, démarches qui, pour lui, ne font que mettre en avant des : « [...] schémas simplistes permettant de maîtriser à peu de frais la complexité des sociétés et de leur histoire [40] ». Le second, Michel Crozier, dit ses réserves vis-à-vis de : « [...] divers courants interactionnistes, goffmaniens et ethno-méthodologiques. Ayant découvert le jeu complexe des stratégies interpersonnelles d'acteurs en situation, les auteurs se sont polarisés sur elles au point d'oublier totalement les organisations [41]. »

Raymond Boudon, dans ses divers ouvrages, développe une réflexion centrée principalement sur les comportements individuels. Pour l'auteur de *L'Inégalité des chances, la mobilité sociale dans les sociétés industrielles,* les rapports interactifs aux autres, compte tenu des contingences économiques mais, plus encore, sociales, passent par des stratégies personnelles de meilleur choix de l'*homo sociologicus.* Ce dernier est proche et distinct de l'*homo œconomicus* du fait de son ambiguïté plus grande tout autant que de son intériorisation de valeurs qui brouillent tant soit peu le pur calcul économique et rationnel. *La Logique du social* confronte l'intentionnalité d'actions individuelles, en toute bonne foi, aux effets inattendus, pervers, préjudiciables à l'intéressé et à l'ordonnance des environnements sociaux qu'elles peuvent induire [42]. L'auteur poursuit les travaux de Friedrich von Hayek et de

Karl Popper et se prévaut de l'individualisme méthodologique, courant sociologique où est argumenté, au-delà des agrégations sociales incontournables, le pivot central, premier et fondamental : l'action individuelle.

Plus concerné par le lien social, encore que ce dernier ne peut être obéré même chez les partisans les plus radicaux de l'individualisme, les recherches de Michel Crozier de par leur focalisation sur les domaines de l'organisation et de l'entreprise ne sauraient éviter ce questionnement. Dès *Usines et syndicats d'Amérique,* son premier ouvrage personnel, l'attention porte non pas tant sur les individus et leurs interactions immédiates que sur les environnements et les régulations associées à leur position dans le système économique et social. La perspective est macroscopique. Elle retient les manières et les procédures qui encadrent le lien social dans le contexte des processus de production. La présentation des législations, des chartes, des organisations syndicales, des conventions collectives, des négociations, etc., permet de restituer le cadre des activités et des échanges propres au travail humain dans les particularités qui sont les siennes aux États-Unis. Elle s'ouvre sur le devenir : « […] la possibilité de détourner au moins une majorité d'Américains de la civilisation égoïste dont ils sont les esclaves vers la civilisation libre et démocratique du "common man" qu'avait annoncé Roosevelt. Lentement et maladroitement, mais quand même dans la bonne direction, les syndicats contribuent à l'œuvre [43]. » De retour en France, c'est vers des petits fonctionnaires et des employés de bureau, dans différentes entreprises de service, que le prisme, plus microsociologique, se porte. Le paradoxe tient à ce que ces enquêtes hypothético-déductives s'inscrivent

dans la thématique de la conscience de classe. Ce référentiel ne transparaît pas dans les propos recueillis
par l'auteur lors des entretiens alors que s'imposent
pourtant des insatisfactions face à l'organisation et à
son fonctionnement. Cette situation charpente les
orientations théoriques de Crozier : celles présentées
antérieurement, attentives au changement nécessaire
pour assurer la pleine liberté des individus, et la
subordination de cette liberté à des structures organisationnelles et systémiques qu'il s'agira de modifier
plus que de transformer radicalement. Il ne convient
cependant pas, pour autant, de minorer l'action collective à l'avantage de l'action individuelle mais plutôt de faire la passerelle entre l'imparable poids, et en
particulier dans le cadre de la société française, des
pesanteurs organisationnelles avec les marges d'autonomie et de liberté que se crée l'acteur social[44].

La littérature sociologique nord-américaine est alors
relativement peu traduite en France. Cependant les
travaux de Robert K. Merton et de Peter M. Blau de
l'université de Columbia, ceux d'Elton Mayo de l'université de Chicago ou ceux de James C. March et Herbert Simon du Carnegie Technological Institute de
Pittsburgh sont connus et appréciés[45]. L'importance
des réseaux comme moteur de la vie sociale, les rapports d'interactions et de pouvoir stratégiquement
négociés en regard du système et des finalités visées
par l'individu constituent autant d'éléments résultant
de cette littérature. Des enquêtes de terrain effectuées
dans de nombreuses organisations sont prises en
compte et réinterprétées. Dans une première partie
de *La Société bloquée* intitulée : « Les nouvelles données
du lien social dans les sociétés avancées », la question
du pouvoir, des processus sociaux et de l'innovation

qu'ils devraient impliquer est présentée comme centrale, en particulier face au conservatisme :

> « Chaque participant, au sein d'une organisation ou d'un ensemble organisé ou à la limite d'une société, dispose de pouvoir sur le système dont il fait partie et sur les autres membres de ce système, dans la mesure où une situation stratégique favorable, en ce qui concerne les problèmes qui commandent le succès de l'organisation, lui donne des moyens de pression. Mais il se trouve en même temps limité, du fait de l'existence de règles du jeu qui restreignent l'usage qu'il peut faire de ses atouts[46]. »

Le lien social est compris et inclus dans ces processus relationnels où ressortent beaucoup plus les dynamiques antagoniques et négociés par les acteurs en présence dans des jeux prédéfinis porteurs de lien. Celui-ci peut apparaître comme moins crucial dans les travaux de Crozier que la réflexion centrée sur le jeu systémique et la rationalité limitée. Les pratiques et les représentations du lien social, centrées d'abord sur la libre possibilité d'initiative des individus, s'en ressentent d'autant.

Dans la logique des travaux croziériens, la société française apparaît ainsi comme une bureaucratie centralisatrice et rigide, trait propre aux institutions et aux organisations de tout ordre (dominantes ou oppositionnelles) hostiles aux changements et au libéralisme. Ces critiques récurrentes seront, suivant les circonstances, assignées à d'autres contextes nationaux[47]. Le paradoxe est que ce sont les caractères les plus rigides plutôt que les plus labiles, développés par l'École de Chicago, qui seront retenus par ces sociologues français.

Mouvements sociaux et sujets

L'aliénation et la réification de l'homme au travail dans les conditions du XIXᵉ siècle, telles que l'analyse socialiste et marxiste des processus de production les ont développées, implique peu de questionnements sur les rapports interpersonnels. Les liens propres, *in situ*, associés à la réalisation de tâches contraignantes et de plus en plus parcellisées ont été, dans un premier temps, peu étudiés. Cependant cette perspective a retenu l'intérêt, bien compris, d'entrepreneurs et d'industriels. Dans certains secteurs de la production ils sont confrontés à des ouvriers hautement qualifiés, les «Sublimes», dont les compétences sont indispensables à la réalisation de travaux à caractère artisanal et dont la connaissance de leurs humeurs pouvait ne pas être inutile[48]. Leur résorption, sinon leur disparition, laisse, le plus souvent, place, au XXᵉ siècle, à la figure et aux tâches de l'ouvrier spécialisé. Pour la grande industrie taylorisée et fordienne, il n'y a plus ou peu à s'interroger sur les attentes et valeurs de ces exécutants interchangeables si ce n'est de répondre à leurs nécessités salariales.

L'organisation scientifique du travail théorisée par Frederick Winslow Taylor vise à instaurer non tant des rapports interactifs entre les exécutants que d'abord les conditions les plus aptes à accroître la productivité du travail humain. «*L'art de la direction* peut être défini comme suit : "Avoir une connaissance exacte de ce que les membres du personnel doivent faire, et l'ayant, s'assurer qu'ils exécutent le travail de la façon la meilleure et la plus économique"[49]. » Cette absence voulue de relations interindividuelles autres que celles assignées par les tâches à exécuter correspond au stade de la mécanisation des chaînes de fabrication. Les liens sont ceux — à forte dominante profession- nelle, transmis et contraignants — des normes et des règlements impératifs qu'énoncent, supervisent et sanctionnent les personnels d'encadrement. Le lien est antagonique entre les uns, les salariés, et ceux qui les rattachent sinon les attachent aux structures normées du système de production, les contrôleurs.

Le saut qualitatif correspondra à l'attention ulté- rieure accordée aux relations internes pouvant éma- ner de la réalisation des fonctions. La psychologie sociale, l'économie et l'anthropologie sont appli- quées au travail dans le cadre de diverses expérimen- tations et observations. Les analyses effectuées, sous la direction d'Elton Mayo, à la Western Electric Com- pany, entreprise située à Chicago, marquent la prise en compte croissante de données précédemment igno- rées sinon combattues au nom de l'efficacité d'une organisation dite scientifique. Il apparaît que les liens interpersonnels qui s'élaborent dans le contexte de l'entreprise ont des dimensions non seulement pro- fessionnelles et techniques, mais qu'elles se rattachent également, en interaction avec cet environnement, au spectre étendu des comportements séculiers, humains et sociaux[50].

Ces travaux, réalisés à la Western Electric, incitent à l'élaboration ou à la confirmation de nombreux dérivés. Ceux-ci : les relations humaines, le manage- ment, la sociologie industrielle et des organisations s'attachent aux interactions, aux logiques et aux com- portements non normés par l'incitation financière et spécifique de la fréquentation des exécutants dans le cadre même de la réalisation de leurs tâches. Ils éma- nent de réflexions et d'études dont la mise en place ne s'inscrit pas moins dans une finalité intéressée :

l'amélioration des rendements dans des contextes techniques en cours de transformation. Dans les cadres propres aux différentes sociétés industrielles, observateurs et chercheurs étudient et argumentent ce qui devient entre autres la sociologie du travail en France, la psychosociologie et la sociologie industrielle aux États-Unis[51].

Tout en se tenant à distance de ces études nord-américaines, sans en occulter l'importance, les sociologues français du travail prennent et interpellent, à l'heure de la seconde moitié du XXe siècle, les concepts du matérialisme historique ou plus généralement de la littérature sociale et économique critique. Dans les années 1950-1960 une revue destinée à ces questions : *Sociologie du travail*, apparaît. Sont également publiés des manuels, des ouvrages théoriques et des résultats issus d'études de terrain. On peut évoquer, en guise d'illustration, tant des auteurs comme Pierre Naville aux références marxiennes que Georges Friedmann, plus proudhonien[52].

La problématique du premier s'intéresse plus particulièrement aux conditions de l'aliénation technique contemporaine dans le contexte d'une automatisation croissante des procès de travail. Le second, sans en obérer l'importance, centre son attention sur les pratiques et les valeurs qui, en dehors d'un travail routinier et pauvre en lien, ressortissent à la vie privée, aux loisirs et à la consommation. Elles participent, *nolens volens*, à compenser les pénibilités et la réification des temps et des conditions qui sont celles des productions industrielles.

Sociologie de l'action

Alain Touraine, sans hypostasier le travail comme déterminant essentiel, ne le situe pas moins comme « la condition historique de l'homme, c'est-à-dire l'expérience significative, ni naturelle, ni métasociale, à partir de laquelle peuvent se comprendre les œuvres de civilisation et les formes d'organisation sociale[53] ». La sociologie de l'action, la méthode actionnaliste propre aux premiers travaux de l'auteur, c'est d'abord « l'étude de l'action historique, c'est-à-dire définie par le travail ». La prééminence de ce concept correspond aux dynamiques qui traversent des sociétés industrielles façonnées par la révolution industrielle, le progrès technique, l'urbanisation, le salariat, et vivant alors l'épiphanie des Trente Glorieuses. Une scansion en trois périodes, dans la monographie traitant du travail ouvrier aux usines Renault de Billancourt, s'en fait l'écho : celles de l'artisanat, du travail à la chaîne et des nouvelles conditions techniques et organisationnelles qui s'affirment dans la deuxième moitié du XXe siècle[54]. Dans ce schéma on peut situer la place et l'importance données au lien social et ce suivant différentes phases. Pour la première, celle des compagnons, la compétence instaure une autonomie vis-à-vis des conditions sociales du contexte de la production. Ce professionnel n'en est pas moins acteur de par des qualités qu'il partage, peu ou prou, telles que l'habileté, l'expérience, l'ancienneté, les rites spécifiques. Ces données produisent du lien non seulement entre pairs mais également en résonance possible avec les hiérarchies tout autant que dans les circonstances propres à l'habitat : quartiers ou cités et aux diverses formes de sociabilités.

Pour Alain Touraine, ces éléments sont propres à une conscience prolétarienne.

Dans la deuxième phase, la perte de qualification correspond à l'introduction du système taylorien constitué d'opérations simples, parcellaires, standardisées et d'une organisation stricte. Il réduit le champ du métier, de l'initiative et, par là, de l'autonomie. Les liens sociaux spécifiques à l'échange et à l'appréciation des compétences se distendent. La conscience prolétarienne, l'idée d'un pouvoir ouvrier posant le principe d'identité mais en l'inscrivant dans une dialectique de transformation et de totalité s'étiolent. Le lien social se construit autour d'une solidarité non plus de métier mais de la condition subie sinon de classe et d'opposition aux détenteurs des moyens de production. Des relais collectifs et organiques, syndicats et partis ouvriers, portent ces valeurs et mettent en place des pratiques et des liens sociaux adéquats à leurs finalités revendicatives et/ou radicales. La troisième phase, celle qui se développe de manière conséquente dans les secteurs de l'industrie et du tertiaire, avec l'introduction, en particulier, des machines automatiques, ne repose plus, ou moins, sur les qualités et les conditions des stades antérieurs. Les fonctions assignées sont d'enregistrement, de contrôle, de responsabilité plus que de fabrication. Le rôle social dans le système prévaut sur la capacité et l'autonomie professionnelle ou sur la tâche parcellaire. L'exemple de l'industrie chimique en est un des cas types[55]. Le lien n'est plus principalement endogène, associé au poste. Il s'élargit à l'équipe et à la double entité constituée du « travail dans son unité, qui est sociale, [et] d'autre part, l'ouvrier considéré dans l'ensemble de ses rôles sociaux et de sa personnalité[56] ».

Dans les deux dernières phases, et en regard de leurs spécificités, s'exprime une conscience ouvrière, manifestation du sujet historique : « [...] elle est le sens, le mouvement des rapports de travail à travers lesquels le travailleur cherche à affirmer et à atteindre sa liberté[37]. » Elle se schématise autour d'un principe en triangulation d'identité, d'opposition et, en sortie, de totalité. Le premier exprime la conscience de soi, le deuxième, la conscience de l'adversaire, le troisième, l'appréhension du champ et des enjeux sociohistoriques. Des liens émanent de ces moments de compréhension du monde, liens individuels et collectifs entre ceux qui partagent un même processus d'identification statutaire, une relation oppositionnelle sur le plan socioprofessionnel et une tension de transformation.

Le modèle touranien s'avère plus que pertinent, au constat des mutations de la société postindustrielle, de la montée de nouveaux acteurs et de la crise de conscience du mouvement ouvrier[58]. Il s'élargit pour être à même d'analyser les capacités d'action de la société dans le processus de production de l'historicité, de totalités transformatrices et de dynamiques porteuses de sens. La société postindustrielle d'information et de communication développe une large perspective de transformation. Les mouvements sociaux définis comme «conduites socialement conflictuelles mais aussi *culturellement orientées*[59] » se confrontent autour de l'enjeu de l'historicité, production de la société par elle-même. Ce système d'action ne se présente pas dans un cadre eschatologique mais comme une alternative d'opposition et de lutte dans un espace-temps circonstancié. L'auteur insiste sur les capacités autoréflexives de ces mouvements à se produire par eux-mêmes. Dans leur saisie du sens des rapports sociaux, ils sont implicitement producteurs tant de liens adhésifs, « coalescents » autour de cette capacité à se faire être et représenter que de trames et de liens sociaux fonctionnant à l'antagonisme. Ces interactions sociales peuvent prendre les traits de la négociation, de la rupture et plus généralement des stratégies appropriées aptes à mettre en action les acteurs historiques et l'historicité dont ils sont porteurs. L'attention, dans ce dispositif interprétatif, vise plus les niveaux intermédiaires que les fonctions et les structures auxquelles elle dénie des capacités heuristiques. La question du lien social et de ses composantes émerge, dans les conditions de la société dite programmée, d'un processus interactif capable de distendre les opacités : illusion universaliste, activisme, principes identitaire, politique ou corporatiste qui brouillent la perception par le mouvement de son potentiel historique.

« L'intervention sociologique » prônée et conduite par ces chercheurs, dont en particulier Michel Wieviorka et François Dubet, auprès de représentants de ces mouvements doit faciliter, dans une première phase, l'expression du groupe-figure. Par une conversion résultant de l'intervention externe, dans un second temps, le groupe-analyste extrait l'interprétation, l'enjeu culturel, le niveau le plus élevé des capacités du mouvement. Les liens tant entre acteurs et entre ceux-ci et les intervenants se doivent d'éviter les biais d'implication afin de favoriser l'autoanalyse et se dégager des *a priori* et des préconceptions naturalistes propres à leurs situations et aux valeurs ordinairement normées. Ces dispositifs sont mis à l'épreuve des faits dans les années 1970-1980. L'arc de leurs terrains est large et correspond à l'appréciation touarinienne des mutations et des mouvements sociaux que produit la société. Il concerne, entre autres, tant les mouvements régionaux que ceux d'étudiants, de féministes ou d'écologistes. Peuvent y être lus des moments de structuration/déstructuration de liens sociaux. Les traits dominants de ces derniers sont des valeurs d'affirmation, d'alliance et d'opposition dans la complexité des enjeux historiques et culturels concernés.

La dernière décennie du XXe siècle, marquée par le dépérissement des mouvements antérieurs, conduit Alain Touraine à inscrire de manière plus effective la place du sujet et du processus de subjectivation de soi dans son analyse. L'acteur contemporain serait celui qui est le sujet de ses actes et de sa propre vie, références latentes à l'existentialisme sartrien. « Les étapes de la subjectivation consistent à rompre de plus en plus les liens, affirmés dans le passé, entre l'intégration sociale et la construction de l'individu[60]. » La multiplicité des liens potentiels dans ce contexte ne favorise pas naturellement l'expression et la liberté. Touraine n'adhère cependant pas aux thèses assertant la société de masse et la réification croissante. Il maintient les possibilités d'intervention et de changement que des liens d'identification et de conflictualité permettent. Quand bien même, comme dans un nombre conséquent de travaux de sociologues et d'intellectuels de ces années, la place de l'individu deviendrait de plus en plus centrale et que lui-même y soit sensible, les mouvements sociaux ne sont pas pour autant remisés. Le sociologue établit une différence entre ceux qu'il qualifie de proprement sociaux et ceux qu'il qualifie de culturels. Les premiers adhèrent à la culture de la société dans laquelle ils se situent alors que les seconds, les plus nouveaux et les plus novateurs, s'inscrivent dans des perspectives de transformation aptes à induire un langage culturel et moral et non plus économique : «Aujourd'hui [...] je lie le social plus fortement à l'ordre culturel qu'à l'économique[61]. » Les liens que portaient les mouvements antérieurs, constitutifs du sujet, peuvent, sous d'autres formes et d'autres enjeux que le champ économique et politique, effectivement permettre une expression du/des subjectivations. La différence l'emporte sur la finalité. Il donne en exemple les mobilisations de sans-papiers, de femmes, d'homosexuels ou d'écologistes : «Nous ne voulons pas vivre dans un monde meilleur demain, mais dans un monde différent, aujourd'hui[62]. » Les conditions du vivre ensemble tiendraient à l'interdépendance des valeurs que sont le Sujet, la communication et la solidarité construisant des liens entre les univers instrumentaux et symboliques et évitant ainsi les dominations du marché ou du communautarisme[63]. Le dispositif interprétatif tourainien est sensible aux liens individuel/collectif. La prééminence récente qu'il donne au Sujet pourrait, cependant, nuire aux qualités intrinsèques d'une sociologie de l'action, des mouvements sociaux — et culturels — en la rabattant sur les appréhensions courantes du moment propre, entre autres, à la microsociologie, sinon à l'individualisme *per se*.

Habitus et structure

Pierre Bourdieu embrasse un ensemble vaste de questions afférentes aux sciences sociales. On ne peut présenter les analyses multiples concernant des domaines aussi divers que, par exemple, les problématiques touchant aux domaines de la philosophie, de l'économie, de l'art, des usages populaires, de l'éducation, de la culture, du féminisme, etc. Ces travaux s'inscrivent dans un structuralisme à connotation post-marxiste, génétique, porteur de valeurs héritées et non produites par les individus. Il s'assigne, dans les divers champs étudiés, à circonscrire et mettre au jour les rapports sociaux, les pratiques et les habitus qui tranent la vie sociale. Les connotations socioéconomiques sont, dans cette analyse, parmi les facteurs déterminants des comportements. L'individu et les individus ne disposent pas de liberté mais sont investis par les cadres socioéconomiques dont ils relèvent de par leur positionnement dans la structure sociale. Les idéologies dominantes sont, paraphrasant implicitement le Karl Marx de *L'Idéologie allemande*, celles de la classe dominante, en l'occurrence celles de ceux qui maîtrisent le système économique, les rapports de production et qui de façon explicite ou le plus souvent latente en expriment et formulent les modalités de fonctionnement. Cela recoupe des thèses gramsciennes quant à l'instauration mais plus encore à la perpétuation de rapports de forces et d'assujettissement induits par la répartition des rôles et des statuts économiques et, en particulier, à leurs effets dans l'ordre symbolique. Dans cette grammaire, la part décisionnelle revient aux acteurs détenant des capacités capitalistiques. Cette donnée on en retrouve la prégnance dans l'utilisation générale par Bourdieu du terme capital pour désigner non seulement sa nature première, financière, mais ses dérivations objectives vers l'ensemble des données et des variables sociales, culturelles et cognitives. Au capital économique sont agrégés les capitaux symboliques des domaines de l'éducation, du goût, de la culture, au sens le plus large, comme le donne à lire l'ouvrage *La Distinction, critique sociale du jugement*[64]. De fait Pierre Bourdieu a élargi de manière radicale ce qui dans les vulgates marxiennes ne s'adressait, sinon essentiellement du moins principalement, qu'aux champs des rapports et des constituants économiques, considérés comme premiers et décisifs et donc renvoyant peu ou prou les autres secteurs de l'activité humaine dans les dérivations de cette instance. Cela continue à prévaloir pour un certain nombre d'auteurs dont l'attention est quasi exclusivement portée au pan de l'économie au détriment d'autres secteurs qui, de toute façon, dépendraient en dernier ressort de celui-ci. Le mérite de Bourdieu aura été, tout en s'attachant à cette *doxa*, de ne pas y circonscrire et limiter ses analyses mais de décliner des conjugaisons dans les secteurs les plus divers par le biais de concepts comme ceux de capital symbolique, capital culturel, capital scolaire, etc.

De manière latente se voit, en filigrane, l'influence des courants idéologiques et théoriques forts du moment. Il s'agit du regain de l'existentialisme avec, entre autres, *La Critique de la raison dialectique* et l'importance donnée, dans cet ouvrage écrit à la fin des années 1950 par Jean-Paul Sartre, à la question du sujet et à la praxis. Cette résurgence n'est pas étrangère aux événements de 1968. Les thèses de l'auteur de *L'existentialisme est un humanisme* (« L'homme est d'abord un projet qui se vit subjectivement [...] en me choisissant, je choisis l'homme[65] ») entrent en collision potentielle avec la reconnaissance et la diffusion, dans les années 1960, des champs divers du structuralisme. L'importance donnée aux systèmes et à leurs règles pourrait conduire, comme contradictoirement avec les positions sartriennes, à une éventuelle fin prochaine d'une certaine conception de l'homme, celle de la pensée classique, figure humaine archéologique s'effaçant « [...] comme à la limite de la mer un visage de sable[66] ». La logique de ces analyses porte sur les rapports qu'induisent les contingences et les conditions structurelles. Jusqu'au milieu des années 1980 la marge d'autonomie de l'individu apparaît, pour beaucoup, du fait de la prégnance des structures, comme faible, ou résiduelle. Celui-ci se présente comme le simple agent de données le subsumant.

Or, à la suite de Sartre et s'agissant du sociétal et de son historicité, Pierre Bourdieu considère comme une donnée implicite l'expérience des classes sociales et plus précisément du prolétariat. Les attentes que ce dernier avait suscitées, au XIXe siècle, en tant que sujet historique porteur du devenir — et auquel Georg Lukács attribuait la mission historique de transformation radicale du lien social — ou, dit dans le contexte sémantique de l'époque, de résorption de la société de classe en sont la clé. En l'absence, dans la seconde moitié du XXe siècle, de manifestation tangible de cet acteur, le prolétariat, et de la tâche que les marxistes et les idéologues proches du marxisme lui attribuaient, l'auteur des *Héritiers* va, de ce fait, s'attacher aux contingences structurelles plus qu'aux dynamiques de transformation. Il travaille ou du moins apparente plus ou moins explicitement ses analyses à certaines des thèses sur la réification, sinon sur la fausse conscience, présentées par les philosophes et les sociologues regroupés autour de l'École de Francfort : critique de l'unidimensionnalité, de l'idéologie du progrès technique et social, de l'asservissement, voire de l'assentiment aux conditions édictées et subtilement distillées par les rouages des sociétés contemporaines. Dans cette logique où prévalent plus la négativité que les apories d'un éventuel devenir, le lien social, chez Pierre Bourdieu, ne sera évoqué et éventuellement interpellé qu'en deçà des conditions de cette modernité, ou aux marges de celle-ci, dans ses derniers travaux. Pour quelques-uns, les conservateurs, les folkloristes, les traditionalistes, le lien social renvoie à une époque immémoriale. Pour la plupart, il évoque des lendemains attendus avec, dorénavant, moins de convictions.

Ces espérances apparaissent d'autant plus utopiques que les quelques réalisations effectives prétendant à la transformation radicale des rapports sociaux, dont la disparition des rapports de domination et d'exploitation, n'ont témoigné, dans les expériences du socialisme réel des pays de l'Est ou dans ces années où la gauche française détenait les rênes du pouvoir, que de capacités limitées. Elles explicitent et donnent à voir, en particulier dans la sphère soviétique, la reproduction, au bénéfice de couches bureaucratiques, de scribes et de nomenklaturistes, des rapports de domination de certains sur le plus grand nombre. Le lien social pris dans son sens de solidarité, de rapport partagé et réciproque resta, dans ces contextes, du domaine de l'intention.

Dans cette disposition théorique et idéologique, la question du lien social est inopérante, sinon incongrue. Dans les ouvrages de Bourdieu, le terme de « lien social » ne figure pas dans les divers index mis en place par l'auteur ou du moins réalisés sous sa gouverne. On en retrouve cependant des occurrences latentes au travers de notions et de développements analytiques. Ainsi, par exemple, de la notion d'habitus. Elle participe à désigner des rapports et des attitudes communes, préformées à certaines catégories. Par là, elle implique imparablement de la sociabilité, du lien social entre ceux qui en relèvent et qui se trouvent inscrits dans un habitus par exemple de classe, de hiérarchie, de catégories, etc. La pensée critique bourdieusienne présente des analyses et des déconstructions de forces et d'enjeux sociaux présents et en action dans des contextes tels que, par exemple, l'éducation, les rapports hommes-femmes ou la réception des œuvres culturelles. Elle a pu et elle a su dégager les catégories et les classements distribuant et reproduisant spécifiquement les cultures savantes et les cultures populaires. Dans ces contextes particularisés, elle met au jour de manière explicite les liens que des appariements connotés économiquement et socialement produisent. L'attention de l'auteur a cependant porté d'abord sur les effets sociétaux de ces classements, en termes de pratiques et de représentations et de manière centrale sur les valorisations que celles-ci imputent et induisent pour les agents concernés. L'analyse permet de mettre au jour les processus de domination masqués tant par l'affabilité normative des instances démocratiques que, plus encore, par l'aliénation et par la cécité des agents insensibles aux pressions dont ils sont les jouets et choisissant la quiétude d'une non-réflexivité de leurs propres conditions. La question du lien social n'est, dans ce dispositif, pas au centre de l'interrogation comme elle peut l'être chez certains des contemporains de Bourdieu, par exemple Michel de Certeau. Ce dernier est attentif au lien social en soi ou, du moins, aux autonomies réactives mises en place dans le contexte même de la domination par des agents devenant acteurs du peu, braconniers du quotidien[67].

La notion d'habitus, transversale à l'œuvre, implique cependant une capacité à instruire, même si le terme n'est pas énoncé de crainte d'un retour du subjectivisme, des conditions objectivement propices à du lien social : «L'homogénéisation objective des habitus de groupe ou de classe qui résulte de l'homogénéité des conditions d'existence est ce qui fait que les pratiques peuvent être objectivement accordées en dehors de tout calcul stratégique et de toute référence consciente à une norme et mutuellement ajustées *en l'absence de toute interaction directe* et, *a fortiori*, de toute concertation explicite[68]. » Les conditions de lien social s'expriment par les conditions propres aux modalités de maintien de l'habitus. «Par le "choix" systématique qu'il opère entre les lieux, les événements, les personnes susceptibles d'être *fréquentés*, l'habitus tend à se mettre à l'abri des crises et des mises en question critiques en s'assurant un *milieu* auquel il est aussi préadapté que possible, c'est-à-dire un univers relativement constant de situations propres à renforcer ses dispositions en offrant le marché le plus favorable à ses produits[69]. » Le Pierre Bourdieu réservé face au subjectivisme et à l'interactif entre individus n'en postule pas moins des structurations propres aux spécificités des habitus, des accordements et des socialisations, sinon des liens sociaux non volontaires mais de nature et en corrélation au positionnement de groupe ou de classe. Il est plus précis lorsqu'il indique : «L'habitus n'est autre chose que cette loi immanente, *lex insita* inscrite dans les corps par des histoires identiques, qui est la condition non seulement de la concertation des pratiques mais aussi des pratiques de concertation[70]. »

Au-delà de ce que l'on pourrait entendre comme une fétichisation de la notion d'habitus, celle-ci n'en procède pas moins, à mots couverts, des caractères d'un processus de socialisation précis, dans ses usages et ses interdits. S'y traite du lien social entre commensaux d'un même habitus. L'écueil à éviter et auquel se tient Bourdieu, et qui justifie ce recours à une objectivation dure des démonstrations analytiques, c'est le laxisme d'un psychologisme individualiste et proto-idéaliste dans ses multiples variantes, qu'il s'agisse de référentiels assignés au kantisme, à l'existentialisme sartrien en passant par les divers interactionnismes. Comme il l'indique, les luttes symboliques de voisinage, de très proche proximité peuvent être plus décisives et irrémédiables que celles qui concerneront une classe plus large et les antagonismes l'opposant à des entités de même ordre. Les dissensions entre, par exemple, aîné/cadet, légitime/bâtard, statut/hors statut, etc., pourront être d'autant plus radicalement offensantes qu'elles mettent en branle des convergences et des similitudes de capital symbolique : « [...] c'est n'importe quelle propriété [...] lorsqu'elle est perçue par des agents sociaux dont les catégories de perception sont telles qu'ils sont capables de la connaître (de l'apercevoir) et de la reconnaître, de lui accorder valeur[71]. » Ces circonstances, somme toute aléatoires pour un observateur, produisent des modalités de rapports sociaux, de contre-lien social qui, dans la proximité essentielle et pour cela même, sont irréfragables.

La réflexivité dont ne se départ pas Bourdieu dans ses analyses sur le social concerne également le processus même de production de ses travaux sociologiques, les conditions scientifiques de leurs énonciations et de leurs validations, propositions et positions potentiellement iconoclastes : « La science la plus sensible aux déterminismes sociaux peut en effet trouver en elle-même les ressources qui, méthodiquement mises en œuvre comme dispositif (et disposition) critique, peuvent lui permettre de limiter les effets des déterminismes historiques et sociaux[72]. » C'est à quoi devrait s'attacher le sociologue. Cette position échapperait partiellement aux ethno-méthodologues du fait que, s'ils sont avertis que le monde social est construit, ils

n'en oublient pas moins de préciser et d'analyser le
fait « [...] que les constructeurs sont eux-mêmes socialement construits et que leur construction dépend
de leur position dans l'espace social objectif que la
science doit construire[73] ».

Le déterminisme objectiviste scientifique que vise,
malgré tout et toutes précautions prises, l'auteur de
La Distinction n'est pas moins effectif même s'il est
resitué dans le cadre de l'irrémédiable relativisme qui
autorise et produit tel discours à tel moment et dans
tel contexte. Des invariants, des lois « scientifiques »
doivent ou devraient subsumer les contingences.
C'est le pari risqué d'une démarche qui, tout en tra-
quant les obstacles nombreux et variés à l'appréhension du réel social, refuse ou est fortement réticente
à concevoir qu'elle puisse être associée plus aux
sciences apodictiques qu'aux analyses interprétatives.
Les résultats empiriques ne sauraient, sinon au risque
d'un biais « idéaliste », être résolutifs si ce n'est, à
notre sens, et cela est loin d'être négligeable, dans un
espace-temps, une contextualité circonscrite, circonstancielle et explicitement assumée.

Cependant le propos n'est pas d'analyser les effets
singuliers, ce que soulèvent et critiquent de nombreux commentateurs et chercheurs proches, à un
moment ou à un autre, de cet auteur. Ainsi, par
exemple, s'agissant de l'art contemporain, de la posture jugée « tautologiste » de Bourdieu qui réduirait
l'œuvre à, entre autres, sa matérialité et aux positions
de classe de l'artiste[74], voire à en ignorer les singularités[75]. Dans une autre perspective, mais partant d'un
constat de départ relativement peu éloigné, les travaux sur les « régimes d'action » mis en forme par Luc
Boltanski et Laurent Thévenot participent à desserrer
l'étau des contraintes pour analyser les registres et les

modalités de justification et de compromis entre acteurs[76]. Craig Calhoun, quant à lui, souligne l'insuffisante attention portée à la nature des médiations, à la constitution des acteurs et aux modes de coordination sans pour autant faire de cette remarque une critique fondamentale[77].

Pour Bourdieu, il s'agit de mettre au jour le fonctionnement structurel qui est à la base des agencements. En aval sont situés et se situent les individus, dont leurs rapports interpersonnels :

> « Les schèmes de l'habitus, formes de classification originaires, doivent leur efficacité propre au fait qu'ils fonctionnent en deçà de la conscience et du discours, donc hors des prises de l'examen et du contrôle volontaire : orientant pratiquement les pratiques, ils enfouissent ce que l'on appellerait à tort des *valeurs* dans les gestes les plus automatiques ou dans les techniques du corps les plus insignifiantes en apparence [...] la science sociale [...] cherche dans les distributions objectives des propriétés, en particulier matérielles [...] le fondement des systèmes de classement que les agents appliquent à toutes choses, à commencer par les distributions elles-mêmes. [...] Les structures cognitives que les agents sociaux mettent en œuvre pour connaître pratiquement le monde social sont des structures sociales incorporées[78]. »

Cette appréhension du social et la théorisation qui en est faite conduisent à considérer que les propriétés actives et autonomes des agents sont largement hors des prises de l'examen et du contrôle volontaire. Les modalités de distribution des différents types de capital influent sur les potentialités du libre choix et sur la disponibilité de l'individu.

Ce faisant, Pierre Bourdieu se confronte directement aux thèses idéalistes et monistes qui prévalent et qui, comme il l'expose, occupent, naturellement, la scène historique à laquelle elles correspondent structurellement. Les rites d'institution dressent implicitement et explicitement les comportements non seulement dans l'officialité dont ils savent se parer, mais dans la minutie dont ils relèvent en tant que passeurs des habitus dont ils émanent et qu'ils structurent. « En lui imposant solennellement le nom ou le titre qui le définit [...] ces actes de magie performative permettent et enjoignent au récipiendaire à la fois de devenir ce qu'il est, c'est-à-dire ce qu'il a à être, d'entrer, corps et âme, dans sa fonction, c'est-à-dire dans sa *fiction sociale*, d'assumer l'image ou l'essence sociale qui lui est conférée [79]. » Le titre, le diplôme, etc., impliquent l'incarnation de l'agent, sa reproduction des usages et sa contribution à la perpétuation de « l'image ou l'essence sociale » qui lui est allouée.

C'est ici que se situent les interactions, le lien social, les conditions permettant à l'agent de pouvoir justifier de sa présence existentielle, sinon de fins eschatologiques. L'épuisement du divin comme heuristique transmet l'office et les officiants à la société dans ses constituants établis, ses institutions et ses habitus. Elle seule serait capable de donner du sens. L'individu est agi, le lien social est préétabli par les ordonnancements des habitus. Les pratiques n'en occupent pas moins une place incontestable, et éventuellement réversible, dans les analyses de Bourdieu : « La circularité qui préside à sa [l'habitus] formation et à son fonctionnement rend compte, d'une part, de la production des régularités objectives de comportement et, d'autre part, de la modalité des pratiques reposant sur l'improvisation et non sur une exécution de règles[80]. » La difficulté réside dans la dialectique : « [...] celle de la façon dont peuvent être conciliées une approche de type structurel [...] et une approche d'allure phénoménologique susceptible de restituer aux objets le sens qui est le leur selon l'usage qui en est fait, en tant qu'il est lui-même constitutif de leur mode d'existence sociale, cela en passant par la relation que les acteurs entretiennent avec eux, c'est-à-dire, dans le langage de Pierre Bourdieu, par la *pratique*[81]. » Cette dernière ne s'en attache pas moins aux causalités et aux modalités avant que de scruter les formalisations et les performances. Toutes choses égales par ailleurs, une difficulté de cet ordre, concernant les relations entre infrastructures et superstructures, traverse l'œuvre de Karl Marx. Pour ce dernier, il importait de s'attacher d'abord aux structures fondatrices plutôt qu'aux versatilités interactionnelles qu'elles opéreraient.

On pourrait considérer que cette appréhension du social était comme implicite, qu'elle n'avait pas eu d'occasion d'expression dans le cadre du silence et de l'atonie de la critique associée aux années mitterrandiennes. Ces décennies ont été marquées, du moins pour un certain nombre, par le fait que le Prince appelle et essaie d'attirer autour de lui comme conseillers et comme experts ceux-là mêmes qui, antérieurement, se rattachaient, peu ou prou, aux intellectuels « critiques » qui alimentent et argumentent la dénonciation des appareils idéologiques d'État, des systèmes panoptiques de surveillance, ainsi que des objets de la consommation et de la société du spectacle.

L'absence d'un sujet tant soit peu acteur social et non seulement agent socialisé sera sensiblement reconsidérée dans les années 1990. Cette thématique déclinée dans divers champs subit, avec les mouvements sociaux de l'hiver 1995, une nette modification. Parallèlement à ses travaux d'enseignement et de théorisation dans *L'Homo academicus*, Bourdieu se fait et se dit acteur engagé[82]. Les raisons et les raisonnements relevant de cette critique sociale et politique du monde universitaire étaient cependant latents dès les premiers ouvrages. « Ces dispositions restaient cependant maîtrisées, presque inhibées ou étouffées, et demeuraient dans les limites de l'écriture sociologique[83]. » Il n'en est plus de même dans la dernière décennie 1990-2000. Les nombreuses interventions associées aux mouvements sociaux du tournant du siècle positionnent le sociologue comme un des protagonistes incontournables de la scène publique. Ses implications sont plus qu'effectives auprès de catégories engagées dans des mouvements revendicatifs et protestataires. Cet intellectuel réfléchit et propose une socioanalyse des interventions dans le champ de l'expression de masse tout en réfutant l'illusion biographique. Cela d'autant qu'une telle situation, même en mai 1968, il l'avait pratiquée, si ce n'est de manière moins explicite. De ce contexte renouvelé témoignent non seulement ses multiples interventions mais l'apport qu'il donne en tant qu'intellectuel reconnu aux manifestations de protestation tout autant que, par exemple, la création d'une collection d'ouvrages à coût réduit et consacrés à des réflexions sur les mouvements sociaux et les enjeux des oppositions et des dénonciations. Encore faut-il distinguer ici, dans la mesure de l'impossible, ce qui relève *stricto sensu* le plus de l'œuvre sociologique et ce qui croise le savant et le citoyen, situation imbriquée où se présente un vaste domaine porteur de liens sociaux. Il concerne des rapports de proximité, de connivence, d'échange et de dons. Sont concernés les champs du disciplinaire et des débats théoriques entre collègues. Le sont également les échanges entre les représentants des mouvements sociaux et le chercheur, le sociologue. Cet «intellectuel collectif» communique les acquis de leurs recherches. La personne Bourdieu tient à éviter, dans le dialogue et dans les analyses, les pièges des accointances : celles du compagnon de route, de l'apparatchik, de l'expert. Le chercheur se veut passeur du dévoilement des opacités d'un conformisme politique revêtu de l'autorité scientifique[84].

C'est l'occasion d'extraire de la fatalité contextuelle des acteurs sociaux et non plus seulement des agents «qui, bien qu'ils soient les produits de la structure, font et refont sans cesse la structure, et peuvent même, sous certaines conditions structurales, la transformer plus ou moins radicalement[85]». S'attachant analytiquement à la nature des conditions pratiques d'expression et de capacité, des sujets, des acteurs collectifs apparaissent, décentrés par leur propre engagement et de leur propre volonté. Ils se disent et disent la scène sociétale et politique. Ainsi du mouvement des chômeurs qui, contre toute attente, en se mobilisant, font rupture avec le fatalisme de la sujétion politique. Ces années post-1995 ont été celles où, apparemment, l'auteur de *La Reproduction* perçoit le plus effectivement des possibilités de desserrer l'étau des dominations[86]. Peut-être s'agissait-il d'une embellie dans cet espace-temps spécifique. «La transgression symbolique d'une frontière sociale a par soi un effet libérateur parce qu'elle fait advenir pratiquement l'impensable[87].» Encore faut-il que les structures «soient elles-mêmes dans un état d'incertitude et de crise propre à favoriser l'incertitude à leur propos et la prise de conscience critique de leur arbitraire et de leur fragilité[88] ».

> « Une des dimensions fondamentales de l'aliénation réside dans le fait que les dominés doivent compter avec une vérité objective de leur classe qu'ils n'ont pas faite […] ils sont toujours exposés à devenir étrangers à eux-mêmes, à cesser d'être les sujets du jugement qu'ils portent sur eux-mêmes[89]. »

Pierre Bourdieu prend comme exemple de ce cas de figure la paysannerie. De fait celle-ci n'a pas à sa disposition ou que très peu d'intellectuels organiques ou d'intellectuels d'autres origines mais ralliés à ses intérêts au sens qu'Antonio Gramsci a donné aux notions de blocs historiques et de représentations sociales des catégories et des classes dans les processus de domination et de transformation. Ce manque de relais, ce qui n'était pas le cas pour la bourgeoisie, pour la noblesse ou pour l'Église, a fortement nui aux capacités du monde rural à mettre en place des valeurs capables de rivaliser avec celles des autres classes et, ici, dans le contexte symbolique et idéologique.

Le lien social apparaît donc comme un absent-présent de la vulgate bourdieusienne. Avec le recul, l'œuvre ne se présente pas moins, et sur un registre décalé, comme porteuse d'une interpellation où le lien s'est comme cristallisé sur le versant réflexif, sinon « autoscopique ». L'auteur a, sur le tard, serait-ce derrière les paravents des institutions, de leurs normes et de leurs rites, lié socialement et dialectiquement le sujet, lui-même, et ses déterminants objectifs en participant à la déconstruction de leurs artefacts[90].

À travers des penseurs et des disciplines, ces analyses montrent les résultats partiels, sinon les points
aveugles qui marquent les tentatives d'appréhension
du lien social dans les conditions qui prévalaient hier
mais également dans celles du proche présent.

TROISIÈME PARTIE

*Le lien social
au-delà des disciplines*

CHAPITRE 7

Le constat d'un manque

Les manières dont les idéologues puis les chercheurs voire les écoles sociologiques ont abordé le lien social conduisent à un double constat. Tout d'abord la relative absence du terme jusqu'à une date récente ne veut pas dire que le concept n'était pas présent chez tous ceux, de Rousseau à Durkheim, qui se sont penchés sur l'état de la société. Or, au xxᵉ siècle finissant, le terme de lien social apparaît en tant que tel avec d'autant plus d'insistance que la réalité semble se dissoudre. Les disciplines, retranchées dans leurs spécialisations professionnelles, apportent certes des réflexions de plus en plus aiguës sur les «fractures sociales». Cela conduit à des considérations relevant de la philosophie sociale ou conduisant à une redécouverte du sujet. Il devient cependant nécessaire de revenir sur les causes du délitement du lien et sur les limites des réflexions que cette situation suscite.

Mondialisation et ré-interpellation

La globalisation et ce qu'elle implique en termes de remise en cause induisent de découpler le regard, d'inverser les termes de l'enquête traditionnelle. Il est nécessaire de passer du monologue néopositiviste aux dialectiques du dialogique et de cerner les effets que suscite le travail de l'enquête sur le protocole, la démarche et les propositions avancées vis-à-vis des acteurs eux-mêmes, d'avoir recours à des protocoles transdisciplinaires.

« La structure des sociétés évoluées de notre temps a pour trait caractéristique d'accorder une plus grande valeur à ce par quoi les hommes se différencient les uns des autres, à leur "identité du je", qu'à ce qu'ils ont en commun, leur "identité du nous"[1]. » Norbert Elias, dans son ouvrage *La Société des individus*, profile un devenir où disparaissent les structures sociales englobant au profit d'une circulation des échanges interindividuels libérés des carcans et frontières physiques et étatiques. On assisterait à un « rapide processus d'intégration de l'humanité[2] ».

Le désenchantement contemporain est le plateau et les décors de cette scène. La perte de sens, sinon de liens sociaux, est, en partie, liée aux effets induits par les processus de mondialisation et de globalisation. Ceux-ci s'approprient l'espace que n'occupent plus les idéologies antérieures. La fin du second millénaire conjugue plusieurs facteurs qui participent à la détérioration des réalités sociales et des typologies analytiques précédentes. La déliquescence de la *doxa* soviétique concourt à s'interroger sur les modèles théoriques du marxisme philosophique et plus encore sur les essais de réalisation pratique du socialisme étatique. Dans les démocraties occidentales, les mutations économiques et l'érosion des formes de l'État-nation redessinent également les faits sociaux[3]. Tel est le cas, par exemple, des classes sociales et des rapports de classes. On assiste à une porosité symbolique plus qu'effective du monde prolétarien au profit de ceux du secteur des services et de leurs personnels[4]. De même, ces mutations ont des effets directs sur les aspirations et les interactions quotidiennes individuelles et collectives.

En réaction, les individus dans divers domaines s'attachent non plus à dire des textes évidés de signification mais bien plutôt à percevoir les manières dont, en l'absence de livrets ou de scénarios crédibles et convaincants, ils sont à même de forger eux-mêmes un sens nouveau par la confrontation des intelligences et de pratiques spécifiques et partagées. Cette prise de sens, comme autrefois on parlait de « prise de parole », si elle se révèle suffisamment mobilisatrice, peut, à terme, conduire à la constitution de regroupements plus larges. Ceux-ci s'instruisent autour d'une cohérence faisant lien et liant ceux qui, en dehors, à côté, voire à l'intérieur d'institutions, savent se donner et se reconnaître. Ils fonctionnent à la manière, toutes proportions gardées, des sociétés de l'anthropologie, productrices de leurs propres pratiques et de leurs propres valeurs. À l'évidence ces dernières sont en interaction avec les environnements physiques et idéels qui les entourent et les traversent mais elles les refaçonnent. C'est ce qui se réalise dans plusieurs cas découlant de situations d'exclusion, au cœur même des sociétés développées et souvent à l'insu des observateurs : « Ce n'est pas une raison parce qu'un ethnologue se cantonne pendant un ou deux ans dans une petite unité sociale, bande ou village, et s'efforce de la saisir comme totalité, pour croire qu'à d'autres niveaux que celui où la nécessité ou l'opportunité le placent, cette unité ne se dissout pas à des degrés divers dans des ensembles qui restent le plus souvent insoupçonnés[5]. » Ainsi se construisent au sein et à côté des institutions des attitudes réactives et cohésives, hors structures, initiées et adoptées par des regroupements tels, par exemple, ceux de jeunes artistes occupant des friches immobilières pour pouvoir établir et jouir d'un lieu où travailler, s'exprimer et corollairement « exister ensemble ». « Squarts », contraction de squat et d'art, est le terme qu'ils donnent à cette nouvelle configuration urbaine et sociale.

En l'occurrence, ces « ensembles populationnels cohérents » constituent déjà des modalités et des grammaires de réponses aux mutations du contemporain. Hier des personnalités, des formations, des institutions, voire des auteurs ou des disciplines proposaient des interprétations capables de signifier des devenirs. Aujourd'hui, il est moins aisé de trouver des entités protectrices et garantissant le sens des appartenances.

Les mutations économiques et sociales qui marquent ces dernières décennies sont telles qu'elles remettent en cause les modalités d'intervention et les grilles théoriques des sciences humaines. La sociologie, discipline principalement tournée vers les sociétés industrielles développées, a été axiomatiquement distinguée, depuis plus d'un siècle, de l'anthropologie désignée comme la science des sociétés dites traditionnelles. De fait, dans la plupart des pays, les sociologues centrent leurs travaux sur des questions relevant de leur propre environnement. Cette perspective s'est révélée capable de donner des éléments de compréhension des faits sociaux liés à la modernité. Par extrapolation de ces travaux, des modèles théoriques analysent et explicitent des tendances et des constantes à un niveau subsumant les espaces propres aux sociétés locales et, de ce fait, mettent en lumière les nouvelles catégories essentielles.

Émile Durkheim le faisait déjà, d'une certaine façon,

lorsqu'il traitait des *Formes élémentaires de la vie religieuse* dans une démarche ethno-historique, comparative et déductive lui permettant d'essayer d'atteindre
« ces éléments permanents qui constituent ce qu'il y a
d'éternel et d'humain dans la religion [...] tout le
contenu objectif de l'idée que l'on exprime quand
on parle de la *religion* en général[6] ».

Dans le contexte contemporain, l'analyse « socioanthropologique » se situant aux marges de la sociologie et de l'anthropologie propose un regard renouvelé
sur les grandes transformations sociales, en particulier celles issues de la mondialisation et de la segmentation des sociétés développées, de l'exclusion et de
l'apparition de nouveaux mouvements sociaux. Pour
appréhender ces données récentes, des notions telles
que celles de « polysémie de proximité », de « construits
heuristiques » se transformant dans la fréquentation,
hors des institutions ou à leur marge, en « ensembles
populationnels » établissant leur propre cohérence
sont utiles. On peut dégager ces éléments d'une analyse socioanthropologique des pratiques et des représentations qui trament le quotidien et ses attentes,
compte tenu des particularités des faits sociaux considérés. Analyser, par exemple, les voisinages ouverts
dans des situations de carence permet de comprendre
l'émergence et la pertinence de mouvements tels que
ceux rassemblant des chômeurs ou réunissant, de
manière autonome, des sans-papiers dans tel ou tel
lieu d'où il leur est possible d'interpeller les pouvoirs
publics, les institutions et l'opinion.

Ces éléments conduisent à réinterpréter les significations que l'on peut donner aux mouvements sociaux
et culturels (Droit au logement, Agir contre le chô-
mage, Droits devant, Maison des ensembles...) qui
s'expriment, depuis quelques années, sur le devant

de la scène et ce à l'étonnement d'observateurs et de spécialistes des sciences sociales.

Les avatars du lien :
inclusion, acclusion, exclusion

La perte du lien social se dit dans l'importance accordée à la réussite individuelle, réussite qui se traduit par l'inclusion, le salaire, la consommation et la satisfaction des besoins matériels. Il y a peu de considération et d'aide apportées par l'État, c'est-à-dire par l'institution représentative du corps social, à ceux qui ne s'inscrivent pas individuellement dans ce schéma de positionnement essentiellement personnel. L'intervention des pouvoirs publics se fait de manière de plus en plus minimale en termes de soutiens, qu'ils soient d'ordre matériel, éducatif, sanitaire, etc., pour ceux que l'on désigne comme les exclus. Ces derniers, les plus fragiles, sont dévolus à la compassion et à la bonne volonté de la société civile et ce sous l'égide des réseaux d'associations de toutes tendances et finalités. L'État a de moins en moins recours à des interventions de type préventif ou curatif. Son action s'exerce principalement par le biais d'un appareil de lois et de dispositifs juridiques et policiers devant assurer un statu quo. Il s'agit principalement de prendre en charge la quiétude de ceux qui possèdent et qui font circuler la richesse. Cela peut aller jusqu'à un cloisonnement effectif, physique, architectural et urbanistique, apte à assurer la tranquillité des inclus et à écarter de leur regard toute éventuelle promiscuité : villas, quartiers « sécurisés » par des dispositifs de surveillance et des corps de gardiens attitrés[7].

Ainsi la situation des exclus et des précaires ne relèverait plus de sa responsabilité. Faute de moyens, sinon de domicile et plus encore d'espoir dans les responsables politiques, ceux-là s'abstiennent, le plus souvent, de toute intervention sur la scène électorale. Cela ne semble pas gêner les autorités. On pourrait même y voir une résurgence de pratiques du XIXᵉ siècle, celles des scrutins censitaires où ne votaient et n'élisaient des députés que les notables ou du moins ceux qui possédaient des revenus suffisants et chiffrés, fortune supposée prouver leur qualité de bon citoyen.

Au siècle de Périclès, dans la Grèce antique, Aristote rejoignait cette logique en certains points. Il excluait de la qualité de citoyen ceux qui ne possédaient pas une position suffisante pour s'adonner à la libre réflexion et à la libre discussion des questions et des problèmes de la cité : « On ne doit point compter au nombre des citoyens les personnes engagées dans les professions mécaniques ou dans le commerce, ce genre de vie étant ignoble et contraire à la vertu ; pas même les laboureurs, car il faut plus de loisirs qu'ils n'en ont pour l'acquisition des vertus et pour l'exercice des charges civiles[8]. » Quelques siècles plus tard, Cicéron, dans *De officiis*, porte un jugement sensiblement plus modéré quoique également négatif sur les catégories sociales astreintes à des travaux où ne s'affichent pas des qualités d'habilité et de réflexion. Il n'en met pas moins en avant, plus encore que la méditation et la recherche de la connaissance et de la science, les devoirs envers la communauté, le souci de « sauvegarder les liens entre les hommes [...] qu'il soit bien établi que, dans la détermination du devoir, ce genre de devoirs l'emporte qui tient au lien social entre les hommes[9] ». Le politique, la citoyenneté et l'action réfléchie, quant au fonctionnement du lien social, de la communauté, de ses particularités et des

devoirs y afférents, donnent une tonalité sociologique
à cette œuvre moraliste. Celle-ci, dédiée à son fils,
présente une interprétation casuistique de la beauté
morale qui n'est pas sans affinités avec l'intention
pédagogique de Jean-Jacques Rousseau, en particulier dans l'ouvrage *Émile ou de l'éducation*.

« Les rites ou cérémonies de passage sont ceux qui
accompagnent tout changement de place, d'état, de
situation sociale et d'âge [10]. » On peut trouver des relations, toutes proportions gardées, entre des éléments
propres aux situations contemporaines et certaines
notions avancées, dans un cadre anthropologique,
par Arnold Van Gennep dans son ouvrage : *Les Rites
de passage*. L'auteur se propose « de grouper toutes
les séquences cérémonielles qui accompagnent le
passage d'une situation à une autre et d'un monde
(cosmique ou social) à un autre [11] ». Il insiste sur le
fait que quand bien même « chaque société générale » puisse être affectée par ce type de structuration,
il n'en reste pas moins que ceux-ci sont beaucoup
plus présents et inducteurs là où prévaut un « degré
moindre de civilisation », c'est-à-dire dans les sociétés
dites traditionnelles et de l'oralité. Dans cette étude,
il démontre comment l'existence humaine y est scan-
dée et marquée par des séquences spécifiques suffisamment importantes pour s'insérer dans des ordres
cérémoniels. Elles induisent des mutations qui transforment les valeurs et les représentations des individus et qui affectent, par rétroaction, leurs activités
usuelles telles qu'elles pouvaient avoir été antérieurement les leurs. Les sociétés modernes occidentales
sembleraient, *a priori*, moins sensibles à cette typologie. Le monde profane s'impose de manière beaucoup plus effective dans la vie des individus qu'il ne le

fait là où le sacré connote fortement les quotidiennetés et les changements de statuts ou de rôles.

Or, depuis bientôt un demi-siècle, l'actualité des sociétés occidentales est marquée par des éléments que l'on pourrait formellement assigner à la typologie gennepienne. À un siècle de distance, des similitudes ou du moins des résonances peuvent être dégagées de ces « séquences cérémonielles » telles que les intitule et les définit l'auteur du *Manuel du folklore français contemporain*. De fait, on retranchera ou on s'attachera moins aux références « cosmiques » hier effectives dans un monde à dominante rurale, et moins présentes aujourd'hui dans un environnement social plus rationnel et séculier où la sphère économique prend le pas sur le champ culturel.

Ces différences modifient les significations du modèle et plus précisément pour ce qui ne touche plus aux univers dont les attendus s'inscrivaient dans le cadre du symbolique, du religieux ou du moins de l'eschatologique. S'agissant d'événements ne se rattachant pas à des contextes marqués plus ou moins fortement, on trouve cependant une certaine pertinence heuristique à la typologie de Van Gennep. La perte d'adhérence des symboliques antérieures ne veut pas dire, comme le sens commun sinon de nombreux spécialistes l'affirment, que celles-ci n'aient plus de pertinence. Dans le cadre des nouvelles conditions des éléments d'une nature non matérielles se développent et apparaissent.

L'étude de la situation liée aux crises économiques et aux mutations qu'elles entraînent permet d'isoler des catégories : celles de séparation, de marge, d'agrégation. Le terme de cérémoniel est, ici, considéré comme inapproprié ou en tout cas éthiquement inacceptable car il ne relève plus des connotations qui

étaient habituellement les siennes, un choix ou du
moins un état codifié et reconnu comme légitime :
travaux des saisons, mariage, enfantement, etc. Toutefois l'analyse du contemporain montre que ces
séquences restent pertinentes quand bien même le
cadre de référence n'est plus celui analysé par l'auteur des *Rites de passage*. Elles fonctionnent dans
le cadre de la déconstruction et de la recomposition
des conditions d'insertion dans l'ordre socio-économique. Aux processus antérieurs relativement lissés et
positivement prévisibles du temps des Trente Glorieuses, en termes d'amélioration des conditions de
vie, succède une temporalité fragmentée, celle du
temps présent. La notion de citoyenneté s'est élargie
depuis Aristote et les élections censitaires. Du suffrage dit universel, en fait masculin, instauré en 1848,
aux suffragettes et au vote accordé aux femmes à la
Libération, la notion de citoyen est devenue plus
inclusive. Mais la citoyenneté sociale, les droits et les
possibilités de participation effective n'en sont pas
moins limités pour certains, ceux qui n'ont pas les
moyens d'en assurer les conditions.

Pour en saisir les données, un découpage devenu
habituel fait référence à une scène sociale que l'on
décompose en inclusion et en exclusion. Ce binôme
aurait la capacité d'expliciter le réel effectif du plus
grand nombre, s'agissant des sociétés occidentales
industrialisées. Cette catégorisation binaire est trop
statique. Elle doit être complétée par une approche
plus fine, plus socioanthropologique, permettant d'interroger les passages entre ces deux assignations et les
valeurs non seulement économiques mais symboliques
sinon rituelles qu'ils génèrent. De l'observation et de
l'analyse, il apparaît que les effets induits par les facteurs économiques se traduisent par l'émergence et

la reproduction de processus ternaires. Ces scansions, on les distingue suivant trois espaces-temps : ceux de l'inclusion, ceux de l'*acclusion* et ceux de l'exclusion.

Le premier : l'inclusion, d'usage courant, désigne le statut de ceux qui jouissent de conditions positives en termes économique et social. Il est associé aux attributs et aux retombées de la société de consommation de masse. Les inclus sont insérés dans les processus de production. Ils en extraient des avantages financiers leur permettant de consommer, de s'en trouver bien et d'adhérer au mécanisme général. Cela prévalait pour une large majorité il y a quelques décennies.

Le terme d'exclusion, par contre, postule la quasi-disparition des capacités d'accès aux bénéfices et aux qualités d'une société pourvoyeuse de biens et de services. Le statut d'exclus signifie l'extériorisation des potentialités de satisfaction liées à l'emploi donc au salaire et aux acquis de l'État-providence. Il ne permet plus, faute de moyens économiques, l'accès aux biens et aux mondes de la société de consommation. Le terme résume et figure la coupure vis-à-vis des normes sociétales et ce que cela entraîne comme conséquences : une mise à l'écart, à distance, sinon, comme l'indique le terme, une dénégation quant à l'appartenance au modèle social effectif[12].

Néanmoins ces deux notions ne suffisent pas à rendre compte de la nature complexe des situations sociales contemporaines. Sans les récuser, il convient de leur associer une troisième variable qui permet d'aborder les dynamiques qui circulent entre ces deux oppositions.

L'*acclusion* est la séquence, non plus cérémonielle mais, à l'inverse, stigmatisante apte à assurer la pertinence de ce binôme. Elle s'appuie sur une sensibilité

anthropologique des situations et permet de ne pas
naturaliser ces statuts et les individus qui s'y trouvent
insérés. Elle explicite les mouvements et les circulations que suscitent les passages de statut à statut, d'inclus à exclus ou d'exclus à inclus et les séquences
devenant, sur la longue durée, rituelles de confrontation réitérée aux diverses instances : ANPE, mairies,
services d'aides, associations, etc., pour ceux qui subissent ces conditions. Il ne s'agit pas de faits essentialistes, de catégories fixes mais d'assignations mobiles,
transitoires relevant, en amont, de circonstances spécifiques liées à certains contextes historiques[13]. L'acclusion est la phase pivot résultant de la séparation et
de la désagrégation du statut antérieur, celle d'inclus.
Elle donne à voir une situation intermédiaire de
liminalité, pour reprendre la typologie gennepienne.
L'individu flotte dans un entre-deux qui n'est plus
encadré par des codifications et des acquis institutionnalisés par le temps et par les traditions. L'acclusion permet de percevoir le caractère erratique des
mobilités et l'indécision statutaire d'un nombre conséquent de personnes circulant, dans un mouvement
pendulaire de durée plus ou moins longue, entre
l'une ou l'autre des oppositions que sont l'inclusion
ou l'exclusion.

Par ailleurs cette notion socioanthropologique n'est
pas sans présenter quelques points communs avec
celle d'acculturation. La transformation induite par
la rupture d'un contexte culturel conduit à des situations qui présentent partiellement des formes ana-
logues. On assiste à une modification plus ou moins
radicale des mondes culturels et des liens sociaux du
fait de leur confrontation effective.

Les effets dus à la colonisation relèvent de ce type
de configuration ; celui où le changement s'opère

principalement aux dépens de l'un des interlocuteurs, celui qui, dans la mise en relation, subit les valeurs exogènes. Dans ses travaux sur l'analyse du contact culturel résultant du processus colonial, Bronislaw Malinowski trace un schéma de ses temporalités et de leurs effets. Les instruments que propose l'auteur de l'ouvrage *Les Dynamiques de l'évolution culturelle, recherche sur les relations raciales en Afrique* visent « [...] deux ordres culturels [...] primitivement indépendants et gardant encore dans une grande mesure leur déterminisme culturel, [qui] se rencontrent, se heurtent et produisent une troisième réalité culturelle[14] ». Partant de l'étude des intentionnalités des Blancs, facteurs majeurs, il examine successivement le processus de contact et d'évolution, la survivance de la tradition. Viennent ensuite, et plus hypothétique, le passé reconstitué et les conditions nouvelles de réintégration ou de réaction, ici le nationalisme et le patriotisme tribal. Comme le souligne l'auteur, il s'agit d'une proposition construite à partir d'une spéculation sur le devenir des rapports raciaux dans les colonies et sur les phénomènes qui déstructurent les cultures traditionnelles antérieures. Il en résulterait une situation ayant des similitudes avec celle dénommée acculturation et telle qu'elle a été définie, à quelques années près, par Robert Redfield, Ralph Linton et Melville J. Herskovits dans le *Memorandum for the Study of Acculturation*[15] : « L'acculturation comprend les phénomènes qui résultent du contact direct et continu entre des groupes d'individus de culture différente, avec des changements subséquents dans les types culturels originaux de l'un ou des deux groupes[16]. » Cette notion d'acculturation retient de prime abord l'attention. Elle se réfère à une situation transitoire, un passage impliquant des pertes et des recompositions de valeurs.

Toutefois, s'agissant de l'acclusion, il n'y a pas de rencontre ni de confrontation de cultures différentes relevant de groupes humains distincts. Il y a externalisation d'un individu du contexte culturel homogène ou relativement homogène, celui des sociétés industrielles vers un horizon mixte de valeurs antérieures — celles de l'inclusion et celles qui se rattachent à la fragilité et à la déshérence. C'est de l'intérieur que s'opère le processus qui s'ouvre sur cette liminalité de l'acclusion. Les valeurs qu'elle suscite ne relèvent pas d'un choc exogène avec d'autres populations mais résultent de la déshérence, de la déconstruction de valeurs endogènes. Ce n'est pas un contact avec l'altérité culturelle qui en est le principe. Le facteur essentiel est d'un autre ordre. Il relève d'abord de l'économique. Un hiatus s'est développé entre l'état antérieur et celui qui s'instaure à partir du dernier tiers du XXe siècle. Face à cette situation il n'en est pas moins pertinent d'interroger l'acclusion en regard de l'acculturation. Celle-là ne possède pas les potentialités de celle-ci. L'acclusion ne donne pas à voir un croisement heuristique entre différents modèles culturels mais, plutôt, une aphasie prolongée correspondant aux données que va, peu à peu, susciter l'exclusion. Cependant, dans une perspective qui ne se limite pas aux aspects déstructurant de la phase d'acclusion et *a fortiori* d'exclusion, il est nécessaire d'aller au-delà du sens commun. Celui-ci présente ces situations comme des impasses rédhibitoires, des contextes qui tendent à enfermer toute échappée, tout retour vers la phase première, celle de l'inclusion, de l'insertion dans le corpus social, dans ses pratiques et dans ses valeurs.

Des analyses approfondies permettent de dégager

la présence latente, sinon manifeste, de liens sociaux. Ceux-ci proviennent tant des interactions entre des personnes relevant de cette séquence que de celles positionnées en amont ou en aval, c'est-à-dire dans la situation d'inclusion ou d'exclusion. L'acclusion est un moment de forte circulation. Elle ne s'inscrit pas, comme les deux autres séquences, dans des états relativement stabilisés, pour le meilleur et pour le pire (les *hobos*). La précarité est une de ses composantes essentielles. Elle marque les quotidiennetés.

De fait, et depuis plusieurs décennies, l'emploi unique exercé tout au long d'une vie devient une donnée de moins en moins évidente. Antérieurement, il participait aux conditions associées au contrat de travail. Cela tenait plus précisément à l'incontournable nécessité pour les entrepreneurs de disposer des qualifications et des savoir-faire des artisans, des ouvriers et des techniciens. D'eux dépendait la bonne réalisation des produits ou des services attendus. Denis Poulot, manufacturier parisien, met en scène, dans son ouvrage *Le Sublime*[17], ce qui a cours au XIXᵉ siècle, c'est-à-dire une certaine dépendance des industriels face à leurs salariés et ce d'autant plus que les fonctions à effectuer ressortissent à des capacités que seuls certains, en nombre limité sur le marché de l'emploi, sont capables d'exécuter[18]. Il fallait ne pas les aliéner de crainte de nuire à la production.

Cette situation ne marquait pas seulement de nombreux secteurs de l'industrie. Précédemment, des corporations de métiers et des compagnonnages ont pu, dans le cadre de la société de l'Ancien Régime, connaître et imposer des rapports aux donneurs d'ordre. Ils rétablissent, en partie, des relations plus négociables entre entrepreneurs et salariés, en l'occurrence commanditaires et compagnons. Leur regroupement par métiers et par obédiences ainsi que l'exclusivité qu'ils s'attribuent leur permettent d'instaurer des liens sociaux forts. L'inéluctabilité du recours à leur service, quant à la réalisation des travaux souhaités, oblige les entrepreneurs à tenir compte des desiderata des exécutants. Cela concerne les groupes constitués mais également l'artisan isolé : « […] partout où l'on veut vexer l'artisan, son bagage est bientôt fait ; il emporte ses bras et s'en va[19]. »

À la fin du XXe siècle, le plus grand nombre des manœuvres attachés à des tâches banales et parcellaires ne peuvent revendiquer ce statut. Ils sont à la merci d'un remplacement par un autre eux-mêmes ou par un automatisme et donc ne disposent pas, ordinairement, de rapport de forces suffisant pour instaurer une relation positive au travail et faire reconnaître leurs attentes.

L'exclusion est-elle apte à susciter des valeurs spécifiques qui ne seraient pas assignables à une perte totale de repères ? Y auraient-il des éléments qui indiquent la présence de données éventuellement porteuses de lien social ? L'absence croissante des normes usuelles ou l'apparition de comportements à tendance mortifère ne seraient-il pas les références, où se situent les fondements de l'exclusion, porte d'entrée vers cette présence/absence des exclus au monde[20] ?

Les analyses menées sur ces populations proviennent, principalement, du monde des inclus. Elles émanent de ceux qui, non seulement peuvent, mais qui, parce que justement ils n'appartiennent pas à ce contexte, décident explicitement de s'y attacher. Les raisons qui dictent leurs choix sont de diverses natures. Elles répondent, par exemple, de facteurs humanistes, religieux, éthiques ou politiques qui associent un sentiment implicite de compassion aux désirs de comprendre ces situations, et, souvent, une volonté de les modifier[21]. L'empreinte d'une culpabilité plus ou moins diffuse selon la prégnance de connotations religieuses judéo-chrétiennes ou islamistes renforce ces implications. La projection de ce que le monde devrait être et la constatation de l'inéquation des attentes que prouve la présence lancinante de l'exclusion alimentent ces prises de position.

Comme au XIXᵉ siècle, elles peuvent, également, émaner d'intérêts moins disposés à la compréhension, voire à la compassion. D'autres modalités de perception de ces phases d'acclusion et d'exclusion instaurent des regards qui ne sont pas empathiques. Au mieux la curiosité gouverne ces interrogations. Il s'agit moins de se rapprocher, de comprendre et, dans la mesure du possible, de modifier que d'analyser de manière dite objective et scientifique ces états. L'attention est peu amène et, pour des raisons déontologiques, elle tient à le rester. Il faut saisir non seulement les causes qui produisent ces contextes mais tenter de trouver des solutions capables d'éradiquer ces dysfonctionnements. Ce qui est en question n'est pas, expressément, l'intérêt des personnes concernées mais la volonté de redonner à l'ordre social et aux liens sociaux leur visibilité et leur cohérence. Des dispositifs sont initiés par des spécialistes de sciences humaines et sociales dont des sociologues. Ils tendent à mettre en place, à partir de diagnostics, des suggestions de nature sociopolitique, idéologique, religieuse. Certaines s'inscrivent dans des appréhensions soucieuses, cependant, du point de vue des personnes concernées.

Encore faut-il distinguer le pauvre de l'exclus. Pour Georg Simmel : « [...] en termes sociologiques, la

pauvreté ne vient pas d'abord, suivie de l'assistance
[…] mais est pauvre celui qui reçoit assistance ou qui
devrait la recevoir étant donné sa situation sociologique[22]. » La pauvreté relève du fait que l'on ne peut
plus assumer le niveau de vie correspondant à son
inscription sociale. Ainsi du commerçant ou de l'artiste qui sont pauvres non par rapport à un critère
absolu relevant de l'impossibilité de subvenir à leurs
besoins mais parce qu'ils n'ont plus la possibilité de
s'insérer dans les pratiques de leurs milieux, de réaliser les fins attendues. « L'état individuel, en soi, ne
détermine plus le concept, mais la téléologie sociale
le fait ; l'individu est déterminé par la façon dont la
totalité qui l'entoure se comporte envers lui[23]. » La
position du pauvre quant à l'ordre et au lien social
s'inscrit dans des présupposés qui lui sont extérieurs.

Ces pauvres présentent des traits communs qui
donnent, éventuellement, lieu à la création d'associations de pauvres. Georg Simmel mentionne non seulement celles qui se constituent au Moyen Âge, mais
les regroupements de sans-abri, de *penners* qui lui sont
contemporains. « Ce n'est qu'à partir du moment où
ils sont assistés […] qu'ils deviennent membres d'un
groupe caractérisée par la pauvreté[24]. » L'auteur de
La Philosophie de l'argent, sociologue attaché aux trajectoires individuelles et aux formes d'interactions,
dégage une ou des entités que nous désignons sous le
terme d'« ensemble populationnel » et dont la cohérence réside, en l'occurrence, dans le rôle que la
téléologie sociale leur assigne. Par exemple celui de
destinataire de l'obligation d'intervenir dont se jugent,
peu ou prou, responsables l'État, la paroisse, la commune ou telle ou telle autre institution. Ces mêmes
acteurs éprouvent des réserves quant à l'induction
morale que suscite l'assistance réitérée dont se pré-

vaut, alors, moralement et logiquement le récipiendaire, le pauvre, le « bénéficiaire » (*sic*). Celui-ci attend
non plus de manière aléatoire l'assistance. Il exercera
une pression sur le donneur, au cas où ce dernier
faillirait à ce qu'implique cette relation considérée,
dorénavant, comme instituée.

Jusqu'à une date récente ces dispositifs étaient
assumés activement par les divers acteurs institutionnels de la société dont l'État-nation et les catégories
socioprofessionnelles. Ils garantissaient des systèmes
de protections collectives.

De l'État-nation au monde

Depuis la seconde moitié du XXᵉ siècle, les travaux
sociologiques s'effectuent en référence à des entités
constituées et le plus souvent à celles relevant des
États-nations, facteurs de prospérité et de sens :

> « La nation démocratique fonde sa légitimité sur
> cette société politique abstraite, la "communauté des
> citoyens", formée d'individus civilement, juridique-
> ment, politiquement libres et égaux. Elle constitue
> tout à la fois le principe de la légitimité politique et la
> source du lien social. Il va de soi qu'il ne s'agit pas
> d'une description de la réalité mais de la formulation
> du principe qui fonde la légitimité politique des
> nations démocratiques modernes, en d'autres termes
> de l'"idée" (au sens logique) ou de l'idéal-type de la
> modernité politique[25]. »

Ces analyses, pour un grand nombre, résultent de
la prise en compte des traits fondamentaux qui carac-
térisent le XXᵉ siècle et plus précisément, pour celles
relevant de la sociologie, de la période de l'après-

Seconde Guerre mondiale. Structuralisme, fonction-
nalisme, actionnalisme, interactionnisme et marxisme
sont alors apparus comme des possibilités pertinentes
de compréhension des phénomènes sociaux quand
bien même les fondements théoriques de ces schèmes
étaient fortement distincts.

Jusqu'à une date récente, le processus des systèmes
évolutionnaires, tel qu'un sociologue comme Talcott
Parsons pouvait le proposer en tant que vecteur de la
modernisation et implicitement d'une globalisation à
long terme, relève de l'amélioration adaptative, de
l'inclusion, de la généralisation des valeurs et du bon
ordonnancement des liens sociaux. Prenant comme
modèle la société nord-américaine, il avance que :
« Les États-Unis ont été choisis en raison de la conviction qu'ils sont devenus — pour combien de temps,
cela reste à voir — l'élément directeur du système
moderne, non pas au sens politique habituel du terme,
mais grâce aux innovations structurelles qui sont au
centre du cours principal du développement sociétal
moderne[26]. »

Une telle proposition d'un tenant de l'homéostasie
sociale est énoncée, au tout début des années 1970,
alors que le monde est encore partagé entre modèles
sociétaux distincts. Les termes utilisés ne se réfèrent
que de manière indirecte, et pour cause, aux notions
contemporaines utilisées aujourd'hui : celles de globalisation ou de mondialisation. Les vocables les plus
souvent présents sont, alors, ceux de modernisation,
de développement et d'évolution.

La situation qui succède à la chute du mur de Ber-
lin et à l'implosion des régimes de l'Europe orientale
présente la particularité de ne plus dire le social sous
forme de projet alternatif : ceux relevant des démocraties capitalistes occidentales et ceux attachés au

socialisme étatique. Pour l'heure il apparaît que, dans la sphère des sociétés industrielles, sinon dans celle des pays dits en voie de développement ou émergents, ne prévaut qu'une typologie, celle issue du libéralisme. Les remises en cause violentes de cette situation seront le fait non de perspectives socialistes antérieures, mais d'appréhensions du monde se réclamant d'un fondamentalisme religieux rejetant le matérialisme et l'idéologie liée à l'économie libérale.

Cela n'est pas sans effet, aujourd'hui, sur la manière dont les sciences sociales sont amenées à se définir ou du moins de la façon dont elles abordent des faits sociaux qui antérieurement étaient peu présents ou absents de leurs préoccupations. Ces faits sociaux dont le lien, l'inclusion, l'exclusion ne justifiaient alors que peu d'études compte tenu de leur faible pertinence dans le cadre des travaux et des enquêtes sociologiques ordinaires sollicitées par diverses instances gouvernementales ou associatives ou développées à l'initiative des chercheurs eux-mêmes. Ces analyses avaient, pour la plupart, des objets afférents aux divers contextes étatiques. Ces derniers constituaient des cadres suffisamment vastes et variés pour induire des travaux conséquents.

Depuis quelques décennies ces scènes nationales apparaissent comme pouvant moins facilement être considérées en elles-mêmes, séparément ou du moins sans rapports avec les contextes environnants transnationaux. Les changements en cours devraient susciter, *mutatis mutandis*, un nombre croissant de recherches prenant en compte des espaces et des réalités de grande amplitude. De ce fait, le champ sémantique s'est également fortement modifié. Les termes de mondialisation et de globalisation s'imposent comme paradigmatiques quant à l'analyse et à la compréhension des faits économiques et sociaux de ce début de millénaire. Mais désignent-ils de mêmes réalités ? On peut considérer qu'ils sont à la fois synonymes et différents. S'agissant de la mondialisation, ce terme correspond à la volonté de description d'un phénomène nouveau. Celui-ci est abordé dans ses traits structuraux et ce, *a priori*, indépendamment de jugement de valeur. La mondialisation, dans son interprétation latine et plus précisément francophone, renvoie, d'abord, à un état de fait, celui des relations effectives qui régissent les flux de capitaux et les échanges économiques entre les diverses parties et les divers acteurs économiques et politiques de la planète. Apparemment cette fluidité est rendue possible par l'effacement plus ou moins prononcé des prérogatives des États-nations. Ceux-ci, il y a peu, exerçaient un contrôle précis et réglementé sur les rapports qu'ils entretenaient avec leurs alter ego, les autres pays, et ce sur un registre très large. La mondialisation résulte en particulier de ces modifications et de l'effritement croissant des particularismes et des capacités de souveraineté nationale. L'économique prévaut mais il est cependant connoté à un modèle politique.

Pour ceux qui assument pleinement cette nouvelle situation, et plus précisément les instances des pays anglo-saxons, un terme plus adéquat pour dire et expliciter les fondements structuraux de ce qu'est la mondialisation des flux économiques et de ses conséquences politiques, sociales, culturelles, etc., s'est imposé : celui de globalisation. Il s'agit de l'esprit du libéralisme économique contemporain, celui de la main invisible régulatrice des marchés, selon Adam Smith, qui, de plus en plus dominante, accompagne ces mutations. Il se fonde lui-même sur la théorie politique de l'individualisme possessif, source de la démocratie libérale[27]. Il considère que la mondialisation n'est plus seulement un phénomène purement factuel, de contexte. Il doit dès lors être exprimé sur des registres multiples, celui du politique, du culturel, du symbolique. Il apparaît, de ce fait, qu'au terme de mondialisation est préféré celui, plus heuristique, de globalisation. Ce dernier rendrait mieux compte, à terme, du facteur sphérique, plein et, pour l'heure, volontariste et univoque visé. Il devrait succéder aux idéologies des Lumières, du Progrès et indiquer la direction vers laquelle doivent tendre, sinon ne pourraient que se diriger, les sociétés contemporaines. La globalisation, c'est l'évidence d'une option qui efface la relative pondération liée à une description distancée indiquée par le terme de mondialisation. Elle renvoie, peu ou prou, au schème conquérant de l'alliance entre la puissance économique et la légitimation politique à valence hégémonique tel que le début du troisième millénaire souhaite l'instaurer comme valeur axiale[28].

Pour ses locuteurs, ce terme rend compte, de par sa sémantique, d'une totalité non en construction, en devenir ou à distance mais d'une réalité comme déjà-là, radicale et renvoyant à un phénomène irréductible. La mondialisation pouvait, elle, n'être que conjoncturelle. Dans le passé, suivant les époques, des empires : grec, romain, français ou britannique ont connu des situations relevant de cette désignation, celle d'une mondialisation circonstanciée, *a posteriori*, à leurs valeurs devenues ponctuelles. La globalisation est censée être hors temps, sinon marquer la fin de l'histoire.

D'autres notions évoluent dans ce même champ sémantique : des termes tels que ceux d'internationalisme ou d'universalisme. Ils apparaissent, dans le contexte des temps présents, comme datés. Le premier s'est construit autour de la racine forte de nation, et la dépasse. Dans sa version la plus idéologique, il prône des rapports sociaux qui, abolissant les frontières, établissent une mondialisation marquée par l'extinction des classes sociales, par un apaisement et par un bien-être à l'image des attentes des socialistes du XIXᵉ siècle telles que Jérôme Pottier a pu les exprimer : « Groupons-nous et demain l'Internationale sera le genre humain[29]. »

À cet internationalisme, marqué au sceau des insurrections et des radicalités du lien social, il convient d'associer une notion qui lui est proche : celle d'universalisme. Celui-ci relève également d'une approche se situant à un niveau mondial mais il s'adresse, plus précisément, à l'ensemble de l'espèce humaine, au-delà de situations conjoncturelles. À la différence du double paradigme contemporain : mondialisation/globalisation, il désigne divers registres : ceux du progrès des sciences, du développement des techniques, de l'avancée des connaissances, mais cette perspective, à finalité mondiale, est fortement innervée par une logique humaniste, une morale. Condorcet, entre autres, s'en faisait l'écho dans son *Esquisse d'un tableau historique des progrès de l'esprit humain* :

> « [...] ce tableau de l'espèce humaine, affranchie de toutes ces chaînes [...] marchant d'un pas ferme et sûr dans la route de la vérité, de la vertu et du bonheur, présente au philosophe un spectacle qui le console des erreurs, des crimes, des injustices dont la terre est encore souillée, et dont il est souvent la victime ! C'est dans la contemplation de ce tableau qu'il reçoit le prix de ses efforts pour les progrès de la raison, pour la défense des libertés [...] c'est là qu'il existe véritablement avec ses semblables, dans un ély-

sée que sa raison a su se créer, et que son amour pour l'humanité embellit des plus pures jouissances[30]. »

C'est pour le bien-être de l'ensemble humain qu'est prôné cet universalisme. Ses connotations heuristiques fondamentales portent du côté de l'épanouissement des liens sociaux et moraux de l'espèce. Toutefois les thèses et les valeurs de l'universalisme sont fortement marquées par leurs origines. Leurs soubassements religieux, leurs fondements scientistes et néopositivistes ont pour cadre l'Europe et ses surgeons migrateurs. Elles ont suivi, parfois à leur corps défendant, l'œuvre controversée de l'expansion européenne, des colonialismes et des impérialismes[31]. L'universalité des valeurs prônées a pu apparaître alors comme une méthode d'imposition de représentations univoques, de liens de domination et de subordination. Elles ont, ainsi, pu participer à la légitimation des stratégies des institutions coloniales et postcoloniales, à l'appropriation physique et symbolique du monde par les Occidentaux. L'universalisme n'en est pas moins en contradiction avec les références usuelles de la globalisation. Pour celle-ci, il ne s'agit pas de « civiliser » mais d'abord et avant tout du développement jugé « naturel » du libre-échange et du laisser-faire économique.

Face à ce contexte et à ces connotations sémantiques, la sociologie est confrontée à plusieurs alternatives. Elle peut s'en tenir à et poursuivre des travaux liés aux faits sociaux afférents aux États-nations ou élargir ses champs d'intervention en arguant des capacités de ces études « nationales » à traiter plus largement des mutations contemporaines. Elle a, également, la possibilité de s'engager dans des analyses comparatives transversales aux scènes nationales sans

distinction et par-delà les frontières dans le cadre des
agencements fédéraux et confédéraux qui, sous divers
registres, marquent le présent : Union européenne,
Aléna, Mercosur, etc. Ces dernières devraient éviter
les enquêtes macrosociologiques telles qu'elles sont
réalisées habituellement, mais se tourner vers des
démarches qualitatives à valence anthropologique
aptes à dégager les représentations vécues des populations considérées. Comme au siècle passé, le but est
d'extraire de l'analyse des phénomènes les valeurs qui
y sont associées, et d'élaborer des paradigmes aptes à
rendre compte du présent dans ses transformations
les plus essentielles.

Le lien social se traitera alors, et suivant les options
choisies par les chercheurs, à divers niveaux, du local
au transnational en transitant par l'étape du national.
Le hiatus entre les quotidiennetés effectives et celles
présumées de la mondialisation limitent, cependant,
les ambitions. Cela conduit, souvent, à s'assurer d'abord
de l'ici-même, sans que l'on puisse ignorer les effets
de facteurs relevant d'une échelle plus étendue.

Débusquer le lien social devient d'autant plus difficile que les organismes internationaux (tels que le
Fonds monétaire international, la Banque mondiale
ou l'Organisation mondiale du commerce) incitent
fortement les pays à opter pour un développement
libéral associé à une déréglementation socioécono-
mique des spécificités nationales et locales. Cela
concerne en particulier celles qui pourraient s'oppo-
ser à la diffusion des biens et des services à visée trans-
nationale. Cette politique conduit, à côté, sinon dans
l'ombre portée par les pylônes, les barrages, et plus
généralement les «macro-systèmes techniques[32]»,
comme le souligne Alain Gras, vers une déréliction
des liens sociaux propres aux sociétés locales. Si la

pauvreté conviviale, celle du « mode de vie originaire
des espaces vernaculaires[33] », permettait aux multi-
tudes d'éviter les situations de carence fatales qui
deviennent, aujourd'hui, leurs horizons, les politiques libérales modifient la perception subjective et
objective que s'attribuent et qui est attribué aux
couches populaires. De fait une pauvreté inscrite
dans un ensemble cohérent n'entraîne pas forcément de stigmatisation.

Les liens sociaux, ceux des communautés de voisinage, de parenté ou de convictions religieuses ou
sociales permettent, comme l'indiquait Ferdinand
Tönnies, des insertions et une prise en compte des
points de vue, des aspirations et des raisons de ces
situations. Des conditions, non seulement de reproduction, mais de relative quiétude pouvaient, suivant
les époques et en dehors des cataclysmes, se déployer.
Emmanuel Le Roy Ladurie en a présenté des éléments dans la France médiévale. Là, on s'accommo-
dait d'une frugalité nécessaire mais suffisante, là, la
quête des richesses matérielles n'était pas une référence : « Les Montalionais ne sont pas des foudres de
labeur ; ils aiment la sieste, le farniente, l'épouillage
au soleil ou au coin du feu, selon la saison. Quand
c'est possible, ils tendent à raccourcir les journées de
travail en direction d'un petit mi-temps [...] On est
encore assez éloigné de l'éthique "wébérienne" ou
protestante à venir[34]. » Encore faut-il distinguer les
pauvretés qui sont spécifiquement associées à des
milieux sociaux spécifiques. Elles peuvent susciter la
solidarité et la compassion du fait de leur caractère
autochtone ou, par contre, apparaître sous un jour
moins favorable. « L'itinérance devient le creuset où
se fondent vagabonds et groupes criminels professionnels[35]. » Il s'agit des pauvres considérés comme

des corps étrangers à l'entre-soi, au village, à la bour-
gade, à la ville. Pour eux prévalent la crainte, le rejet
et les condamnations, ce qui se traduit, comme le
souligne Arlette Farge, par la perspective du bannis-
sement, des galères, sinon pire[36].

L'anthropologie contemporaine ou la socioanthropologie permet de mieux intégrer ces deux registres
du local et des circulations mondiales. Comprendre
le lien quotidien et local malgré le discours et les
analyses mondialistes se révèle nécessaire pour appréhender les diverses options qui se présentent à l'individu face aux mutations contemporaines. Il faut
les ressources de l'interdisciplinarité pour aller à la
recherche du lien fragilisé et pour distinguer les
réponses qui lui sont proposées : individuelle et tacti-
cienne, fondue dans les dispositifs cathodiques, personnelle et stratégique ou, enfin, insérée dans les
dynamiques collectives.

CHAPITRE 8

Les nouvelles formes du lien

Trois manières de faire lien ressortent d'une lecture socioanthropologique du lien social absent/présent au début du XXIᵉ siècle. Le Sujet s'intègre dans un « On » proposé par les médias et les institutions publiques et privées. Le lien est formaté. Une deuxième voie est celle d'un « Je » pleinement et stratégiquement assumé qui minimise le caractère social du lien si ce n'est dans son instrumentalisation. Plus rarement un nouveau entre-soi insiste sur le « Nous », vecteur de liens collectifs. On peut désigner ces voies de la manière suivante : s'accommoder et survivre tactiquement par le biais du lien social déjà-là ; s'affirmer et vivre stratégiquement son autonomie et ses attentes ; tramer du lien collectivement et « exister ensemble ».

Le lien social instrumentalisé
et ses représentations

Dans le cadre de la mondialisation, quand la déshérence remplace la pauvreté, les conditions ne sont plus les mêmes, pas plus que les représentations que l'on peut en avoir[1]. Les critères de pauvreté ne concernent plus des minorités plus ou moins marginales et localisées mais des entités à très large spectre et à un niveau mondial. (Le revenu quotidien en dollars par habitant est de moins de deux dollars pour près des deux tiers de la population mondiale en 1997.) Un hiatus, entre riches et pauvres, qui était latent et qui s'accentue au fil des siècles dans les sociétés occidentales devient, au niveau planétaire, un abîme entre les détenteurs des richesses et le reste du monde[2]. Alors qu'hier ces richesses restaient relativement lointaines, sinon peu connues, aujourd'hui, elles se donnent à voir, par le biais de multiples médias mettant en scène, sinon directement les individus eux-mêmes, du moins des alter ego légèrement décalés : artistes, entrepreneurs, vedettes de l'écran ou de la scène, etc., porteurs de cette idéologie de la normalité de l'enrichissement. Hier, elle était dissimulée mais aujourd'hui, comme à dessein, elle se proclame comme étant le devenir inéluctable pour tous ceux qui savent « prendre leur chance ». Cette éthique de l'enrichissement, comme principale justification des existences sans autre borne que le narcissisme des intéressés, renvoie à la honte et au rebut ceux qui, hier encore, trouvaient une place, serait-ce modeste mais effective, dans les liens symboliques et matériels. Aujourd'hui ils relèvent de marges incompatibles avec les normes dominantes.

Cette situation donne lieu à des représentations multiples et contradictoires. Il y a un hiatus croissant entre les souffrances effectives présentées par les médias et les attitudes que peut adopter, pour y remédier, l'individu-spectateur, en tant que personne morale. Les actions ponctuelles de solidarité et de bienfaisance, les loteries et les autres accompagnements de la compassion ne font qu'effleurer le problème, celui d'une constante reproduction des manques et de la misère. Par ailleurs s'établissent des attitudes d'indifférence et de lassitude ou de rejet nées de la répétition de scènes. On s'interroge, sinon sur la véracité, du moins sur la pertinence qu'elles peuvent susciter sur le plan de la prise de conscience et de la capacité à interférer et faire en sorte que ces souffrances cessent. Qui plus est, ces situations sont décontextualisées et mises en scène, toutes choses égales par ailleurs, dans des scénarios de séries télévisées cherchant à recréer, voire à créer les conditions de déshérence et d'exclusion subies par ceux qui effectivement et sans ostentation endurent la misère dans ses multiples formes, non l'espace d'un reportage ou d'une fiction de télé-réalité mais à longueur d'existence.

Avant d'aborder ces mises en scène, il faut revenir sur les soubassements de la société technologique. Depuis la contraction du fordisme et de l'État dit de providence, l'individu ne trouve plus la multitude de moyens aptes à assurer sa sécurité économique, sociale et civile[3]. Pour ceux qui ne jouissent pas ou peu des avantages associés à l'inclusion, des dispositifs permettent d'assumer les carences symboliques dont l'étiolement des liens sociaux. Il va falloir survivre en s'accommodant des contingences des milieux de la production. Cela s'ouvre sur un oubli, une négation de soi et une tentative de fusion dans un contexte préorganisé. Les principes de signification sont extérieurs à la personne. Ils sont de masse, unitifs et univoques. Parmi les plus évidents s'impose la nécessaire adéquation aux fonctions assignées. Elle implique une fluidité des tâches à accomplir. Ces activités ne peuvent atteindre les rythmes édictés en amont par les décideurs qu'à certaines conditions. Il

faut que les techniques, l'organisation et la division
du travail se présentent comme une condition «naturelle», allant de soi ou du moins suffisante pour alimenter et instruire des interactions dont l'essence
relève d'échanges imposés par le contexte industriel
ou commercial.

On se référerait ici plus à du lien à base technico-
organisationnelle. Le caractère évident de l'ordre mis
en place devrait imprégner les représentations des
divers acteurs intervenant en amont, au centre et en
aval des productions de biens ou de services. Il assure
quant à la normalité des principes, sinon des modalités établies. De la part des exécutants, une conscience
positive de ces conditions est impliquée par la généralisation de procédures qui suivent, sans états d'âme
ni idéologie quelconque, les voies du progrès technique et de l'agencement rationnel de l'organisation.
De fait, pour un nombre non négligeable d'individus
inclus dans ces contextes, il n'apparaît pas fondé de
s'interroger sur les dispositions édictées ni même
encore de les critiquer, compte tenu de leur normalité supposée à laquelle adhère peu ou prou le plus
grand nombre. Le sens commun, tel que la longue
durée l'a façonné, considère que celles-ci résultent
d'un développement quasi inéluctable des capacités
de la science économique et des avancées techniques
dans le cadre des sociétés industrielles et postindus-
trielles : «Sans cesse retentissent des chants de louange
aux héroïques pionniers de l'innovation permanente.
Les humains sont ainsi dépossédés de leur liberté,
non pas dans un sens politique mais dans un sens
métaphysique, dans la négation de la possibilité de
l'attente du temps à venir[4].» Des consciences pourraient, peuvent sinon doivent dire leur refus ou leur
adhésion à cet état des choses auxquelles elles sont

confrontées. Lorsque de la satisfaction est exprimée, de manière latente ou manifeste, elle repose sur l'incontournable nécessité d'occuper une fonction productive, condition d'obtention d'une rémunération donnant la possibilité de subvenir aux besoins immédiats et secondaires. L'exode de la misère et du manque ne présente qu'une piste, celle de l'assentiment à l'ordre économique et aux effets dans le domaine social qu'il induit. La question de la conscience heureuse ou malheureuse, de la vraie ou de la fausse conscience n'apparaît pas comme devant être énoncée par celui qui adopte, sans tergiverser, cette donnée du sociétal.

En l'absence ou comme suite à l'étouffement d'autres ouvertures, l'individu en revient à n'être qu'un avatar, un artefact refusant ou ne pouvant plus se permettre la réflexivité qui était la sienne au temps des dynamismes sociaux… Faute de capacité, les institutions et les organisations forgent ses liens.

Claude Lévi-Strauss souligne que, dans les sociétés présentées comme exotiques, l'authenticité et la proximité des rapports humains induisent des liens sociaux qui ne sont pas que mécaniques. Ils investissent des individus personnalisés, adhérant aux corpus symboliques, aux mythes et aux cosmogonies et s'approprient des contes, des légendes et leurs argumentaires de reliance[5]. Là-bas ou hier, les manières de s'exprimer étaient prises en charge par la *doxa* collective. Il n'était pas nécessaire de se singulariser. La personne parle sciemment à travers les déclarations des institutions, leurs attentes, leurs propositions et leurs hésitations. Ainsi les gloses des Églises, des académies, des salons ou des partis politiques captaient et retenaient l'attention. Toutefois, les propos individuels y étaient plus ou moins déconsidérés. Les propositions non fusionnelles pourchassées, sinon bannies. Aujourd'hui, au nom de quoi condamner ces institutions et leurs discours et comment même leur donner une identité compte tenu de l'affaiblissement de leur crédibilité ? À défaut de conviction, l'individu peut essayer de se couler dans les relais et dans les transferts aptes à panser son incapacité à trouver du sens. Il s'attache aux plaisirs en miettes mis en place, à dessein, pour satisfaire des désirs qu'il croit les siens mais qui sont à l'aune des standards socio-économiques courants et convenus. Plus virtuels que tangibles, ceux-ci, grâce aux capacités tant des technologies que de leurs relais médiatiques, devraient ne laisser personne en retrait. L'exposition est générale. Au-delà des leurres d'une diversité de choix en fait limitée — illusionner au nom du libre-arbitre et de l'individualisme méthodologique — le principe de socialisation est astreignant. Les interactions sont disposées de manière suffisante pour que l'individu puisse croire les maîtriser alors qu'elles ne sont que des possibilités offertes et déjà organisées par d'autres.

Ces transformations mettent en avant, pour les inclus et dans le contexte d'une montée en puissance de l'économie, des rapports sociaux et des activités qui se réfèrent moins aux traditions ou à des connotations liées à des valeurs morales ou éthiques qu'à des actions rationnelles en finalité visant à élaborer, par une mise en adéquation réfléchie, les moyens nécessaires aux buts à réaliser[6]. L'individu se doit d'accorder, peu ou prou, sa dynamique et ses intentions à cette *doxa*.

Lorsque l'on n'est pas acteur, l'attitude à adopter sera de conjuguer des manières ponctuelles de faire, des stratégies circonstancielles suscitant de la respiration, des espaces propres, des rites à effet compensa-

toire capables de protéger, de sécuriser et de signifier, tant soit peu. Des impressions de collectif, des
regroupements factuels, d'éventuels «être ensemble»
sont là. Comme l'indique l'utilisation du verbe «être»,
il s'agit d'abord d'un état de fait obligé, d'une mise
en situation dont l'initiative relève de l'extérieur de
l'individu. Il s'y associe et y participe de manière tactique, compassée ou émotionnelle plus qu'élaborée.
Les multiples cérémonies publiques, les festivals, les
rencontres ou les rassemblements ne lui appartiennent qu'incidemment, le temps de la prestation. Ces
événements recèlent peu de capacités de projection
vers des devenirs signifiants, de possibilités de susciter
de l'échange collectif. Le lien social est, ici, prédéter-
miné, opaque, voire astreignant.

Il revient à l'individu de survivre à l'aune de ces
mises en scène où il n'est qu'un élément ponctuel
sans capacité à intervenir fondamentalement, sans
possibilité de se dire en sujet historique. Il convient de
rester attentif mais en accord global avec les conditions dominantes. L'illusion entretenue par une référence au «libre-arbitre» force un peu l'adhésion mais
avec subtilité. Elle anesthésie la douleur et l'intelligence critique. Elle fait croire à la normalité du cours
des choses quand bien même des réserves peuvent
être émises mais sans violence effective : propos de
brasseries, de salons, de dîners ou d'échanges interpersonnels, confidences sans écho… Les rites d'accommodement et les stratégies individuelles consacrent
cette situation, arrimant l'individu autour des plaisirs
de la reproduction, des béatitudes profanes de la sujétion. «Mon chef», aime à dire, non sans humour, le
vassal protégé et aidé par le dominant, évacuant ainsi,
en partie, l'angoisse de la perte de sens.

Ces rites d'accommodement placent cet individu

aux marges, voire à côté de l'historicité. Il s'agit de ne pas s'exposer mais de reproduire le sens des autres. Cela relève tant d'un acquiescement sécurisant aux données sociologiques et aux impositions, que d'une non-remise en cause explicitée des désagréments et des difficultés : transfert libidinal vers le proposé, vers le spectacle organisé dans ses normes, ses variétés et ses paillettes. Certains y voient des possibilités de reconstitution de lien social[7].

De l'imitation et des séries télévisées

Gabriel de Tarde percevait déjà une modélisation croissante où se reproduit, mais sous une forme plus rationnelle, ce qui prévalait dans les civilisations antérieures, à savoir des processus d'imitation non contrôlés. Il considère qu'au siècle du progrès et des mutations, le XXe siècle, il n'en reste pas moins que, dans les sociétés occidentales persiste le fait suivant :

> «Je crois me conformer [...] à la méthode scientifique la plus rigoureuse en cherchant à éclairer le complexe par le simple, la combinaison par l'élément, et à expliquer le lien social mélangé et compliqué, tel que nous le connaissons, par le lien social à la fois très pur et réduit à sa plus simple expression, lequel, pour l'instruction du sociologiste, est réalisé si heureusement dans l'état somnambulique. [...] N'avoir que des idées suggérées et les croire spontanées : telle est l'illusion propre au somnambule et aussi bien à l'homme social[8]. »

L'engouement pour les thèmes et les comportements, reproduits par les vecteurs médiatiques, confortent, ici même, en ce début de troisième millénaire, les thèses de l'auteur de l'ouvrage *Les Lois de l'imitation*.

Dans le processus de mutations des valeurs sociales contemporaines, ce qui ressort, pour le plus grand nombre, est la réification du lien social. Cela résulte tant de la volonté et des nouvelles possibilités apparentes de pouvoir gérer soi-même les choix et les décisions que de la difficulté d'affronter des interrelations qui ne sont plus organisées et régulées comme antérieurement par les structures dominantes.

Les médias, dont la télévision, participent à la captation de ces temporalités hors-travail, des quotidiennetés ordinaires dans leurs zones les plus intimes et ce avec l'acquiescement apparent du téléspectateur. La télévision occupe la première place dans les plages du temps libre, soit 32 % du temps non contraint (contraint implique travail, déplacements, repas, ménage) [9]. La législation sur la durée du travail a contribué à réduire de manière conséquente celui-ci, du moins formellement. Au XIXᵉ siècle, le travail journalier a été réduit de douze à dix heures. Aux lendemains de la Première Guerre mondiale le maximum est fixé à quarante-huit heures par semaine. Le Front populaire l'abaisse à quarante heures puis, en 1982, on atteint trente-neuf heures voire, en 1998, trente-cinq heures, dans certains secteurs.

Ce moins de travail et ce plus de loisirs bénéficient, entre autres, au petit écran. Le téléspectateur tente de remédier à sa déperdition de sens en se déplaçant vers les symboliques et les personnages mis en scène. Il sait, cependant, établir des façons de faire, d'écouter ou de voir minimales qui rusent, lorsque l'occasion se présente, avec les propositions programmées et leurs incitations.

« [...] l'analyse des images diffusées par la télévision
(des représentations) et des temps passés en station-
nement devant le poste (un comportement) doit être
complétée par l'étude de ce que le consommateur
culturel *"fabrique"* pendant ces heures et avec ces
images [...] À une production rationalisée, expan-
sionniste autant que centralisée, bruyante et specta-
culaire, correspond une *autre* production, qualifiée de
"consommation" : celle-ci est rusée, elle est dispersée,
mais elle s'insinue partout, silencieuse et quasi invisible, puisqu'elle ne se signale pas avec des produits
propres mais en *manière d'employer* les produits imposés
par un ordre économique dominant[10]. »

Dans une première phase, la *foule solitaire* était supposée trouver dans les personnalités reconnues et
mises en valeur des supports lui permettant de plus
ou moins s'identifier et de transposer vers ces célébrités ce qu'elle avait pu imaginer comme ce qui
aurait été son devenir mais qu'elle n'a pu réaliser
effectivement[11]. Grâce à ces personnages, à ces stars
et à ces « people », elle dispose d'un arc très large.
Des sports à la culture ou à la politique, il présente
autant de vecteurs porteurs de sens. Leur extériorité,
leur appartenance à des contextes dont les spécificités sont clairement précisées, leur exceptionnalité
permettent à la fois de se projeter, d'être fasciné par
des images et des imageries dans lesquelles ces personnalités se déplacent et évoluent, mais également
d'avoir conscience des mondes et des liens sociaux,
très différents, dont elles relèvent[12]. On ne peut que
retenir des morceaux, des fragments, ceux apparemment les moins éloignés de ce qui aurait pu être des
possibles. Mais il est clair que l'ensemble auquel elles
appartiennent est inaccessible et donc ne suscite
pas de tensions illusoires et potentiellement doulou-

reuses. De ce fait, elles ne sont pas offensantes car clairement hors de portée. Le On indifférencié, en se projetant dans des mondes virtuels et des personnages improbables, laisse de la place à un lien fictif qui socialise et qui permet d'adhérer aux conditions, aux personnages et aux circonstances hors-quotidien élaborées et présentées par les médias, éléments constitutifs des rites d'accommodement d'un réel subi plus que choisi.

Parallèlement à ces productions aux personnages plus ou moins déréalisés, d'autres représentations s'insèrent dans les mythologies de la modernité. Elles présentent l'avantage de ne plus jouer la distance fondamentale, quand bien même elles seraient partiellement transposables dans le quotidien. Elles visent à être le plus près possible du public. Pour ce faire, l'Autre doit pouvoir être perçu comme étant un autre soi-même. L'Autre présenté n'est pas inaccessible, il est, sinon à l'image, du moins à l'échelle ordinaire. Ainsi des présentateurs de journaux télévisés ou des concurrents de jeux et de réalisations qui, à la différence des stars du cinéma, « [...] ne sont pas considérés comme des idoles inaccessibles, mais comme des amis que l'on peut traiter familièrement puisqu'on les voit chez soi sur le petit écran[13] ». L'exhibition permet de se voir, de constater la proximité, la ressemblance sociale et/ou culturelle[14]. Il ne s'agit plus de sphères lointaines, celles des stars et des « people », mais d'individus que l'on côtoie ou que l'on pourrait côtoyer[15]. Ils sont des alter ego et quiconque pourrait, éventuellement, avoir la possibilité d'être l'un d'eux. Cela ne dépendrait que d'opportunités, *a priori*, accessibles. Ces dernières ne demandent pas, comme lorsqu'il s'agit des célébrités, de conditions particulières et difficilement atteignables : sportifs de très haut

niveau, écrivains, hommes politiques ou artistes de
renommée internationale. Elles dépendent de critères raisonnablement établis par les producteurs de
ces émissions et, au-delà, par les acteurs de la reproduction de l'ordre démocratique et du consentement
social. Le «rien dire», les banalités y sont les marques
de références et non le débat sur des questions de
société comme déjà l'indiquait Pier Paolo Pasolini, il
y a près de quarante ans[16].

Ainsi, par exemple, de l'émission de la chaîne M6
intitulée *À la recherche de la nouvelle star*. Sous la houlette de l'animateur, responsable de divers jeux et
émissions de télé-réalité dont le *Loft* ou *Nice People*,
une dizaine de jeunes gens sont confrontés à un jury
constitué de producteurs, de réalisateurs et de paro-
liers. Il revient au jury ainsi qu'au public de l'émission, présent physiquement ou virtuellement par
le biais de votes exprimés par téléphone et autres
moyens de communication, de désigner le vainqueur.
Ces candidats ont été assignés dans un lieu fermé.
Des cours de chant, de musculature et des divertisse-
ments sont organisés afin de les préparer dans les
meilleures conditions. De fait, quoique non perçu ni
voulu, pourraient se créer *ex nihilo* les liens sociaux
d'un construit de pratiques heuristiques. Il postule
l'entente alors que l'enjeu ne doit, à très court terme,
que susciter l'antagonisme. L'idée, c'est ici, et à l'inverse de réalisations plus récentes, dont par exemple
L'Île de la tentation ou *Koh-Lanta*, d'induire du lien
social, du moins en apparence, au sein du groupe
formé pour l'occasion et de relier les téléspectateurs
à un éventuel «ensemble populationnel». Les candidats se coulent dans une illusion consensuelle qui
vise à montrer ce que les normes et les liens sociaux
devraient être : une commensalité dans un monde

d'opposition individuelle, celle du libéralisme où, comme dans le monde réel — celui de la production et du salariat —, à chaque épisode de l'émission l'un ou l'autre des candidat(e)s reste sur le bord de la route, «licencié(e)». Cette situation ne va pas sans une mise en scène récurrente et ritualisée d'adieux qui se veulent empreints de sentimentalisme quand bien même la réussite ne peut advenir qu'à un seul, le meilleur. Cela est la norme. Ce n'est qu'isolé que l'on peut atteindre le succès[17]. La réalisation du Moi nie l'intermédiaire d'un collectif, d'un partage équitable, sinon d'un lien social collectif de don et de contre-don.

Pour la série *À la recherche de la nouvelle star*, dont la finale a eu lieu en juillet 2003, les deux derniers candidats, chanteurs, se côtoient accompagnés de leurs familles. Là se présente un jeune Belge de dix-sept ans entouré, sur le plateau de l'émission, de son père, sa mère, une tante et son frère aîné, cohorte apparemment d'origine modeste — ce candidat se dit prêt à tout pour réussir. L'autre finaliste est originaire de Marseille. Il a vingt et un ans et est accompagné de son père, sa mère, ses trois frères, sa petite cousine, famille plus proche des couches moyennes. Donc, des individus ordinaires et deux candidats issus des catégories constitutives du socle social. Il doit être clair, pour le public, que cette chance de concourir, elle pourrait être celle de tout un chacun. Ici, à la différence du *Loft*, comptent l'apprentissage du chant et le talent[18]. De plus, c'est de la décision du public que dépend le sort de ces autres lui-même.

L'émission *Koh-Lanta* prend, elle, pour toile de fond une île du Pacifique proche de la côte panaméenne. Inspirée d'un jeu d'aventures intitulé, dans sa première version, *Expédition Robinson*, elle met en compé-

tition une quinzaine de candidats qui, dans des conditions rudimentaires, doivent non seulement survivre
mais également s'éliminer entre eux. Dans un premier temps, les concurrents se regroupent en équipe
pour partager leurs chances de succès. En fin de
feuilleton, il n'y aura plus qu'un survivant, le vainqueur auquel revient une somme importante. Le
principe est, ici, plus encore que dans d'autres types
d'émissions de cet ordre, d'instiller explicitement du
lien antagonique, la lutte hobbesienne de tous contre
tous. Les premiers épisodes, ceux des regroupements,
visent, avec les encouragements du meneur de jeu, à
déterminer des tensions et à engendrer la suspicion
plus que la solidarité. Lors de chaque épisode, présenté en fin de semaine, les candidats votent en vue
d'éliminer l'un d'entre eux. Ainsi ils se rapprochent
d'une éventuelle victoire qui, après une période où
dominent des équipes, ne saurait être que celle d'un
individu : « Ils vont enfin se battre chacun pour soi[19]. »
Au téléspectateur est montrée la pédagogie de l'éli-
mination, du mensonge, des faux accords, des multiples et diverses ruses encouragés par le scénario.
Elle se traduit par des stratégies de vote visant à écarter les meilleurs, préserver les faibles et ainsi, pour les
plus habiles, réussir à faire sortir du concours ceux
qui seraient leurs plus redoutables adversaires pour
ne garder que des rivaux *a priori* de moindre envergure. Dans la version française, le téléspectateur,
comme dans les autres émissions de télé-réalité, est
confronté à « de vrais gens, au sens d'anonymes[20] »,
par exemple un gendarme retraité, une serveuse, un
moniteur sportif, un ouvrier soudeur... Le choix de
personnes issues de milieux modestes a pour vocation subsidiaire de dévoiler la cupidité, l'amoralisme
et le goût de l'exhibitionnisme, valeurs négatives pré-

sentées comme largement partagées par l'ensemble des couches sociales, dont les milieux populaires, et non restreintes aux couches dominantes, les plus incluses.

Il ne s'agit ni de solidarité ni de lien social, mais de cynisme et de cruauté symbolique, sinon physique — même si les effets comme le scénario et le montage sont sous le contrôle incessant des équipes de réalisation —, présentés de manière plus radicale que dans, par exemple, *Loft Story* ou *Nice People*. Le lien ne se fait que dans la finalité de l'intérêt ponctuel de chaque participant. Chacun instrumentalise les autres et ne cherche qu'à privilégier Ego. Cette pédagogie présente ou induit l'image de la normalité ordinaire des liens sociaux. Le sens de l'accaparement, de l'envie et du gain que les éventuels «sauvages» de Jean-Jacques Rousseau ignoraient doit être perçu comme ne posant pas de questions particulières si ce n'est la mise en valeur des individus les plus aptes à survivre. «Le jeu, c'est le jeu, pas le temps de s'apitoyer.» Ce darwinisme social reflète en partie les thèses dominantes, celles d'une époque qui met en avant la concurrence, une main invisible qui doit éliminer et ne donner ses faveurs qu'à ceux, les inclus, qui, par les moyens les plus divers et avec le minimum de contraintes morales, savent accéder aux voies de la richesse matérielle et symbolique.

Ces mises en scène du quotidien ont quelques accointances avec le cinéma documentaire et ethnologique. Il s'agit, en particulier, de la volonté ou de la prétention à transmettre des pratiques et des attitudes de l'ordinaire de tels ou tels groupes ou fragments de groupes humains, de filmer des «vrais gens» dans la réalité de leurs interactions et non de fabriquer des fictions.

De la fiction réelle dans les documentaires

Luis Buñuel tourne, en 1932, au sud de l'Espagne, en Estrémadure dans la région de Casares de las Hurdes, un film : *Las Hurdes* (Terre sans pain) que l'on peut classer dans le genre documentaire. Il utilise les décors naturels et la population des villages pour donner simultanément à voir leurs conditions mais également, par les choix faits, réaliser un documentaire dénonçant celles-ci comme infra-humaines. Le visionnage ultérieur des coupes et des rushes non utilisés, la mise en scène d'événements : chute d'une chèvre abattue à dessein par l'équipe, déchiquetage d'un âne, enterrement d'un enfant, etc., accentuent le réel de la misère des liens de ces villageois. Ce documentaire sans fiction devient un film « surréaliste », allant au-delà et plus en avant dans le réel effectif et la critique sociale. Cette production sera interdite, à sa sortie, par le gouvernement espagnol.

Montrer les liens sociaux « authentiques », lévi-straussiens « des rapports concrets entre individus[21] », non de « vrais gens » des sociétés dites développées mais de populations exotiques ou à la marge, a été, également, le projet de Robert Flaherty. Il ne s'inscrit pas, comme Luis Buñuel, dans une rhétorique critique mais, plutôt, dans l'esprit des travaux antérieurs de Franz Boas consacrés aux Esquimaux[22]. C'est un anonyme qu'il choisit de filmer dans le déroulement de ses jours et des événements qui les scandent : construction de l'igloo, repas, chasse, cérémonies, fêtes, déplacements, repos, etc. La présentation du film *Nanook of the North*, en 1922, suscite un engouement général. Nanouk, Nyla et leurs enfants deviennent, sans qu'ils le sachent, des stars. Comme les personnages de *Las Hurdes*, ils n'en retirent que peu d'avantages, Nanouk étant mort avant les premières projections (à la différence générale des participants aux émissions de télé-réalité). Nonobstant les reconstructions de scènes tout autant que les partis pris narratifs et formels du réalisateur, on est en présence d'un document pris « sur le vif », soucieux des pratiques quotidiennes et des liens sociaux d'individus ordinaires.

Ces initiatives filmiques rencontrent plus qu'un écho au fil du XXe siècle. Elles suscitent un cinéma documentaire attaché à rendre compte des quotidiennetés itératives. Celui-ci adopte une gamme de positions allant de la monstration critique appuyée sur les moments du réel social de diverses catégories à des retranscriptions se voulant les plus neutres. Parmi ces dernières, *L'Homme à la caméra* de Denis Kaufman, tournant en 1929, sous le pseudonyme de Dziga Vertov (toupie tournante), récuse la fiction au profit du document d'actualité mettant en scène une multitude enregistrée par l'appareil et formellement travaillée, au montage, par le cinéaste[23].

Éloigné de perspectives avant-gardistes, un cinéma-réalité développe des approches où la quotidienneté des liens sociaux propres à tel ou tel ensemble est le centre d'attention. *Farrebique,* du cinéaste Georges Rouquier, transcrit le déroulement des saisons vécu par des paysans aveyronnais à la fin de la Seconde Guerre mondiale. Ces « riches heures » seront, près de quatre décennies plus tard, réévaluées et mises en perspective, comme suite aux effets du temps, dans *Biquefarre.* Centré sur le même groupe, ce film montre l'éclatement ou du moins l'usure des coutumes qui étaient de mise avant la mécanisation et la modernisation du monde agricole. On assiste aux effets dus à

l'intrusion de la télévision. Elle prend la place des
veillées et devient un vecteur non plus de la reproduction et de la création de liens endogènes mais un
modèle incitant à la délocalisation des pratiques et
des valeurs. Ce cinéma-réalité connaît, en France et à
l'étranger, une audience croissante comme en témoignent les œuvres de Joris Ivens, Richard Leacock,
Pierre Perrault ou Frederic Wiseman, en France de
Jean Rouch ou d'Agnès Varda. Jean Rouch en situe
les intentions. Elles ne se rattachent pas à des ciné-
matographies romanesques, documentaires ou sociologiques mais plutôt à l'ethnologie et à la recherche
de l'homme : « Le nouveau cinéma-vérité […] a ses
pionniers, qui veulent pénétrer au delà des apparences, des défenses, entrer dans l'univers inconnu du
quotidien[24]. » Assistant de Robert Flaherty, le cinéaste
Serge Roullet, dans son court-métrage *Sillages*, s'efforce, en 1956, de restituer, également, des quotidiennetés, « de courtes séquences sur riches ou pauvres,
notaire gastronome ou garçon de bistro, en passant par
l'étudiant qui phosphore à Paris ou la cousine qui
"rôde"[25] ». Ces « tranches de vie », tout comme *Les
Chroniques d'un été* de Jean Rouch et d'Edgar Morin,
mettent en scène des situations où, *a priori*, la caméra
fonctionne comme un œil observant, avec le moins
d'intrusion possible, des comportements et des liens
quotidiens. Les synopsis dressent des canevas mais
ceux-ci renvoient plus aux motivations du réalisateur
et aux factualités techniques qu'aux déroulés de ce
qui va être enregistré. Malgré les intentions d'objectivation et de recueil d'un réel comme indifférent ou
ignorant la présence des cinéastes, les biais de la
présence interfèrent dans la saisie de la « vie à l'im-
proviste ». Le montage réintroduit, de manière explicitement assumée (Dziga Vertov), ou plus ambiguë

car moins reconnue dans le choix des plans, l'assemblage des séquences, les chutes opérées, etc., la marque du réalisateur, sa subjectivité et, ainsi, la part d'incontournable de la coprésence d'un *deus ex machina*.

Le lien proposé

La télé-réalité présente des points communs avec ces modes filmiques dont cette visée de transcrire, au plus près, le réel vécu mais mis en forme à dessein. Celui-ci ne devrait pas s'inscrire directement dans une trame fictionnelle. Les actants ne sont pas supposés être des professionnels ou des intermittents du spectacle ni des comédiens amateurs, mais des individus «ordinaires». Les situations dans lesquelles ils sont filmés ressortissent à la vie quotidienne et aux liens sociaux dans leur banalité. Ces éléments que l'on retrouve dans des réalisations du cinéma-vérité sont cependant largement contournés. Les fabrications narratives et techniques s'inscrivent dans une industrie du divertissement et, de plus, dans des stratégies de concurrence commerciale entre les entreprises télévisuelles[26]. Les actants sont sélectionnés après un appel public aux candidatures. L'origine sociale, l'histoire personnelle, le charisme et les effets escomptés des liens potentiels entre ceux qui sont retenus modifient sensiblement la re-création de rapports ordinaires. Dans un autre registre, les documentaristes ont pu également jouer sur telle ou telle variable : le choix de Nanouk, la construction, pour le film, d'un igloo aux dimensions particulières, les rencontres prédéterminées des protagonistes de *Chronique d'un été*, les notabilités réunies pour le repas de

Sillages, etc. Il n'en reste pas moins que la recherche d'une éventuelle authenticité, tout en étant partagée, se décline très différemment. La démonstration que le documentaire, «pris sur le vif», contribue à fournir quant à la connaissance sociale et culturelle ressortit à une autre rhétorique que la logique du feuilleton de télé-réalité. L'intention de ce dernier est également de mettre en scène des rapports quotidiens et les liens sociaux — chacun des actants étant aussi référentiel d'un contexte particulier, compte tenu de sa trajectoire et de son insertion sociale — mais de les pousser dans un cadre ayant plus d'affinités avec les psychodrames joués ou sur-joués qu'avec les propos d'un Gilles Perrault ou d'un Jean Rouch visant à la connaissance et la présentation d'altérités et de leurs caractéristiques *per se.*

Il importe que ces candidats retenus, mis en scène ou qui se mettent en avant soient au plus près d'un public qui doit et peut vivre, comprendre et juger des attitudes ou des réticences qui seraient ou pourraient être les siennes dans des circonstances identiques. La notion plus qu'ambivalente de «vrais gens» recouvre l'idée qu'il ne s'agirait pas de personnes en représentation. De ce fait ils se distingueraient, justement et comme paradoxalement, par l'impossibilité d'être reconnus et identifiés en dehors du cercle de leur entourage social et professionnel. Ce dernier se rattache à des fonctions elles-mêmes peu significatives et donc ne devant ni ne pouvant valoir à ceux qui les exercent une reconnaissance particulière. Là aussi le remplacement de l'un ou de l'une tout comme le départ d'un ancien ou l'arrivée d'une recrue ne donnent lieu, au mieux, qu'à d'éphémères célébrations. Ils n'induisent ni un espoir de renouveau ni une crainte particulière compte tenu du rôle accessoire de celui ou de celle qui est ponctuellement concerné.

Ce sont ces pratiques et ces valeurs qui dominent, peu ou prou, du côté des organisateurs comme de celui des organisés. Les nouveaux écrans (télévision, jeux vidéo, etc.) « obligent à prendre en compte le passage d'un écran qui "fait écran" (l'écran du cinéma, celui de la salle en noir) à un écran où l'individu peut se projeter et miser sur la puissance du direct. Vu du côté de la réception, on a affaire à un changement de nature anthropologique : c'est l'individu qui se mire lui-même sur l'écran/miroir[27] ».

La volonté de répondre à la diversité des attentes fait que cette option de la ressemblance et de l'ordinaire des « vrais gens » ne peut être considérée comme la seule réponse. Les feuilletons de la télé-réalité peuvent reprendre la figure de personnages exceptionnels mais non dans leurs présentations habituelles, académiques de célébrités consacrées et qui sont, comme d'habitude, l'objet de mises en scène confirmant leur notoriété. Il s'agit plutôt de faire appel à des anonymes qui seraient, à leur image, potentiellement porteurs de talents. Le public n'est pas tenu de s'accoutumer seulement au spectacle d'un ordinaire, le sien, comme redoré, sacralisé par sa représentation médiatique. On se tourne vers des proto-héros qui présentent tant des traits coutumiers, reconnaissables que des caractères qui annoncent des itinéraires de vie qui les désaffilient de l'ordinaire, mais cela sans forfanterie ni morgue. Ils sont, de ce fait, opératoires comme objets d'identification, comme icônes et divinités séculières, lares domestiques, apaisants et sécurisants, producteurs de rituels d'accommodement et de compensation. Ils atténuent tant soit peu l'angoisse d'être peu, si ce n'est de prendre conscience de son caractère éphémère, à peine anecdotique, monade friable et rapidement consumée.

Dans le cadre de productions telles que le *Loft* et autres *Koh-Lanta*, là, pour quelques jours, est jouée, pour ceux qui n'ont pas ou que très peu l'occasion de la présentation de soi et *a fortiori* d'une représentation de soi à un public décuplé par l'instrument télévision, la fausseté mais dans le plaisir d'exister ponctuellement, de s'exhiber. Cette attitude est conjuguée avec des manières ponctuelles de faire, des stratégies circonstancielles qui instillent un minimum de respiration, un espace propre, des rites à effet compensatoire, protégeant et signifiant le lien social. Des impressions de collectif, des regroupements, d'éventuels «être ensemble» sont là. L'individu s'y associe et participe de manière tactique, compassée ou émotionnelle plus qu'élaborée. Ces événements recèlent peu de capacités de projection vers des devenirs signifiants, de possibilités de susciter du lien effectif. Pour capter et renouveler incessamment l'attention, ces actants sont insérés dans des situations de l'ordre de l'ordinaire, mais d'un ordinaire comme poussé dans les limites de la banalité ou de la trivialité.

La fabrique du lien personnel : l'affirmation autonome

L'exposition personnelle marque la zone limitrophe et perméable. Elle désigne la marge et le passage entre la posture de repli tactique, d'acquiescement aux contingences et le début d'expression non plus indifférenciée et unanime mais personnelle, là où le sujet porte un regard réflexif sur les conditions qui sont les siennes. Souhaitant se relier à son environnement pour en extraire des avantages, il prend les risques de la présentation, de l'affirmation.

L'individualisme se présente comme la solution à la volonté d'exister et de se lier pour soi-même : ne rien changer, si ce n'est sa position personnelle, et reproduire, à son profit, le donné. L'individualisme méthodologique, paradigme dominant en ce début de millénaire, libère de l'emprise des liens sociaux antérieurs. Les conventions encore présentes relèvent de moins en moins du symbolique ou de l'idéologique mais de la matérialité à dominante économique. Cette dernière implique peu de préséances ou d'étiquettes. Tout un chacun est, *a priori*, apte à en comprendre et à en gérer la logique. Il lui appartient de s'inscrire dans les opportunités et les dynamiques, condition de réalisation individuelle et d'inclusion.

Les orientations actuelles du capitalisme ne considèrent plus comme essentielle l'accumulation du profit par le biais de l'industrialisation et de la production sérielle des biens ou des services et moins encore par les infrastructures lourdes et le capital fixe qu'elles supposent[28]. De ce fait, le salariat apparaît aujourd'hui, et encore plus que précédemment, comme un facteur de contrainte. Une alternative se présente. Elle consiste à conduire de plus en plus l'individu, hier le salarié, à ne plus s'insérer dans le travail collectif de la chaîne ou des bureaux. La perspective d'une carrière et d'un devenir réglementé par des dispositifs négociés globalement au niveau de la catégorie, de la branche ou de l'entreprise, sinon de l'État, doit s'estomper. La montée incitée et constatée de l'individualisme se traduit également au sein des contextes productifs. Cette individuation des trajectoires est déjà patente en ce qui concerne les cadres supérieurs et les personnels de direction. Elle l'est

également pour les moins qualifiés, c'est-à-dire pour
le volant de main-d'œuvre disponible à coûts réduits.
Les «acclus» se perpétuent dans la recherche incessante et, à moyen terme, ritualisée de nouvelles
opportunités. Les officines de travail intérimaire, les
agences pour l'emploi ou la «débrouille» en sont les
séquences stigmatisantes, pour des contrats à durée
déterminée et sans retombées sociales[29].

Récemment la réglementation française attachée
à la définition du Revenu minimum d'insertion est
mise en concurrence avec une nouvelle approche
d'apparence quasi identique mais de fait aux effets
plus radicaux. Le Revenu minimum d'activité ne
repose plus sur le constat d'une carence d'insertion
professionnelle permettant de susciter une aide. Le
RMA part de la situation posée comme «de nature»
de demandeur d'emploi. Dans un contexte de sous-
opportunités, ce type de mise au travail, déjà expéri-
menté en Angleterre, tend à placer un peu plus
l'individu dans les rets du libre-échange, là où on
échange «librement» une survie plus que minimale
contre l'acceptation, sans barguigner, de toute tâche
laborieuse édictée par le marché.

L'émergence, comme éventuelle force critique,
d'«ensembles populationnels» construisant leur cohérence autour de certains rapports aux procès de production et aux liens sociaux, culturels, existentiels
que ceux-ci induisent n'est pas souhaitée. Pour ce
faire, l'une des stratégies est de sortir de ces «forte-
resses salariales» leurs composantes et de les atomiser
en autant d'unités indépendantes. Elles n'auront plus
alors de liens endogènes, d'ossature heuristique issue
de dynamiques ou d'acquis collectifs. Ces entités antérieures seront, par divers biais, appelées à perdre les
dispositifs qui justement induisent des liens sociaux :

regroupement en un seul lieu ou du moins sous un seul libellé entrepreneurial d'un nombre conséquent de personnes et n'ayant que peu de raisons d'adhérer à la logique du profit telle que l'entendent les actionnaires. Ces réserves s'expriment par l'empressement relatif des exécutants, sinon les oppositions déclarées : mobilisations, grèves, mouvements sociaux. Elles entravent ce que devrait être la marche tranquille de l'accumulation.

La logique poursuivie est d'étendre au plus grand nombre ce qui prévaut pour certains, c'est-à-dire à la fois une autonomie plus importante, une responsabilisation personnelle ne dépendant plus de la logique ou des acquis des liens antérieurs, mais également, et comme un aiguillon, d'instaurer une insécurité, gage de mobilité à la fois physique et intellectuelle, de non-certitude[30].

Pour ce faire, l'individu doit se définir lui-même comme totalité. Il lui revient de gérer l'ensemble des paramètres non seulement de l'organisation économique mais également des variables plus sociales, sinon personnelles. Cette individuation doit pouvoir, dans le contexte de mondialisation et de fluidité, répondre aux possibilités et aux attentes de la globalisation des flux humains et matériels. Celle-ci ne souhaite plus être tenue aux contraintes des diverses législations parlant au nom de liens sociaux marqués par l'histoire et par des enjeux qu'il faut entendre, dorénavant, comme et essentiellement archaïques. La stratégie est celle d'une personnalisation à outrance déréglant les acquis antérieurs et laissant l'individu seul face à ses capacités, sans protection.

Cette postmodernité tend à substituer à l'image du salarié celle d'«entrepreneur». Cependant plusieurs éléments restent en suspens, sinon pâtissent à la

démonstration. Le rapport salarial demeure précaire
ou même se renforce quand bien même des tendances auraient pu permettre de penser qu'il serait en
relative désuétude. Il est évident qu'il prend aujour-
d'hui des traits qui ne sont plus ceux des décennies
fordiennes. Les thèses sur l'extinction du travail sont
réévaluées[31]. Elles avaient été élaborées, pour la plupart, dans la foulée des Trente Glorieuses (les trente
années qui, au lendemain de la Seconde Guerre
mondiale, virent la France passer d'un pays rural à
une puissance industrielle) dans les attentes d'une
civilisation des loisirs[32]. Leur volontarisme quelque
peu irénique et prématuré qui avait pu, alors, prévaloir dans leurs argumentations, quand bien même,
pour certaines, elles présentaient des abords à la
Charles Fourier, est éloigné du réel, *hic et nunc*.
Aujourd'hui, il ne s'agit plus de réduire le temps
d'activité. S'il y a effectivement métamorphoses du
travail, cela ne veut pas dire que le rapport em-
ployeur/employé disparaît. Il envahit de plus en plus
sinon sature des sphères qui ne lui appartenaient pas
antérieurement, dont celles de la vie privée et domestique, et s'effectue sous des formes plus labiles, aléatoires sur des temps courts, pour des interventions
factuelles, dans le cadre de contrats ponctuels.

Ces mutations érodent les liens sociaux et les
diverses appartenances qui avaient su, longtemps, protéger leurs pairs. De même, les résistances actuelles
des dispositifs historiques de sécurités sociales, terme
pris dans un sens extensif, assurent encore et mettent
des obstacles aux dérégulations. Elles freinent l'avènement attendu, par les tenants du libre marché, de
cet individu dépendant essentiellement de ses propres
capacités dans la relation à ses moyens de subsistance
et ce à l'exclusion de tout lien et de toute commensa-

lité. Sans relais ni appui, il ne lui appartient plus que d'adhérer à une logique dont il essaiera de masquer le fait qu'elle s'impose à tous sous les traits d'une volonté qu'il aurait choisie. Rousseau déjà soulignait[33] que si le despote assurait la tranquillité du lien social, en retour il obtenait qu'on acquiesce à ses volontés. Toutes choses égales par ailleurs, il en va de même pour les hommes et les femmes du troisième millénaire qui tolèrent, sinon intègrent, les logiques impulsées par les autorités publiques qui, quoique plus magnanimes, n'en conduisent pas moins à la reproduction des rapports d'inégalité.

Ultérieurement, par le biais de la fausse conscience et sur une mise en analyse des conditions et des contextualités tant sociales qu'économiques et idéologique, Georg Lukács évaluait de manière sensiblement proche la qualité des rapports sociaux et les comportements des classes populaires. Même s'il attribue au prolétariat la mission historique de transformation radicale de la société, il met, au centre de son analyse, les processus de réification. Ceux-ci s'expriment sous les traits de la fausse conscience et de l'adhésion ou de la non-prise de conscience, par le plus grand nombre, de l'antagonisme entre leurs intérêts et ceux des couches dominantes. Les philosophes et les sociologues, regroupés autour de l'École de Francfort, se sont attachés à ces « servitudes volontaires » dans leur critique de l'unidimensionnalité, de l'idéologie du progrès technique et social, de l'asservissement, voire de l'assentiment aux conditions édictées et subtilement distillées par les rouages des sociétés contemporaines, éléments que reprend à son compte l'individu stratège. Elles peuvent s'ouvrir sur le paroxysme de la haine de soi, celle du colonisé[34], voire sur la perversion du *kapo*, mimant et reproduisant, contre ses pairs, l'oppression exercée à son encontre.

Le « capitalisme cognitif », arqué sur les potentialités de l'innovation dont serait porteur cet entrepreneur de lui-même, sollicite ces monades indépendantes et donc flexibles. Il les convoque, ponctuellement, ou les ignore sans qu'aucune obligation l'implique en tant que donneur d'ordres. Ce modèle de gestion s'adresse non seulement à une main-d'œuvre sous-qualifiée, mais plus encore à celle, surqualifiée, remise à un même niveau, dans la soumission aux lois du marché.

Cet entrepreneur de soi-même « postmoderne », nomade, présente quelques analogies avec l'artisan, le travailleur indépendant, artiste ou intellectuel. Comme eux, il s'appuie peu sur des corps et des liens constitués[35]. Il lui revient d'être, de manière quasi permanente, en éveil, à l'écoute des possibilités et des opportunités pouvant lui permettre de répondre aux sollicitations et ainsi de combler ses attentes économiques, sociales, culturelles, sinon existentielles. Paradoxalement, cela devrait susciter une liberté qui n'a plus à s'effectuer dans les tensions et les pressions impondérables des liens collectifs. À tout instant cette situation renvoie l'individu à lui-même, juge et partie, producteur et exploitant, patron et salarié[36]. La mise au travail de soi-même pour soi-même ne se rattache plus au labeur tel que compris antérieurement mais à l'expression des potentialités que tout individu porte en lui. Cette perspective élargit le champ de l'individuation. À une extrémité il y a ceux qui, compte tenu de leurs potentiels, ne cessent d'améliorer leurs capacités et d'accéder à cette « fluidité aprofessionnelle », à même de suivre sinon de produire les avancées technologiques et cognitives propres à induire l'accumulation de richesses qui leur sont associées[37]. À l'autre extrémité sont relégués ceux qui subissent les opportunités. Elles leur ouvrent des lucarnes ponctuelles dans un contexte de manque, celui des «acclus» et des exclus, ne disposant que de peu ou de très peu de capacités d'échange[38]. Cette autonomie individuelle établit une passerelle entre, d'une part, la dépersonnalisation réifiée et, d'autre part, l'expression personnelle du moi, posture réflexive où prévaut l'individu.

Le développement du moi stratège

Le tacticien survivait dans les méandres des dispositifs de masse, protégé par les rites d'accoutumance et de compensation qu'il avait élaborés. Le stratège prend, lui, le risque, calculé, de s'exposer et, tout en s'exposant, d'exposer son environnement, le sociologique qui l'entoure et, anthropologiquement, ses propres capacités réflexives. Il s'agit, pour lui, de sortir du repli protecteur des membranes institutionnelles vectrices du conformisme ambiant, des rites d'acquiescement au déjà-là et aux cuirasses qui protègent[39]. S'exposer, côtoyer, c'est construire le sens pour soi. L'anthropos s'exprime non plus seulement de manière latente mais, ici, de façon manifeste. Il ne se tait plus derrière un masque grimé à la béatitude : «Avant 1939, l'Antillais se disait heureux, tout au moins croyait l'être. Il votait, allait à l'école quand il le pouvait, suivait les processions, aimait le rhum et dansait la biguine […] Et ceux qui n'avaient pas le privilège de connaître Paris se laissaient bercer[40].» Les rites de protection et de respiration minimale, il les dépasse. Une originalité émerge là où avait princi-

palement cours la reproduction intéressée du sens
commun.

Ce faisant, la personne se dessine, sa démarche s'affirme. L'expression n'est plus vague et indifférenciée,
adaptable à la diversité des sollicitations éventuelles,
pauvre en capacités cognitives. Le générique se décompose en diversité, au plus près du moi. Ainsi de l'artiste qui donne de la signification à un contexte, à une
peau, à la douceur d'un toucher dans une installation
intitulée « Là où elle me touche ». Une vidéo montre,
en plans très rapprochés, un visage, le sien. Les impressions sensorielles suscitent de la densité existentielle,
des liens métaphoriques : vision d'un espace, du corps,
d'un lieu…, odeur d'une chambre occupée par un
artiste discutant avec les visiteurs ; une fille assise près
du lit, des bougies sur une petite table, des commentaires à lire, à s'échanger, ou à ignorer… Se montrer,
s'exposer, un autre plasticien a installé une vidéo dans
la salle d'eau de sa chambre et invite à y pénétrer, à se
maquiller ou divers ! Filmer et se voir vu dans la
chambre. Un autre espace, une pièce où on est invité
à s'allonger et à lire au plafond un texte. L'une des
installatrices a mis en scène de la végétation, de la
mousse, des feuilles, etc. Derrière un rideau de la salle
d'eau, des photos suggestives attendent le visiteur.
Une vidéo se déroule au ralenti et en boucle filmant
une femme montant un escalier mécanique : monter,
glisser, descendre, remonter et ne jamais atteindre :
densité existentielle et imposition… En l'occurrence,
il s'agit d'une installation présentée dans le cadre
d'une exposition récente se tenant dans un hôtel et
dans ses diverses composantes[41].

Ces dynamiques du moi se disent face aux contingences, mais elles doivent savoir jouer avec celles-ci,
tisser du lien. Le corps devient atelier d'artiste. Ce der-

nier délaisse les normes, s'expose sans limites aux autres, à leurs envies ou à leurs dégoûts. Il sait retenir l'attention par ce qui apparaît ponctuellement comme un excès remarquable. Il suscite de l'attirance et du liant, de l'existence pour soi par le biais d'autrui, lecteur ou spectateur : attitudes, par exemple, de Michel Leiris, de Gina Pane, de Michel Journiac ou de Georges Bataille, au carrefour du lien et du narcissisme : «Je ne suis pas un "moi" auprès d'autres "moi" : je suis le seul moi, je suis Unique. Et mes besoins, mes actions, tout en moi est unique. C'est par le seul fait que je suis ce Moi unique que je fais de tout ma propriété rien qu'en me mettant en œuvre et en me développant. Ce n'est pas comme Homme que je me développe, et je ne développe pas l'Homme : c'est Moi qui Me développe[42]. »

Face aux apories de cette situation postmoderne, l'individu participe non seulement à travers le lien artificiel médiatisé mais à travers les agencements de ses propres stratégies. Comme la figure de l'artiste, face à son moi, l'individu social stratège aménage et dispose, d'une scène et d'un décor à l'autre, pour construire ses propres liens, même fugitifs.

CHAPITRE 9

Nous autres, des aphasies aux nouveaux liens sociaux

À côté des stratégies de l'exposition individuelle, de nouveaux liens sociaux tentent de pallier l'anémie du lien social. En interpellant l'altérité, « le sens des autres[1] », ils visent à imposer une interaction véritable, non plus celle des tactiques et des ruses stratégiques factuelles prises dans le corset des dominations. Il s'agit de rétablir du lien par-delà l'exclusion symbolique et les dispositifs qui réifient, sous d'autres formes que le travail aliénant du XIXe siècle, les individus au monde. Ils génèrent des pratiques, des rites et des « construits endoréiques » retravaillant des entités passées.

En France, près d'un(e) Français(e) sur deux est membre d'une association — leur nombre avoisinerait le million —, soit, en 2002, plus de 21 millions de personne âgées de quinze ans ou plus. Ces adhésions recouvrent des associations de loisirs pour 37 %, de défense de droit et intérêts partagées pour 36 % et pour 27 % de divers types : quartier, religion, troisième âge, etc. En termes de catégories socioprofessionnelles, les milieux diplômés et aisés sont fortement représentées[2]. Les associations remplissent aujourd'hui les rôles exercés antérieurement par, entre autres, l'Église ou la nation. Elles n'ont jamais été aussi nombreuses dans les différentes sociétés occidentales. Elles occupent la fonction de vecteur d'un lien social anémié par la relative fragilisation des institutions consacrées[3]. Cependant des dangers les guettent dont la professionnalisation bureaucratique et leurs marges réduites de représentativité. Elles n'ont pas de «mandats du peuple». Mais au nom de quelles entités devraient-elles s'y référer dans le contexte de fragmentation de nombre d'appareils et d'organisations s'en réclamant[4]?

Ce début de siècle s'accompagne, sur le plan des valeurs comme dans le domaine des analyses, de circonspections plus que de dynamismes. Par comparaison avec les tournants de siècle précédents, celui-ci manque particulièrement de perspective. La frilosité des esprits résulte d'une crise générale des représentations et d'une aphasie des attentes. Le paysage social ne présente plus les traits empreints d'un relatif optimisme qui était le sien, il y a encore peu : celui d'une évolution graduelle, quoique souvent erratique, vers un mieux-être. Ces modifications sous-jacentes, sinon explicites, ne sont pas sans effet sur les modalités de représentation. On assiste à l'apparition, depuis quelques années, de mouvements d'un nouveau type. Ce phénomène suscite des interprétations contradictoires de la part des observateurs et des spécialistes. Certains d'entre eux avancent la thèse d'un repli conservateur et passéiste, d'autres perçoivent une recomposition et l'émergence de nouveaux acteurs remettant en question les contraintes actuelles. Sommes-nous en présence de sel de la terre, c'est-à-dire d'éléments porteurs de critiques mais également d'alternatives, d'«ensembles populationnels cohérents» ou, à l'inverse, d'archaïsmes dénués de toute validité[5]?

À l'observation, il apparaît que le développement et la dynamique de côtoiements a-institutionnels induisent du lien tacite développant des pratiques faisant et donnant sens pour quelques-uns ou, plus explicite, exprimé et assumé dans le cadre d'ensembles populationnels cohérents. Ces productions de « nous autres » s'accompagnent de liens actifs entre les nous, les membres constitutifs de ces entités. Des rapports réactifs se mettent en place face à l'environnement et à l'altérité. Un double mouvement s'instaure. Il provoque, en interne, de la similitude, du partage symbolique et, concurremment, de la différence vis-à-vis de l'extérieur. Le rapport au social se densifie des postures réflexives qu'adoptent les sujets de ces ensembles. La progression, l'extension des liens sociaux s'effectuent en essayant d'harmoniser la tessiture des voix, le registre resserré des attentes et des côtoiements avec les données et les particularités. La proximité produit du sens. Pour Georg Simmel, l'échange de sociabilité n'est ni objectif ni subjectif. Les interactions se font hors statut et hors institutions, pour le plaisir.

Ces avancées s'ouvrent sur des ensembles construits singuliers et animés par le sentiment d'« exister ensemble ». Aux liens sociaux ponctuels se substituent des interactions non plus données mais en formation, un nous particulier, conjugaison assumant et disant l'identité et l'altérité. Ces construits expriment des modalités et des grammaires de réponses aux mutations du contemporain.

Aux liens sociaux ponctuels, ceux que connaissent les tactiques et les stratégies individuelles, se substituent des interactions collectives non plus données par les médiatisations réifiantes, mais en formation. Des affinités fortuites, inattendues, ponctuelles et circonstanciées ou plus durables apparaissent, mais aussi des attractions vaguement électives dans l'environnement du manque et de la rareté.

Ainsi des jeunes de banlieue qui, dans le contexte de la crise du lien social, cherchent à connaître leurs origines, savoir ce qu'ils sont. En se regroupant entre eux ils se reconnaissent comme étant descendants d'immigrés de tel ou tel contexte national, ethnique, religieux : portugais, algérien, sépharade, musulman, etc., mais également, et plus pertinemment, comme rattachés à tels cités, quartiers, voisinages, bandes. «Nombre de "vannes" sont échangées entre soi, c'est-à-dire entre pairs de même origine ou de même couleur, ce qui constitue une manière de créer un lien social entre individus stigmatisés et par là même d'annuler ou de neutraliser le stigmate[6]. » Ils définissent ainsi une appartenance partagée. Ils existent de par des références et des liens endogènes qu'il est possible d'évoquer, d'approfondir, d'améliorer. Par le biais de ces affirmations, de ces constructions de sens, ils prennent de la densité vis-à-vis des autres, des institutions et face aux pressions de la banalisation. Des diversités effectives leur apparaissent, de par les faits historiques et sociaux qui ont conduit à fixer le parcours de leurs parents dans telle ou telle de ces banlieues. Chacun, ensemble, devient conscient qu'il est porteur d'horizons propres, vecteur et producteur de liens, inhérents au processus migratoire[7]. Le lien circule dans la gamme des connotations, de l'hostilité à l'empathie, et ce pour des raisons qu'ils élaborent en s'appuyant sur des déterminismes qui échappent à leurs volontés mais dont ils savent récupérer des dimensions et auxquels ils savent se référer. Ainsi d'une coutume, d'une pratique ou de valeurs traditionnelles affichées : comportements pouvant être marqués au sceau de la solidarité mais également à ceux de la ségrégation et dont, par exemple, les femmes peuvent être victimes. Ces représentations, ils les reprennent à leur compte, pour le meilleur et pour le pire, face aux normes édictée par la société environnante.

Devoir compenser le handicap que constitue l'absence d'appui quant à la réussite scolaire, dans un environnement difficile, tient souvent de la gageure. Réalisée, elle permet de tant soit peu envisager un devenir plus inséré que celui de ceux qui, à seize ans, ont abandonné leurs études. Ces derniers vont connaître, sur le marché de l'emploi, les conditions les plus défavorables — celle des acclus/exclus — en termes de conditions de travail tout comme de rémunération quand ce ne sera pas une quasi-impossibilité d'accéder au monde professionnel. Il n'en est pas forcément de même dans le champ de la culture : « À des degrés divers, ils possèdent des capacités de résistance appuyées, la plupart du temps, sur des thèmes culturels valorisant l'expression personnelle et la créativité[8]. » Ces populations se déclinent collectivement « [...] à partir de convictions "privées" où le collectif est approprié d'un "point de vue" personnel[9] », et non, comme antérieurement, par la prééminence de valeurs immanentes dont en particulier celles de la classe sociale.

Des rites d'expression collective trament ces liens sociaux. Cela peut être l'occasion de l'émergence de construits de pratiques suffisamment pertinentes pour induire des ensembles populationnels : « C'est à la fois autour de la culture au sens sociologique mais aussi dans ses conditions d'émergence anthropologiques, la proximité et l'interconnaissance, que nous pouvons voir apparaître des registres de sens [...] C'est bien un ensemble de perceptions et d'affects, tout autant que de conditions sociales et matérielles qui fonde l'objet "jeunes de banlieue"[10]. »

De même, des collectifs singuliers sont en expansion autour, par exemple, de la sociabilité de quartier, de la pratique artistique et plasticienne ou de nouveaux mouvements sociaux.

Repas de quartier

En 1991, à Toulouse, Claude Sicre et les Fabulous Troubadours mettent sur pied des rencontres. Depuis, elles se répètent, chaque année. Leur succès a conduit de nombreuses grandes et petites agglomérations à suivre cet exemple. Les initiateurs accompagnent de leurs conseils, nés de l'expérience, ces festivités. Ils précisent qu'il ne faut pas tracer des analogies trop directes entre celles-ci et d'autres manifestations ayant une origine institutionnelle ou du moins encadrée dans des contextes et des liens sociaux préétablis : « Les repas de quartier ont pour but de faire exister éphémèrement des communautés choisies qu'il faut toujours reconstruire[11]. » Cet événement est tel qu'il a été défini à son origine et tel que l'intention continue à prévaloir : « C'est du fantastique social réalisable[12]. » Le lien est à fabriquer quasi *ex nihilo* si ce n'est un ancrage à l'environnement urbain de proximité. À la différence des commensalités organisées par des organisations reconnues comptant un certain nombre de membres, situations qui de fait posent le lien social comme déjà préconstruit, ces repas interpellent l'anonymat : « Ce qui est intéressant, c'est de relativiser cette tendance avec la création de communautés éphémères, parce que si les liens créés au repas se distendent vite, il y a quand même chaque

fois une avancée de l'interconnaissance[13]. » Ces rencontres sont les arrimages d'une démocratie. Elles
évitent les présupposés et les lieux communs pour
s'engager dans l'émergence des liens débordant les
caractéristiques professionnelles, culturelles et sociales
des participants. On est en présence d'interconnais-
sances ponctuelles, d'un construit : un lieu, une date,
une initiative et éventuellement une durabilité d'ensemble populationnel à plus longue portée.

Ces initiatives prennent différents visages. Ainsi,
par exemple, de l'un d'eux. Pour la seconde année
consécutive, ce repas de quartier se tient dans une
impasse d'un arrondissement parisien. Ce contexte
n'assure pas moins une ouverture sur le quartier et
vers les habitants non directement voisins. Des affichettes ont été apposées dans quelques vitrines de
commerçants ainsi que collées à un ou deux supports
du mobilier urbain. Elles annoncent cet événement[14].
« C'est sympa, c'est un parent d'élèves de l'école qui a
pris l'initiative. » La première année, le directeur de
l'école prête des tables et des bancs. Se présenter en
tant que voisin demeurant dans l'un des immeubles
mitoyens entrebâille l'accès. Les animateurs et les personnes présentes sont, pour une très grande part, des
parents d'élèves dont les enfants fréquentent l'école
élémentaire située dans cette impasse même. Ces derniers ont des camarades, ce qui sollicite des sociabilités entre parents respectifs dont la plupart se situent
dans la tranche d'âge 30-40 ans. Plus de mères que de
pères sont présents. Elles relatent les débuts amoureux de leurs fils ou de leurs filles. Ne pas avoir de
progéniture scolarisée dans cet établissement ou dans
l'un de ceux proches est compensé par la mitoyen-
neté du domicile et la présence en couple, situation
plus conforme, sinon plus rassurante, que celle d'un

adulte seul et sans enfants. La « normalité » de l'ensemble, sa cohérence éventuelle résultent de cette présence dominante de participants associés au monde de l'enseignement : parents, enseignants, élèves. Ils s'inscrivent dans la toute proximité et la fréquentation habituelle liée aux rythmes scolaires. Ce positionnement induit des liens sociaux associés aux us, aux coutumes et aux interactions d'enfants scolarisés ainsi qu'aux diverses pédagogies et aux soucis parentaux. Des distinctions prévalent et sont explicitées entre ceux dont les enfants sont inscrits dans tel ou tel autre établissement, occasion de débats ou du moins d'échanges attendus et normés : « Nous, on est de... » La proximité du domicile permet la tolérance pour ceux qui ont des enfants plus âgés et scolarisés ailleurs.

Établir le lien social est un défi. Contrairement aux services payants de structures marchandes et institutionnelles qui assurent des sociabilités à l'usager-client, il n'est, ici, aucunement garanti. La présence de celui qui n'est pas connu et reconnu est peu sollicitée. Des tréteaux sont dressés et les gens ont engagé le repas. Il n'y a quasiment rien pour s'asseoir sauf des bornes municipales ou quelques bancs. Les plats très variés apportés par les participants sans véritable concertation sont offerts aux convives. Les enfants se servent dans une bousculade relative. Des conversations s'engagent. Pour une grande majorité, tous se connaissent depuis la prime scolarité de leurs enfants. L'une des qualités de ces repas de quartier c'est, éventuellement, de faire connaissance du voisin de son propre immeuble. Les discussions restent généralement anecdotiques. Elles abordent peu des événements ou des points de vue sociopolitiques. Elles portent souvent sur des questions rattachées au statut de parents d'élèves et peu ou pas sur les professions des uns et des autres

sauf lorsqu'un nouveau venu attire l'intérêt par son
inscription professionnelle dans un contexte proche
mais différent. Il y a un certain plaisir à bavarder avec
des personnes inconnues mais perçues comme du
voisinage[15]. Des connaissances s'y retrouvent. Leur
participation relève de l'espace public.

Aucune barrière ni contrôle n'interdit à qui que ce
soit de s'associer à ce repas : ainsi d'un homme seul,
immigré, détonnant dans le concert, un *outsider* mal à
l'aise et, peu ou prou, ignoré par les présents[16]. Un
entre-soi, un non-dit minimal accoudés sur des conni-
vences vestimentaires et langagières tissent des liens
sociaux d'appartenance. La commisération n'est apparemment pas de mise. L'« étranger » devient un révé-
lateur de l'identité d'un ensemble populationnel
construit ponctuellement mais effectivement sur une
reconnaissance due à une présence dans la proximité
physique et symbolique, celle d'habitant d'un certain
quartier.

Une fois le repas terminé, les actants n'en restent
pas moins qu'entraperçus, ainsi de ces personnes
demeurant dans un même immeuble mais n'engageant
de véritable conversation que lors de ce repas annuel.
Cet exemple, parmi d'autres (habitants contournant
ou évitant explicitement le lieu), montre la précarité
de liens sociaux émergeant de ces événements même
s'ils suscitent, sur le moment, des empathies factuelles. « [...] en circulant dans les quartiers nous
avons compris qu'il fallait du temps pour que l'idée
s'installe, et que dans certains endroits, ce que vou-
laient certaines personnes, c'était surtout de *ne pas
manger ensemble* avec leurs voisins, ne pas se mélanger,
moi ça m'a surpris, je croyais naïvement que ça allait
prendre comme un bûcher[17]. » Le droit à la méfiance
et à l'indifférence est consubstantiel aux métropoles,

comme le souligne Georg Simmel[18]. En 2003, faute d'autorisation préalablement déposée, la date initiale du repas est reportée. Concourent à ce décalage le climat social, les grèves, les manifestations et leurs résultats plus que limités tout comme la fatigue des enseignants mais également les réticences de la mairie qui n'apprécie pas ces réunions de quartier où elle ne retrouve pas ses affidés.

Ailleurs, l'antériorité d'associations à vocation diverse : environnementalistes, ludiques, pédagogiques, politiques, etc., participe à structurer plus effectivement des repas organisés chaque année sur une place de marché tout en ne les limitant pas à leurs seuls adhérents et sympathisants. L'annonce est réitérée par haut-parleur dans un véhicule circulant dans les alentours de ce quartier populaire. Cependant la mixité reste relative. La présence de ces associations productrices de lien social peut, contradictoirement, susciter de la déliaison. L'intercession d'une figure reconnue aide à l'insertion ponctuelle et ce d'autant que celui qui était interpellé négativement : « Mais vous n'êtes pas du quartier ! » peut exciper de rapports avec telle ou telle organisation, de sa connaissance du lieu, sinon de liens professionnels ou amicaux avec des résidents.

La construction de la coalescence ne se fait pas de manière lisse. Elle doit ajuster des sujets qui, ordinairement, tiennent à leur autonomie et leur spécificité, sinon s'en réclament. Le hasard des rencontres et la facilité des ruptures de charge conviviale préservent les distances, les possibilités de ne pas s'impliquer outre mesure et de garder son quant-à-soi. La montée de manières d'être et de se dire par trop déclamatoires peut induire de la réticence et du rejet, exister ensemble mais préserver sa singularité. Ces questions et ces dilemmes sont habituels. Ils concernent ceux qui ne connaissent pas ou qui ne partagent pas les valeurs du construit, sinon de l'ensemble. Comment les approcher tout en préservant la singularité du nous-autres ? L'inquiétude du sujet individuel face à la « bureaucratisation » éventuellement nécessaire pour assurer l'existence de ces entités : repas institutionnalisé, adhésions formelles, contraintes de participation, est « normale » et récurrente compte tenu des nombreuses expériences négatives que lègue l'histoire.

Les logiques poursuivies dans ces repas de quartier sont proches de celles des participants aux squarts. Elles mettent en œuvre effective leur volonté de prendre des initiatives qui se réclament plus de contre-pouvoirs que de critiques actives des rapports de domination.

Exister ensemble : les squarts

Ce néologisme désigne les occupations illégales de locaux lorsque les squatteurs à l'initiative de ces actions sont composés principalement d'artistes. La crise, l'appauvrissement et l'absence d'ateliers — il n'y aurait que deux mille ateliers pour dix mille artistes parisiens — sont des éléments qui déterminent ce type d'action compte tenu de l'impéritie des aides publiques. Il faut des années pour obtenir un atelier. De plus, il est fortement conseillé de s'inscrire à la Maison des artistes et, pour ce, de démontrer, par les ressources provenant de la vente de ses œuvres, que la requête est justifiée. Des locaux sont attribués à vie alors que parfois ils changent de propriétaires et ne correspondent plus à leur vocation première. En temps normal, malgré les lettres envoyées, il n'y aurait pas ou peu de réponses et c'est seulement lorsque les artistes veulent occuper des espaces vides que les propriétaires : mairies, entreprises ou autres mettent en avant un projet ou un équipement pour ces lieux, jusqu'alors abandonnés. Il est donc quasiment impossible pour un artiste, de surcroît jeune, de trouver un atelier. Le plus souvent il dispose, au mieux, d'une chambre de bonne ou d'un espace de quelques mètres carrés. Au pire, il travaille dans son lit,... cela sans évoquer le sort des sculpteurs. Par contre il n'en est pas de même pour celui qui a pu accéder au circuit académique et, plus encore, aux structures subventionnant un petit nombre. La plupart sont cooptés et insérés, entre autres, dans des « kits » proposés, dans une logique de marché, aux régions et aux musées par le biais des Frac (Fonds régionaux d'art contemporain) et des Fram (Fonds régionaux d'aide aux musées). « La décentralisation n'aide pas spécialement les artistes locaux. Il y a pas d'accès démocratique à l'art, on n'a pas sa chance. » Ces propos d'un squatteur sont partiellement corroborés par Raymonde Moulin :

> « Les élus sont souvent accusés de provincialisme et d'électoralisme par les professionnels de l'art qui leur reprochent leur manque d'information [...] De plus, la réputation nationale ou internationale des artistes dont ils acquièrent les œuvres avec l'argent des contribuables les protège contre les accusations d'électoralisme — dont ils seraient passibles s'ils se réfugiaient derrière la sanction du public local — ou de clientélisme — dont ils seraient passibles en soutenant exclusivement des artistes du cru[19]. »

Le « kit » permettrait d'échapper à l'arbitraire de choix dans des domaines où les responsables régionaux et locaux se considèrent comme peu compétents. Les décisions sont renvoyées aux avis des conseillers artistiques et, par là, aux tenants de l'orthodoxie et des modes esthétiques et marchandes[20].

Pour essayer de trouver des solutions à cette carence d'ateliers, donnée que l'on retrouve également à l'étranger, l'un des recours devient l'occupation sans autorisation ni accord préalable d'immeubles et de locaux non habités. Lassés de figurer sur des listes d'attente interminables, certains choisissent ainsi de trouver eux-mêmes une solution. L'occupation et l'installation dans de tels endroits apparemment vides apparaissent comme l'une des rares alternatives.

Les lieux choisis sont, généralement, des friches inutilisées ou des immeubles vides de résidents et cela souvent depuis de nombreuses années. Ces occupations répondent au constat que Paris perd ses habitants d'origine populaire et que des millions de mètres carrés sont en grande partie vides. Détenus entre autres par des banques et des compagnies d'assurances, ils constituent, pour ces dernières, des fonds de garantie. La propriété foncière ne rencontre pas, à un même degré, les risques ou les bénéfices à espérer du marché boursier du moins lorsqu'une bulle spéculative n'est pas de mise. Laissés inoccupés ils jouent, ordinairement, le rôle potentiel d'éléments de négociation dans des affaires ultérieures. Par ailleurs les loyers augmentent, ce qui force les populations les moins fortunées à quitter les centres urbains pour les périphéries. Dans ce contexte, des entreprises investissent les logements qui se transforment en bureaux. L'État dispose également d'un important parc immobilier gelé, pour diverses raisons, dont le fait que les bâtiments dépendent de telle ou telle administration. Celles-ci les considèrent, du moins jusqu'à une date récente, comme faisant partie de leur patrimoine. De ce fait, elles préfèrent, habituellement, qu'ils restent vides plutôt que s'engager dans des procédures de location ou de vente.

La réponse des autorités dépend du statut du lieu. Une procédure d'expulsion peut être émise par un juge des référés. Elle est exécutée sous l'autorité du ministère de l'Intérieur et cela à la suite d'une plainte de propriétaires privés réclamant la pleine jouissance de leur bien, en l'occurrence le lieu occupé par les squatteurs. Lorsqu'il s'agit d'un bâtiment appartenant à une municipalité, selon l'orientation politique de celle-ci, des possibilités autres que l'expulsion *manu militari* existent. Des contrats d'occupation précaire peuvent être établis entre les villes et les squatteurs, en attendant une affectation définitive des locaux préemptés. Ainsi, par exemple, à Paris, et ce depuis le changement de personnel politique résultant des élections de 2002, ces positions plus affirmées résultant des choix politiques des élus parisiens ou du moins de ceux y détenant aujourd'hui la majorité[21]. Elles reflètent les orientations qui leur ont valu d'obtenir le suffrage d'une majorité d'électeurs. Au mieux, c'est ce qui se dessine pour quelques squarts dont celui du 59, rue de Rivoli.

À Paris et dans sa région, les premiers squats d'artistes datent des années 1980. Ainsi en est-il de l'Art-Cloche, squart situé dans le 14e arrondissement. Avant cette époque, ce type d'action existait mais il s'agissait principalement d'occupations relevant de mobiles sociopolitiques.

En 1979, dans le 14e arrondissement, un local, ancien entrepôt abandonné situé rue d'Arcueil, est investi par des sans-logis. Prenant connaissance de cette occupation et étant à la recherche de lieux pour travailler, des artistes dont Nicolas Pawlowski, Henri Schruder, Jean Starck s'adjoignent aux premiers squatters : les clochards. « On voulait faire le Bateau Ivre de Montmartre ou la Ruche de Montparnasse. » De cette mixité entre les divers occupants émergent des liens sociaux tant symboliques qu'effectifs. Ils déterminent l'appellation donnée au lieu : Cloche-Art devenant, plus présentable, Art-Cloche. Progressivement, le contingent d'artistes s'étend. La similitude de certaines de leurs conditions dont l'absence de lieu et de revenus tangibles les rattache aux clochards et aux exclus. Les manques et la précarité mais également des réalisations communes et un esprit anticonformiste de révolte et de rejet des valeurs dominantes, pour les artistes celles du marché de l'art relayées par les critiques, les galéristes et les conservateurs, constituent la trame des liens sociaux entre les uns et les autres. « L'adhésion à Art-Cloche avait lieu en premier : dans l'acceptation de cet espace collectif illégal où les tensions créatives étaient constellées de bouteilles de vin de mauvaise qualité[22]. » À ces éléments s'ajoute la stigmatisation des critères classiques d'harmonie et d'unité au profit du recours à des rebuts et à des déchets les plus divers, ceux qui bornent l'horizon usuel de l'exclusion : « Art-Cloche a construit son temple, dans le ventre des débris que charrie notre technologie quotidienne[23]. »

Aujourd'hui ce squart intitulé le CAES (Centre autonome d'expérimentation sociale) s'est installé à Ris-Orangis. Les principes qui animent cet ensemble populationnel s'établissent autour d'échanges approfondis et de longue durée. Ils visent à donner à voir, par le travail artistique, du social. D'autant que le lieu a également une vocation de réinsertion de personnes en difficulté : « C'est pas juste un espace mais on veut travailler ensemble, créer quelque chose.» Les questions politiques sont plus «incarnées que proclamées », ce dont témoignent les liens sociaux tissés et résultant tant des conditions de vie des artistes que de leurs rapports à l'exclusion. Ils «existent ensemble ».

À une dizaine d'années de distance, en 1999, un squart s'installe dans un immeuble inoccupé appartenant à une compagnie d'assurances, situé à l'angle de la rue du Quatre-Septembre et de la place de la Bourse, dans le 2ᵉ arrondissement de Paris. L'un des artistes, Gaspard, plasticien, occupe une place importante dans ces opérations. Il a connu, précédemment, les squarts de la rue Pastourelle et de Ssokapi (Picasso en verlan), installé rue de Thorigny, en face du musée Picasso, avant d'investir celui de la Bourse, lieu symbolique en face du palais Brongniart. Ce centre de la finance est en fait vide depuis plusieurs années. Il jouxte le pôle médiatique que constitue l'Agence française de presse. Gaspard a donc vécu plusieurs années d'expulsion en expulsion. À chaque fois, il faut, pour lui et ses camarades, reprendre leurs affaires et retrouver un autre local pour y réaliser leurs productions. Ces pérégrinations sont plus que pénibles physiquement et symboliquement pour des peintres, des sculpteurs, des vidéastes dont, entre autres, les outils et les matériaux sont encombrants et fragiles.

«Il faut être au moins dix-quinze pour mettre en place le squat. » La procédure d'occupation consiste d'abord à repérer un local. Il faut y pénétrer, changer les serrures et déposer une main courante notifiant l'occupation au commissariat de police le plus proche. «Pour entrer, on prend des risques, c'est des lieux pourris, il y a des pigeons morts. Il faut se raccorder

en piratage à l'électricité, voire à l'eau. Au début, il
y a pas grand monde. Il faut travailler dur la nuit,
décharger les gravats.» L'argumentation des squarteurs repose également, au-delà de la nécessité d'un
lieu, sur le regain de vie qu'ils donnent à un espace
mort. L'idée, c'est de réanimer la ville et de récréer
des liens sociaux dont les artistes deviennent les vecteurs : «On viole la loi consciemment, on risque
quelques jours de prison, des amendes... On le fait
question de nécessité, question aussi de morale [...]
Si l'expulsion émane du propriétaire, cela peut aller
très vite, cela va au tribunal en procédure de référé.
Le problème c'est de gagner du temps.» Les trois
piliers du «59» sont Kalex, Bruno et Gaspard, les
«ouvreurs du lieu».

Le squart du 59, situé au cœur de la ville et de la
société de consommation, le triangle d'or de la rue
de Rivoli, a obtenu, au début, un délai de plusieurs
mois. «C'est un pied de nez au vide de la ville... On
savait que les journalistes allaient bouger, on n'a de
réponse qu'à partir d'écho médiatique.» Il s'intitule :
Chez Robert, électrons libres, et est géré, bénévole-
ment, dans le cadre d'une association suivant la loi de
1901 (59 Rivoli). Les portes du lieu et celles des ateliers sont ouvertes régulièrement et gratuitement au
public, ce que ne font pas tous les squarts. Il y aurait
eu quarante mille visiteurs en 2003, ce qui en ferait
donc l'un des lieux de l'art contemporain les plus
visités de Paris. À la différence des musées trop éli-
tistes, l'art contemporain n'y est pas sacralisé. Le
public, constitué d'un nombre conséquent de jeunes,
est confronté de plain-pied dans une ambiance sans
afféterie au milieu de travail et de vie. Il n'est pas
tenu à distance. Il côtoie, il discute et déambule sans
gardien ni muséographie. Les processus de produc-

tion des peintres, des sculpteurs, des vidéastes, des installateurs, etc., s'effectuent dans les pièces transformées en atelier, sur les six étages de l'immeuble. Ce soutien populaire est très important. Les matériaux utilisés sont des rebuts et des déchets récupérés dans la rue et dans les boîtes à ordures, nécessité faisant loi.

«Chez Robert» est un outil de travail qui s'inscrit dans le rythme du quartier. Pour que le construit perdure, il faut éviter les plaintes : recevoir le public et les médias, obtenir le soutien de divers élus, pérenniser les activités et démontrer qu'il n'y pas de trouble à l'ordre établi. Il ferme à partir de 20-21 heures. Une dizaine d'artistes logent sur place, les autres viennent pour travailler. Tous cotisent pour en assurer le fonctionnement. Une relative mixité entre les garçons et les filles est, *a priori*, respectée. Les espaces sont attribués hors de toute considération tenant aux divers courants esthétiques du moment. Des squarteurs tels qu'Amidou tout comme le Suisse marocain apprécient les inspirations mutuelles entre artistes ainsi que les rencontres avec le public. Certaines pièces sont réservées pour les expositions extérieures. «On essaie de constituer un micro-monde avec des nationalités et des âges divers.»

Après un sursis du tribunal, compte tenu de l'absence de plainte et de dégradation ainsi que de la carence de projet du propriétaire, les contacts pris avec la mairie de Paris conduisent celle-ci, en 2003, a racheter l'immeuble. Cela fait suite aux élections municipales qui se traduisent par un changement de majorité à l'avantage de la gauche. Une convention d'occupation précaire est mise en place. Cependant la mise aux normes de sécurité d'un lieu recevant du public implique des charges que la mairie considère comme trop importantes. Elle envisage donc une fermeture, une mise en conformité et une restriction de l'accès. Une telle proposition va à l'encontre de l'idée originelle du squart. De plus les revenus des artistes ne sauraient couvrir les frais d'entretien du lieu. En attendant une solution, le 59 Rivoli n'est ouvert, à l'automne 2004, qu'en fin de semaine.

En l'absence de subventions, les moyens d'existence de la plupart dépendent du Revenu minimum d'insertion. Certains sont intermittents du spectacle, enseignants, colporteurs de la presse gratuite du matin, livreurs de plats cuisinés ou font d'autres petites prestations. Le (la) conjoint(e) aide, souvent, à faire face aux difficultés. Pour quasiment tous, il leur est impossible de vivre de la simple vente de leurs productions.

Néanmoins, afin d'assurer leurs possibilités d'expression et de préserver ces locaux, un lien social effectif s'établit tant entre ces artistes d'origine sociale et nationale diverse qu'avec le public, visiteurs et voisins. Les liens collectifs sont inhérents au contexte dans ses prémisses : la mise en place de l'occupation, ainsi que dans les dispositions à prendre pour assurer la continuité de l'expérience. L'enjeu d'une démocratie effective et la prévention des excès nécessitent une attention constante. À défaut, ce qui est advenu dans plusieurs lieux comme par exemple à Art-Nation, les squarts se retrouvent squattés par des squatteurs non attendus : «Trop de techno, trop de violence!», ce qui suscite le départ des initiateurs.

Entre participants, les échanges portent peu sur leurs réalisations réciproques, les points de vue et courants esthétiques étant très partagés. Ce type de débat se tient plutôt avec les visiteurs.

La transition entre une précarité illégale «mais non illégitime» des débuts et une précarité légale, depuis peu, est critiquée par certains. Les décisions se prennent dans des assemblées générales souvent houleuses. Cela ne va pas sans difficultés ainsi de celles de cette artiste critiquée parce qu'elle ne travaille pas assez, qu'elle ferme sa porte et qu'elle considère que le lieu s'institutionnalise.

« *Le travail mais pas un métier* »

Ces « exister ensemble » présentent la particularité d'avoir recours à des locaux qui, le plus souvent, sont d'anciennes usines, des entrepôts, des lieux marqués par la donnée centrale qu'est le travail subi. Il est paradoxal ou symboliquement intéressant de constater que l'insertion de ces artistes s'effectue dans des contextes qui, pour des générations d'ouvriers et d'employés, ont été vécus comme facteurs de contrainte, sinon d'humiliation. Les squatteurs, tout en rejetant ces conditions, se réclament dans le même temps d'un goût du travail et de l'effort. Pour réaliser des productions artistiques faites de confrontation plus ou moins violente avec des matières apparemment inertes : écran, toile, métal, pierre, etc., mais comme résistant ou s'opposant implicitement aux modifications que l'artiste veut leur faire subir, il leur faut avoir recours à des efforts indéniables. Cela est proche du travail de l'ouvrier qualifié ou de l'artisan, et les squarteurs savent y faire référence. Donc ils prolongent des gestes et des valeurs, ceux entre autres de la maîtrise de la matière, de la force physique et de l'habileté manuelle qui ont marqué ces enceintes aujourd'hui closes. Mais ils le font dans un contexte symbolique qui, dans son projet, met en exergue non la contrainte du travail subi car indispensable, mais comme à l'envers une activité

qui se rattache à du travail, dans une arène où prévalent cependant les notions de libre choix, de liberté et
de réalisation existentielle, individuelle et collective.
Ils établissent des liens sociaux où coexistent des
expressions personnelles mais également plurielles,
dans l'entre-soi et vis-à-vis de leur environnement.

Cependant, le squart ne peut être défini et reconnu
comme tel qu'à la condition nécessaire qu'il puisse
être perçu comme relevant d'un cadre, voire d'une
volonté effective, assumée et partagée. Il ne s'agit pas
de « fait social total » maussien, lequel met en mouvement la totalité de la société et de ses institutions mais
de construits heuristiques, voire d'ensembles populationnels à destinée plus ou moins longue[24].

Plus généralement, les productions culturelles
auraient la capacité de donner à voir et à entendre,
sous des registres spécifiques, ceux de la musique, des
arts plastiques, de la littérature, etc., ce que le lien
social révèle par les mouvements sociaux. Dans le cours
de l'histoire, elles révéleraient aux collectifs constitués
ce dont ils sont porteurs, sans en prendre effectivement conscience. Lucien Goldmann soulignait la
circulation effective et assumée entre la conscience
individuelle : le créateur, et la conscience collective,
entre la dynamique associant le processus historique
et les formes les plus adéquates pour l'exprimer[25].

Les artistes présentent, de fait, des capacités allant
au-delà de ce qui leur est habituellement reconnu, à
savoir des mises en forme personnelles, éventuellement irréductibles à toute contextualisation autre que
celle de leur propre singularité. L'esthétique flauber-
tienne postule que « l'art, la seule chose vraie et bonne
de la vie », « l'homme n'est rien, l'œuvre tout »[26]. Ces
propos, tenus dans sa correspondance (en septembre
1851 puis en décembre 1875), relèvent des thèses de

l'art pour l'art. Ces positionnements décentrés et quiétistes s'énoncent non seulement en réaction aux positions idéologiques d'une des périodes les plus socialement contestataires de l'histoire contemporaine, celle des insurrections du XIXᵉ siècle, mais également face aux *doxas* conservatrices de l'époque. Theodor Adorno, traitant des rapports et des liens entre la création et le social, met à distance ce formalisme radical : « L'aspect asocial de l'art est la négation déterminée de la société déterminée. [...] l'art autonome, par son refus de la société qui équivaut à la sublimation par la loi de la forme, s'offre aussi comme le véhicule de l'idéologie : dans sa distance, il laisse également intacte la société dont il a horreur [27]. » Il n'appuie pas, pour autant, le volontarisme démonstratif d'œuvres réduites aux messages qu'elles sont supposées véhiculer : « Les œuvres d'art qui cherchent à se débarrasser de leur fétichisme par un engagement politique très problématique ne manquent jamais de s'empêtrer dans une fausse conscience sociale, par une simplification inévitable et vainement prônée [28]. » L'énigmatique de l'œuvre est partie de sa survie, de ses capacités ultérieures d'interrogation : « Ce qui est social en art, c'est son mouvement immanent contre la société et non sa prise de position manifeste. [29] » Il y a des paliers multiples entre le contenu de vérité et de capacité cognitive et les intentions de l'artiste. Des décalages s'instaurent de manière récurrente entre la conscience claire des intentions du producteur et les fragments déconstruits d'interférence immaîtrisée.

Les mouvements sociaux et les liens que peuvent produire des artistes sont également morcelés entre des objectifs élaborés et l'infra-intentionnel. Ces collectifs ne se résolvent pas ou très partiellement à reconnaître les hiatus entre l'exprimé et le constat latent d'une maîtrise illusoire, d'un refus inexprimé des pourquoi et des comment de leurs propres dynamiques. Le plus souvent, ils tergiversent face aux transcriptions réalisées sur un registre autre que celui des énoncés socio-économiques[30].

La finalité des liens sociaux que proposent ces artistes, c'est de quitter leurs ateliers individuels pour s'immerger et inscrire leurs productions sur la scène sociale, ce à quoi invitait Kazimir Malevitch : « Camarades, rejetez vos préjugés, ouvrez les portes de vos ateliers et nous formerons l'auditoire unique de notre cause commune. Tracez sur les paumes de vos mains *le renversement du vieil art des formes et la création d'un art nouveau*[31]. » Ainsi ils s'attacheraient à établir une médiation idéelle et concrète entre œuvre et société[32].

Entre artistes et mouvements sociaux il y a de la gratuité, quand même elle impliquerait, en filigrane, un contre-don, une réciprocité, mais celui-ci n'aura pas l'apparence monétaire. Il pourra emprunter l'arc des sentiments et des pratiques, enjeux des motivations reliant individus et cohérence populationnelle. À l'opposé de ces tentatives, celles des squarts et des mouvements réactifs, l'institutionnalisation, elle, surprime l'individu. L'environnement, l'exposition officielle comptent plus que la réalisation. L'institution, le musée font l'œuvre. Ils détruisent les formes de solidarité ou du moins éloignent le champ culturel de liens potentiels avec le social et ses mouvements. Jean-Jacques Lebel, artiste polyvalent, acteur tant d'installations que de happenings, voit peu de différence entre les mœurs actuelles et celles d'il y a près d'un siècle, celles où Marcel Duchamp ne trouvait pas, dans Paris, un lieu d'exposition alors qu'aujourd'hui il est une des références essentielles tant des artistes

que des institutions : «Il faut être dans un créneau
— je déteste ce mot! — et ne plus le quitter. Celui
qui refuse d'être incarcéré n'existe pas. Les institutions culturelles sont là pour y veiller[33]. »

Démonstrations collectives

Le terme de solidarité est associé à la notion de
lien social. Il connaît une audience indéniable dans
le cadre d'une morale sociale dont les assises reposent en grande partie sur la démarche sociologique,
c'est-à-dire sur l'étude des phénomènes sociaux dans
une perspective non seulement analytique mais également à connotation éthique et telle que les auteurs
canoniques de la discipline l'ont exprimée depuis
Max Weber et Émile Durkheim. Dans ses lectures les
représentations du social se rattachent à une philosophie du monde qui considère que la démarche scientifique ne peut éviter de porter un jugement d'ordre
moral sur les phénomènes observés[34].

Aujourd'hui un glissement s'opère au bénéfice
d'autres significations. Elles sont attribuées non plus
principalement à des schèmes macrosociologiques,
prescripteurs sinon volontaristes, mais à des implications pragmatiques tressant des liens où se disent des
valeurs labiles. Diverses modalités de regroupements
redessinent, en partie, leurs façons de s'exprimer. De
ce fait, des paroles collectives sont énoncées et partagées. D'une certaine manière, Ego peut retrouver des
éléments de sens, ce que procuraient hier les institutions classiques, ce que continuent à produire, non
sans difficultés et remises en cause, diverses organisations telles que, par exemple, des syndicats, voire des
partis politiques. Perdurent ainsi des contre-rites de

masse connus, reconnus, protecteurs. Ils sont, le plus souvent, des expressions politiques se restreignant à des revendications d'ordre économique. Néanmoins, leurs formes, leurs ritualisations, les liens plus complexes et hétéronomes qui tentent de s'y énoncer appellent un regard socioanthropologique.

Ambiance de fête, musique populaire et chansons détournées, drapeaux et banderoles affichent des sigles d'organisations ou des slogans[35]. Des groupes et des individus s'approprient de l'espace, des rues et des avenues débarrassées de la presse habituelle. Les couleurs des banderoles explicitent les références des organisations participantes, du rouge de l'extrême gauche au bleu et blanc des enseignants en passant par le vert des écologistes ou le tricolore des altermondialistes italiens du collectif *Pace*. Parfois des expressions artistiques, des scènes jouées, des orchestres, des effigies représentant telle ou telle composante du paysage sociopolitique s'y associent. Paroles, cris, mots d'ordre sont lancés et repris. La distance plus effective prise avec les dogmatismes n'exclut plus tels ou tels propos personnels, affichettes, panneaux, pancartes réalisés par un individu et ayant un rapport plus ou moins direct avec les visées collectives. Le décalage de l'expression d'avec les mots d'ordre officiels, un temps fortement déconseillé, sinon banni, trouve place, aujourd'hui, du fait du desserrement des convictions idéologiques et de leur fragilisation : des plages poétiques où des figures de style singulier s'affichent sans craindre la vindicte. Il devient possible, plus qu'hier, de circuler d'un groupe à un autre, de reprendre, l'espace de quelques centaines de mètres, les admonestations des diverses composantes d'une manifestation ; celles-ci s'expriment souvent ensemble mais avec leurs propres revendications. On peut se montrer, à la limite, indifférent aux tonalités et aux spécificités pour rejoindre la multitude dans l'empathie, sorte de métissage intellectuel ou culturel qui ne saurait cependant oblitérer les positions spécifiques des uns et des autres. On peut y voir à l'inverse diverses intelligences du social, ce qu'avaient déjà noté nombre d'observateurs, à commencer par, il y a un siècle, le sociologue Gustave Le Bon qui s'en inquiétait :

> « L'association a permis aux foules de se former des idées, sinon très justes, au moins très arrêtées de leurs intérêts et de prendre conscience de leur force. Elles fondent des syndicats devant lesquels tous les pouvoirs capitulent [...] Aujourd'hui les revendications des foules deviennent de plus en plus nettes, et tendent à détruire de fond en comble la société actuelle, pour la ramener à ce communisme primitif qui fut l'état normal de tous les groupes humains avant l'aurore de la civilisation [...] Les foules ne veulent plus aujourd'hui des dieux que leurs anciens maîtres ont reniés hier et contribué à briser. Les fleuves ne remontent pas vers leurs sources[36]. »

Ces manifestations désamorcent la crise ou les atteintes portées au lien social. Elles peuvent également en générer un autre, sous une forme éphémère, entre participants qui semblent adhérer aux objectifs des mouvements ponctuellement en action. Parfois ce même lien trouve un embryon de structure sous la forme d'entités peu formalisées comme on l'a vu au cours des dernières années avec les mouvements des Sans qui permettent l'expression autonome des acclus et des exclus.

Ces formes de lien social relèvent plus de « l'échappée belle » que d'une alternative consolidée. Un

exemple le prouve : *a priori*, ceux qui sont présents
sur le plateau du Larzac, en août 2003, souscrivent à
un accord minimal. Ce contexte serait apte à faire
éventuellement lien. En fait celui-ci se réduit à de très
brefs échanges. Les participants sont regroupés par
couple, par famille dans le cadre ou hors d'attache à
telle ou telle organisation. Il est possible de s'engager
dans un débat public ou semi-public et ce sur une
thématique reconnue comme s'inscrivant dans la
dynamique de l'événement. Mais les échanges plus
personnels butent, la plupart du temps, sur les frontières et les marges de l'autonomie de chacun. La
proximité d'une nuit partagée sous les étoiles et dans
des sacs de couchage n'induit pas d'empathie particulière. Le quant-à-soi est préservé sans hostilité lorsqu'il s'agit de demande fonctionnelle : l'emplacement
de tel stand, du camion-citerne, de l'improbable
navette. Celui dont l'apparence ou les propos sont
par trop décalés du consensus souple et dominant
— croisement d'intellectualisme et d'ambiance populaire (enseignant, employé et syndicaliste) — se voit
relégué mais sans heurts. On ne le perçoit pas comme
pouvant s'inscrire dans les thèses et les dynamiques
de l'ensemble populationnel.

Finalement tous ces rassemblements, repas, squarts,
et manifestations sont autant de manifestations collectives où, sur des temps plus ou moins longs et dans
des implications de basse ou de plus haute intensité, cherche à se dire un sentiment ou une volonté
d'exister ensemble. Elles le font en réaction, souvent
plus latente que proclamée, aux rites d'accoutumance, à l'individualisation des liens sociaux ordinaires, qu'ils soient ceux de l'individu tacticien ou de
l'individu stratège. Elles mettent en scène des manières

probables, nouvelles mais virtuelles, de se relier sociologiquement à l'environnement et anthropologiquement aux identités et aux attentes existentielles
contemporaines.

Appendices

BIBLIOGRAPHIE

A. *Contextes historiques*

AGULHON, Maurice, *Histoire vagabonde. Ethnologie et politique dans la France contemporaine*, Paris, Gallimard, 1988.

BEAUBERNARD, R., *Montceau-les-Mines, un « laboratoire social » au XIXᵉ siècle*, Avallon, Éditions de Civry, 1981.

BRAUDEL, Fernand, *La Dynamique du capitalisme*, Paris, Arthaud, 1985.

CHAMPARNAUD, François, *Révolution et contre-révolution culturelles en URSS, de Lénine à Jdanov*, Paris, Anthropos, 1975.

CHOLVY, Gérard, *Christianisme et société en France au XIXᵉ siècle, 1790-1914*, Paris, Seuil, 2001.

COORNAERT, Émile, *Les Corporations en France avant 1789*, Paris, Gallimard, 1941.

CROZIER, Michel, *Usines et syndicats d'Amérique*, Paris, Éditions ouvrières, 1951.

DERIVERY, François, *Art et travail collectif, la politique d'art officiel en France*, Paris, Ec éditions, 2001.

DESMAREZ, Pierre, *La Sociologie industrielle aux États-Unis*, Paris, Armand Colin, 1985.

DESROCHE, Henri, *Histoires d'économies sociales, d'un tiers état aux tiers secteurs 1791-1991*, Paris, Syros, 1991.

DOLLÉANS, Édouard, *Histoire du mouvement ouvrier, 1830-1871*, Paris, Armand Colin, 1967.

DUBY, Georges, et MANDROU, Robert, *Histoire de la civilisation française, Moyen Âge - XVIᵉ siècle*, Paris, Armand Colin, 1968.

DUBY, Georges, *L'An Mil*, Paris, Julliard, 1967.

336 *Le lien social*

DUVEAU, Georges, *La Vie ouvrière en France sous le second Empire*, Paris, Gallimard, 1946.

FARGE, Arlette, *Vivre dans la rue à Paris au XVIIIᵉ siècle*, Paris, Gallimard/Julliard, 1992.

FAURE, Alain, et RANCIÈRE, Jacques, éd., *La Parole ouvrière 1830/1851*, Paris, 10/18, 1976.

FERRO, Marc, FITZPATRICK, Sheila (dir.), *Culture et révolution*, Paris, Éditions de l'EHESS, 1989.

FRIBOURG, E., *L'Association internationale des travailleurs*, Paris, Le Chevallier, 1871.

GEREMEK, Bronislaw, *Les Marginaux parisiens aux XIVᵉ et XVᵉ siècles*, Paris, Flammarion, 1976.

GREEN, Nancy L., *Repenser les migrations*, Paris, PUF, 2002.

HAUSER, Arnold, *Histoire sociale de l'art et de la littérature* [1953], Paris, Le Sycomore, 1984, 4 t.

HIGBIE, Frank Tobias, *Indispensable Outcasts, Hobo Workers and Community in the American Midwest, 1880-1930*, Urbana, University of Illinois Press, 2003.

JULLIARD, Jacques, *Fernand Pelloutier et les origines du syndicalisme d'action directe*, Paris, Seuil, 1971.

KRIEGEL, Annie, *Le Pain et les Roses*, Paris, 10/18, 1973.

LABBENS, Jean, *La Condition sous-prolétarienne*, Paris, Science et service, 1965.

LE GOFF, Jacques, *La Civilisation de l'Occident médiéval*, Paris, Flammarion, 1982.

LE ROY LADURIE, Emmanuel, *Montaillou, village occitan de 1294 à 1324*, Paris, Gallimard, 1975.

LIDSKY, Paul, *Les Écrivains contre la commune*, Paris, Maspero, 1970.

MERCURE, Daniel, SPURK, Jan (dir.), *Le Travail dans l'histoire de la pensée occidentale*, Laval (Québec), Presses universitaires de l'université de Laval, 2003.

NADAUD, Martin, *Mémoires de Léonard, ancien garçon maçon* [1895], Paris, Hachette, 1976.

NOVICK, Peter, *The Noble Dream, the « Objectivity Question » and the American Historical Profession*, New York, Cambridge University Press, 1988.

PERROT, Michelle, *Jeunesse de la grève, France 1871-1890*, Paris, Seuil, 1984.

POPULUS, Jacques, *Histoire de l'Internationale*, Paris, L'Éclipse, 1871.

Poulot, Denis, *Question sociale. Le Sublime ou le travailleur comme il est en 1870, et ce qu'il peut être* [1870], Paris, Maspero, 1980.

Reddy, William M., *The Rise of Market Culture*, Cambridge University Press, 1984.

Rémond, René, *Religion et société en Europe. La sécularisation aux XIXᵉ et XXᵉ siècles. 1780-2000*, Paris, Seuil, 2001.

Ross, Dorothy, *The Origins of American Social Science*, New York, Cambridge University Press, 1991.

Schöttler, Peter, *Naissance des bourses du travail, un appareil idéologique d'État à la fin du XIXᵉ siècle*, Paris, PUF, 1985.

Sewell, Jr., William, *Gens de métiers et révolutions : le langage du travail de l'Ancien Régime à 1848*, Paris, Aubier-Montaigne, 1983.

Sommier, Isabelle, *Le Renouveau des mouvements contestataires à l'heure de la mondialisation*, Paris, Flammarion, 2003.

Taine, Hippolyte, *Les Origines de la France contemporaine. La révolution. La conquête jacobine*, t. I [1881], Paris, Hachette, 1925.

Taylor, Frederik Winslow, *La Direction scientifique des entreprises* [1911], Paris, Dunod, 1965.

Tiberghien, P., *L'Encyclique Rerum Novarum*, Paris, SPES, 1932.

Truant, Cynthia, *The Rites of Labor, Brotherhoods of Compagnonnage in Old and New Regime France*, Ithaca, Cornell University Press, 1994.

Veyne, Paul, *Les Grecs ont-ils cru à leurs mythes ?*, Paris, Seuil, 1983.

Villermé, Louis-René, *Tableau de l'état physique et moral des ouvriers employés dans les manufactures de coton, de laine et de soie* [1840], Paris, Études et documentation internationales, 1989.

Winock, Michel, *Le Socialisme en France et en Europe, XIXᵉ-XXᵉ siècles*, Paris, Seuil, 1992.

B. *Philosophie et science politique*

Adorno, Theodor Wiesengrund, *Théorie esthétique* [1970], Paris, Klincksieck, 1995.

Agrikoliansky, Eric, Sommier, Isabelle (dir.), *Radiographie du mouvement altermondialiste*, Paris, La Dispute, 2005.

Althusser, Louis, *Pour Marx*, Paris, Maspero, 1967.

Aubenas, Florence, Benasayag, Miguel, *Résister, c'est créer*, Paris, La Découverte, 2002.

BARTHES, Roland, *Sade, Fourier, Loyola*, Paris, Seuil, 1971.

BAUDRILLARD, Jean, *Le Crime parfait*, Paris, Galilée, 1995.

BENASAYAG Miguel, *Le Mythe de l'individu*, Paris, La Découverte, 1998.

BÉROUD, Sophie, MOURIAUX, René, VAKALOULIS, Michel, *Le Mouvement social en France, essai de sociologie politique*, Paris, La Dispute, 1998.

BIRNBAUM, Pierre, « Du socialisme au don », *L'Arc*, 1990.

BOÉTIE, Étienne de la, *Discours de la servitude volontaire* [1548], Paris, Flammarion, 1983.

BOUGLÉ, Célestin, *Socialisme français, du « socialisme utopique » à la « démocratie industrielle »*, Paris, Armand Colin, 1932.

BRUCKNER, Pascal, *Fourier*, Paris, Seuil, 1975.

CINGOLANI Patrick, *La République, les Sociologues et la Question politique*, Paris, La Dispute, 2003.

COMTE, Auguste, *Cours de philosophie positive* [1830], Paris, Garnier, 1949.

CONDORCET, *Esquisse d'un tableau historique des progrès de l'esprit humain*, Paris, Boivin, 1933.

CONSIDÉRANT, Victor, *Description du phalanstère & considérations sociales sur l'architectonique* [1848], Paris, Guy Durier éditeur, 1979.

DERRIDA, Jacques, *Politiques de l'amitié*, Paris, Galilée, 1994.

DIDEROT, Denis, « Avertissement » du volume VIII de l'*Encyclopédie ou Dictionnaire raisonné des sciences, des arts et des métiers* [1759], Paris, Flammarion, 1986, t. I.

DUMÉZIL, Georges, *Mythes et dieux des indo-européens*, Paris, Flammarion, 1992.

DUVAL, Julien., *et al.*, *Le « décembre » des intellectuels français*, Paris, Liber-Raisons d'Agir, 1998.

ENGELS, Friedrich, *Anti-Dühring. M. E. Dühring bouleverse la science* [1878], Paris, Éditions sociales, 1950.

—, MARX, Karl, *Utopisme & communauté de l'avenir*, Paris, Maspero, 1976.

FANON, Frantz, *Les Damnés de la terre*, Paris, Maspero, 1961.

FARGE, Arlette, *Des lieux pour l'histoire*, Paris, Seuil, 1997.

FARGE, Arlette, LAÉ, Jean-François, CINGOLANI, Patrick, MAGLOIRE, Franck, *Sans visages, l'impossible regard sur le pauvre*, Paris, Bayard, 2004.

FOUCAULT, Michel, *Il faut défendre la société*, cours au Collège de France, 1976, Paris, Seuil/Gallimard, 1997.

—, *Histoire de la sexualité 1, La Volonté de savoir* [1976], Paris, Gallimard, 2000.

—, *Les Mots et les Choses, une archéologie des sciences humaines*, Paris, Gallimard, 1966.

—, *Surveiller et punir, naissance de la prison*, Paris, Gallimard, 1975.

FOURIER, Charles, *Théorie des quatre mouvements et des destinées générales* [1808], Paris, Jean-Jacques Pauvert, 1967.

—, *Vers la liberté en amour, textes choisis*, Paris, Gallimard, 1975.

GÉRANDO, Joseph-Marie de, *Le Visiteur du pauvre* [1820], Paris, Jean-Michel Place, 1989.

GOLDMAN, Lucien, *Marxisme et sciences humaines*, Paris, Gallimard, 1970.

GRAMSCI, Antonio, *Gramsci dans le texte* [1930-1932], Paris, Éditions sociales, 1975.

—, *Écrits politiques, I, 1914-1920*, Paris, Gallimard, 1974.

HABERMAS, Jürgen, *Théorie de l'agir communicationnel*, Paris, Fayard, 1987, 2 t.

HARDT, Michael, NEGRI, Antonio, *Empire*, Paris, 10/18, 2000.

HEGEL, Georg Wilhelm Friedrich, *La Phénoménologie de l'esprit* [1806], Paris, Aubier.

HOBBES, Thomas, *Léviathan, traité de la matière, de la forme et du pouvoir de la république ecclésiastique et civile* [1651], Paris, Sirey, 1971.

LACASCADE, Jean-Louis, *Les Métamorphoses du jeune Marx*, Paris, PUF, 2002.

LAFARGUE, Paul, *Le Droit à la paresse* [1880], Paris, Maspero, 1972.

LEROUX, Pierre, *De l'humanité, de son principe, et de son avenir où se trouve exposée la vraie définition de la religion et où l'on explique le sens, la suite et l'enchaînement du Mosaïsme et du Christianisme* [1845], Paris, Fayard, 1985.

LOCKE, John, *Traité du gouvernement civil, de sa véritable origine, de son début et de sa fin* [1690], Paris, Flammarion, 1992.

LUKÁCS, Georges, *La Théorie du roman* [1920], Paris, Éditions Gonthier, 1971.

—, *Histoire et conscience de classe* [1920], Paris, Minuit, 1960.

MAILLARD, Alain, *La Communauté des égaux, le communisme néo-babouviste dans la France des années 1840*, Paris, Kimé, 1999.

MALTHUS, Thomas-Robert, *Essai sur le principe de population* [1803], Paris, Seghers, 1963.

MANENT, Pierre, *Naissance de la politique moderne : Machiavel, Hobbes, Rousseau*, Paris, Payot, 1977.

MARX, Karl, *Critique du programme de Gotha* [1875], Paris, Éditions sociales, 1966.

—, *Le Capital*, Livre premier [1867], in *Œuvres*, t. I, Paris, Gallimard, 1963.

—, *Manuscrits de 1844*, Paris, Éditions sociales, 1968.

—, *Misère de la philosophie* [1847], in *Œuvres*, t. I, Paris, Gallimard, 1963.

—, Friedrich ENGELS, *L'Idéologie allemande* [1846], Paris, Éditions sociales, 1970.

—, Friedrich ENGELS, *La Sainte Famille ou critique de la critique, contre Bruno Bauer et consorts* [1845], Paris, Éditions sociales, 1972.

MEAD, George H., *L'Esprit, le Soi et la Société* [1934], Paris, PUF, 1963.

MERLEAU-PONTY, Maurice, *La Structure du comportement*, Paris, PUF, 1942.

MICHÉA, Jean-Claude, *Impasse Adam Smith*, Castelnau-le-Lez, Climats, 2002.

NIZAN, Paul, *Les Chiens de garde* [1933], Paris, Maspero, 1969.

PASOLINI, Pier Paolo, *Contre la télévision et autres textes sur la politique et la société*, Paris, Les Solitaires intempestifs, 2003.

PIAGET, Jean, *Épistémologie des sciences de l'homme*, Paris, Gallimard, 1970.

PILLON, François, « Avertissement », *L'Année philosophique, études critiques sur le mouvement des idées générales dans les divers ordres de connaissances*, Première année, 1867.

POLANYI, K., *La Grande Transformation, aux origines politiques et économiques de notre temps*, Paris, Gallimard, 1983.

PROUDHON, Pierre-Joseph, *De la capacité politique des classes ouvrières* [1865], Besançon, Éditions du Monde libertaire, 1977.

—, *De la création de l'ordre dans l'humanité ou principes d'organisation politique* [1843], Paris, Marcel Rivière, 1927.

—, *De la justice dans la révolution et dans l'Église* [1858], Paris, Fayard, 1989.

RAHNEMA, Majid, *Quand la misère chasse la pauvreté*, Paris, Fayard/Actes Sud, 2003.

RANCIÈRE, Jacques, *La Nuit des prolétaires, archives du rêve ouvrier*, Paris, Fayard, 1981.

—, *Le Philosophe et ses pauvres*, Paris, Fayard, 1983.

REICH, Wilhelm, *Écoute, petit homme* [1933], Paris, Payot, 1973.

—, *La Psychologie de masse du fascisme* [1933], Paris, Payot, 1972.

RENOUVIER, Charles, « Ce que c'est que le criticisme », *La Critique philosophique, politique, scientifique, littéraire*, 1872, t. I.

—, « La situation critique de l'école de Fourier », *La Critique philosophique, politique, scientifique, littéraire*, n° 30, 28 août 1872.

ROBESPIERRE, Maximilien, *Pour le bonheur et pour la liberté, discours*, Paris, La Fabrique, 2000.

ROSANVALLON, Pierre, *Le Sacre du citoyen*, Paris, Gallimard, 1992.

ROUSSEAU, Jean-Jacques, *Considérations sur le gouvernement de Pologne et sur sa réformation projetée* [1771], in *Œuvres complètes*, Paris, Gallimard, 1964.

—, *Discours sur l'origine et les fondements de l'inégalité parmi les hommes* [1754], in *Œuvres complètes*, Paris, Gallimard, 1964.

—, *Discours sur les sciences et les arts* [1750], in *Œuvres complètes*, Paris, Gallimard, 1964.

—, *Du Contrat social ou Principes du droit politique* [1762], Paris, Aubier, 1943.

— *Émile ou de l'éducation* [1762], Paris, Garnier, 1939.

SAID, Edward, *Culture et impérialisme*, Paris, Fayard/Le Monde diplomatique, 2000.

SAINT-JUST, Louis-Antoine de, *De la nature* [1792], in *Théorie politique*, Paris, Seuil, 1976.

SARTRE, Jean-Paul, *L'existentialisme est un humanisme*, Paris, Nagel, 1946.

SCHNAPPER, Dominique, *La Communauté des citoyens. Sur l'idée moderne de nation*, Paris, Gallimard, 2003.

SOREL, Georges, *Réflexions sur la violence* [1908], Paris, Marcel Rivière, 1936.

SPENCER, Herbert, *Le Droit d'ignorer l'État* [1884], Paris, Les Belles lettres, 1993.

SPITZ, Jean-Fabien, *John Locke et les fondements de la liberté moderne*, Paris, PUF, 2001.

STIRNER, Max, *L'Unique et sa propriété* [1844], Paris, Stock, 1978.

VERDÈS-LEROUX, Jeannine, *Le Savant et la Politique*, Paris, Fayard, 1998.

C. Sociologie

ARON, Raymond, *La Sociologie allemande contemporaine* [1935], Paris, PUF, 1981.

BERTHELOT, Jean-Michel, *La Construction de la sociologie*, Paris, PUF, 1993.

BESNARD, Philippe, « Textes inédits ou inconnus d'Émile Durkheim », *Revue française de sociologie*, vol. XVII, n° 2, avril-juin 1976.

BLAU, Peter M., *The Dynamics of Bureaucracy*, Chicago, University of Chicago Press, 1955.

BLUMER, Herbert, « Society as Symbolic Interaction », in *Symbolic Interactionism, Perspective and Method*, Berkeley, University of California Press, 1986.

BOLTANSKI, Luc, « Usages faibles, usages forts de l'habitus », *in* Pierre Encrevé, Rose-Marie Lagrave (dir.), *Travailler avec Bourdieu*, Paris, Flammarion, 2003.

BOLTANSKI, Luc, CHIAPELLO, Ève, *Le Nouvel Esprit du capitalisme*, Paris, Gallimard, 1999.

BOLTANSKI, Luc, THÉVENOT, Laurent, *De la justification, les économies de la grandeur*, Paris, Gallimard, 1991.

BOUDON, Raymond, *Effets pervers et ordre social*, Paris, PUF, 1989.

—, *La Logique du social, introduction à l'analyse sociologique*, Paris, Hachette, 1979.

BOUDON, Raymond, LEROUX, Robert, *Y a-t-il encore une sociologie ?*, Paris, Odile Jacob, 2003.

BOURDIEU, Pierre, *La Distinction, critique sociale du jugement*, Paris, Minuit, 1979.

—, *Le Sens pratique*, Paris, Minuit, 1980.

—, *Raisons pratiques, sur la théorie de l'action*, Paris, Seuil, 1994.

—, *Science de la science et réflexivité*, Paris, Raisons d'agir, 2002.

CALHOUN, C., LIPUMA, Ed., POSTONE, M. (dir.), *Bourdieu : Critical Perspectives*, Cambridge, Polity Press, 1993.

CASTEL, Robert, *L'Insécurité sociale*, Paris, Seuil, 2003.

CERTEAU, Michel de, *L'Invention du quotidien. 1. Arts de faire*, Paris, Gallimard, 1990.

CHASSAGNE, Alexis, MONTRACHER, Gaston, *La Fin du travail*, Paris, Stock, 1978.

CORCUFF, Philippe, *Les Nouvelles Sociologies*, Paris, Nathan, 1995.

CROZIER, Michel, FRIEDBERG, Erhard, *L'Acteur et le Système, les contraintes de l'action collective*, Paris, Seuil, 1977.

CROZIER, Michel, *La Société bloquée*, Paris, Seuil, 1970.

CROZIER, Michel, CROZIER, Pierre, CHAVANAT, Bruno, *Comment réformer l'État ? Trois pays, trois stratégies : Suède, Japon, États-Unis*, Paris, La Documentation française, 1988.

DUBAR, Claude, *La Socialisation, construction des identités sociales et professionnelles*, Paris, Armand Colin, 1991.

DUBET, François, *La Galère : jeunes en survie*, Paris, Fayard, 1987.

—, *Sociologie de l'expérience*, Paris, Seuil, 1995.

DUMAZEDIER, Joffre, *Vers une civilisation des loisirs ?*, Paris, Seuil, 1962.

DURKHEIM, Émile [1892], « Contribution de Montesquieu à la constitution de la science sociale », *in* Émile Durkheim, *Montesquieu et Rousseau, précurseurs de la sociologie*, Paris, Marcel Rivière, 1966.

—, « Préface », *L'Année sociologique*, 1 [1896-1897], 1898.

—, *Les Formes élémentaires de la vie religieuse* [1912], Paris, PUF, 1979.

—, « L'état actuel des études sociologiques en France » [1895], *in* Émile Durkheim, *Textes*, Paris, Minuit, 1975, t. I.

—, *De la division du travail social* [1893], Paris, PUF, 1973.

—, *Le « Contrat social » de Rousseau*, in *Montesquieu et Rousseau, précurseurs de la sociologie*, Paris, Marcel Rivière, 1966.

—, *Le Suicide, étude sociologique* [1897], Paris, PUF, 1967.

EHRENBERG, Alain, *Le Culte de la performance*, Paris, Calmann-Lévy, 1991.

ELIAS, Norbert, *La Dynamique de l'Occident*, Paris, Calmann-Lévy, 1975.

—, *La Société des individus*, Paris, Fayard, 1991.

FARRUGIA, Francis, *La Crise du lien social : essai de sociologie critique*, Paris, L'Harmattan, 1993.

FAUCONNET, Paul, MAUSS, Marcel, « Sociologie » [1901], *La Grande Encyclopédie*, in Marcel Mauss, *Œuvres*, Paris, Minuit, 1969, t. 3.

FERRÉOL, Gilles (dir.), *Intégration, lien social et citoyenneté*, Villeneuve-d'Asq, Presses universitaires du Septentrion, 1999.

FREIDSON, Elliot, *Profession of Medicine*, Chicago, Adline, 1970.

FRIEDMANN, Georges, *Le Travail en miettes. Spécialisation et loisirs*, Paris, Gallimard, 1956.

—, *Problèmes humains du machinisme industriel*, Paris, Gallimard, 1947.

GANS, Herbert J., *The Urban Villagers. Group and Class in the Life of Italian-Americans*, New York, Free Press, 1962.

GOFFMAN, Erving, *Asiles, étude sur la condition sociale des malades mentaux*, Paris, Minuit, 1968.

—, *La Mise en scène de la vie quotidienne*, Paris, Minuit, 1973, 2 t.

—, *Les Rites d'interaction*, Paris, Minuit, 1974.

GORZ, André, *Adieux au prolétariat*, Paris, Galilée, 1980.

—, *L'Immatériel, connaissance, valeur et capital*, Paris, Galilée, 2003.

HALBWACHS, Maurice, Introduction, notes et commentaires, in J.-J. Rousseau, *Du contrat social ou principes du droit politique* [1762], Paris, Aubier, 1943.

HEINICH, Nathalie, *Le Triple Jeu de l'art contemporain*, Paris, Minuit, 1998.

HERVIEU-LÉGER, Danièle, avec la collaboration de Françoise CHAMPION, *Vers un nouveau christianisme?, introduction à la sociologie du christianisme occidental*, Paris, Cerf, 1987.

ISAMBERT, François-André, *Le Sens du sacré, fête et religion populaire*, Paris, Minuit, 1982.

JOAS, Hans, «The Changing Role of the Social Sciences, an Action-Theoretical Perspective», *International Sociology*, vol. 19, n° 3, septembre 2004.

JOSEPH, Isaac, *Erving Goffman et la microsociologie*, Paris, PUF, 1998.

JUFFÉ, Michel, *Les Fondements du lien social*, Paris, PUF, 1995.

KARADY, Victor, «Durkheim, les sciences sociales et l'Université : bilan d'un semi-échec», *Revue française de sociologie*, vol. XVII, n° 2, avril-juin 1976.

KAUFFMAN, Jean-Claude, *L'Invention de soi, une théorie de l'identité*, Paris, Armand Colin, 2004.

LAHIRE, Bernard (dir.), *Le Travail sociologique de Pierre Bourdieu, dettes et critiques*, Paris, La Découverte, 1999.

—, *L'Esprit sociologique*, Paris, La Découverte, 2005.

LANTERNARI, Vittorio, *Les Mouvements religieux des peuples opprimés*, Paris, Maspero, 1962.

LASCH, Christopher, *La Culture du narcissisme* [1979], Castelnau-le-Lez, Climats, 2000.

LAVILLE, Jean-Louis, SAINSAULIEU, Renaud (dir.), *Sociologie de l'association, des organisations à l'épreuve du changement social*, Paris, Desclée de Brouwer, 1997.

Le Bon, Gustave, *Psychologie des foules* [1895], Paris, PUF, 1947.

Le Bot, Jean-Michel, *Aux fondements du «lien social», introduction à une sociologie de la personne*, Paris, L'Harmattan, 2002.

Le Play, Frédéric, *La Méthode sociale* [1879], Paris, Méridiens Klincksieck, 1989.

—, *La Réforme de la société*, in *Œuvres de F. Le Play*, Paris, Plon, 1941, t. 2.

—, *Ouvriers des deux mondes* [1857-1885], Thomery, À l'enseigne de l'arbre verdoyant éditeur, 1983.

Lepenies, Wolf, *Les Trois Cultures. Entre science et littérature, l'avènement de la sociologie*, Paris, Éd. de la MSH, 1990.

Lepoutre, David, *Cœur de banlieue, codes, rites et langages*, Paris, Odile Jacob, 1997.

Lukes, Steven, *Émile Durkheim, His Life and Work, a Historical and Critical Study*, Londres, Penguin Press, 1973.

Mallet, Serge, *La Nouvelle Classe ouvrière*, Paris, Seuil, 1963.

March, James C., Simon, Herbert, *Organizations*, New York, Wiley, 1958.

Martucelli, Danilo, *Grammaires de l'individu*, Paris, Gallimard, 2002.

—, *Sociologies de la modernité*, Paris, Gallimard, 1999.

Mayo, Elton, *The Human Problems of an Industrial Civilization* [1933], Boston, Harvard University, 1946.

Méda, Dominique, *Le Travail, une valeur en voie de disparition*, Paris, Flammarion, 1998.

Meister, Albert, *Vers une sociologie des associations*, Paris, Éditions ouvrières, 1972.

Memmi, Albert, *Portrait du colonisé*, Utrecht, Jean-Jacques Pauvert, 1966.

Merton, Robert K., *Social Theory and Social Structure*, Glencoe, The Free Press, 1949.

Michaud, Yves, *La Crise de l'art contemporain*, Paris, PUF, 1999.

Mongin, Olivier, «De la critique de la production des images à la prise en compte… », *Esprit*, mars-avril 2003.

Morin, Edgar, *Les Stars*, Paris, Seuil, 1957.

—, *La Méthode, I, La Nature de la nature*. Paris, Seuil, 1977.

Moulin, Raymonde, *L'Artiste, l'Institution et le Marché*, Paris, Flammarion, 1997.

Mucchielli, Laurent, *La Découverte du social, naissance de la sociologie en France*, Paris, La Découverte/Syros, 1998.

Naville, Pierre, *De l'aliénation à la jouissance. La genèse de la sociologie du travail chez Marx et Engels*, Paris, Marcel Rivière, 1957.

—, *Vers l'automatisme social ? Problèmes du travail et de l'automation*, Paris, Gallimard, 1963.

Nisbet, Robert A., *La Tradition sociologique*, Paris, PUF, 1993.

Papilloud, Christian, *Le Don de relation, Georg Simmel-Marcel Mauss*, Paris, L'Harmattan, 2002.

Park, Robert E., « La ville. Proposition de recherche sur le comportement humain en milieu urbain » [1925], in *L'École de Chicago. Naissance de l'écologie urbaine*, présentation d'Y. Grafmeyer et I. Joseph, Paris, Aubier, 1984.

Parsons, Talcott, *Le Système des sociétés modernes*, Paris, Dunod, 1973.

Paugam, Serge, *La Disqualification sociale*, Paris, PUF, 2000.

Pinto, Louis, *Pierre Bourdieu et la théorie du monde social*, Paris, Albin Michel, 1998.

Riesman, David, *La Foule solitaire*, Paris, Arthaud, 1964.

Ringer, Fritz, « La segmentation des systèmes d'enseignement, les réformes de l'enseignement français et prussien, 1865-1920 », *Actes de la recherche en sciences sociales*, n° 149, septembre 2003.

Rouch, Jean, Morin, Edgar, *Chronique d'un été*, Paris, InterSpectacle, 1962.

Roullet, Serge, *Portrait images*, Paris, Le Croît vif, 2001.

Sainsaulieu, Renaud, *Sociologie de l'organisation et de l'entreprise*, Paris, Presses de la fondation nationale de sciences politique, 1988.

Schnapper, Dominique, *La Relation à l'Autre, au cœur de la pensée sociologique*, Paris, Gallimard, 1998.

Simmel, Georg, « Métropoles et mentalité » [1903], in *L'École de Chicago, naissance de l'écologie urbaine*, Paris, Aubier, 1984.

—, *Les Pauvres* [1908], Paris, PUF, 1998.

—, *Sociologie, études sur les formes de la socialisation*, Paris, PUF, 1999.

Singly François de, *Libres ensemble, l'individualisme dans la vie commune*, Paris, Nathan, 2000.

Smith, Dennis, *The Chicago School, a Liberal Critique of Capitalism*, New York, St. Martin's Press, 1988.

Strauss, Anselm, *La Trame de la négociation, sociologie qualitative et interactionnisme*, Paris, L'Harmattan, 1992.

—, *Miroirs et masques, une introduction à l'interactionnisme*, Paris, Métailié, 1992.

SUE, Roger, *Renouer le lien social. Liberté, égalité, association*, Paris, Odile Jacob, 2000.

SUTHERLAND, Edwin H., *The Professional Thief by a Professional Thief* [1937], Chicago, University of Chicago Press, 1972.

TARDE, Gabriel de, *Les Lois de l'imitation, étude sociologique* [1895], Genève, Slatkine, 1979.

TAROT, Camille, *De Durkheim à Mauss, l'invention du symbolique; sociologie et science des religions*, Paris, La Découverte, 1999.

THOMAS, William Isaac, ZNANIECKI, Florian, *The Polish Peasant in Europe and America*, Chicago, University of Chicago Press, 1918-1920, 5 vol.

THRASHER, Frederic M., *The Gang, a Study of 1.313 Gangs in Chicago* [1927], Chicago, University of Chicago Press, 1968.

TISSERON, Serge, *L'Intimité surexposée*, Paris, Ramsay, 2001.

TÔNNIES, Ferdinand, *Communauté et société, catégories fondamentales de la sociologie pure* [1887], Paris, PUF, 1944.

TOURAINE, Alain, *L'Évolution du travail ouvrier aux usines Renault*, Paris, CNRS, 1955.

—, *La Conscience ouvrière*, Paris, Seuil, 1966.

—, *Pourrons-nous vivre ensemble ? Égaux et différents*, Paris, Fayard, 1997.

—, *Sociologie de l'action*, Paris, Seuil, 1965.

—, *La Voix et le Regard*, Paris, Seuil, 1978.

—, KHOSROKHAVAR, Farhad, *La Recherche de soi, dialogue sur le Sujet*, Paris, Fayard, 2000.

—, WIEVIORKA, Michel, DUBET, François, *Le Mouvement ouvrier*, Paris, Fayard, 1984.

WEBER, Max, *Essais sur la théorie de la science* [1913], Paris, Plon, 1965.

—, *Économie et société* [1922], Paris, Plon, 1971.

—, *Le Savant et le Politique* [1919], Paris, Plon, 1959.

WHITE, William Foote, *Street Corner Society. The Social Structure of an Italian Slum* [1943], Chicago, The University of Chicago Press, 1973.

WHYTE, Jr., William H., *L'Homme de l'organisation*, Paris, Plon, 1959.

WIEVIORKA, Michel, *La Violence, voix et regards*, Paris, Balland, 2004.

—, *Un autre monde est possible*, Paris, Balland, 2003.

YONNET, Paul, *Travail, loisir, temps libre et lien social*, Paris, Gallimard, 1999.

ZNANIECKI, Florian, *On Humanistic Sociology*, Selected Papers, Edited and with an Introduction by Robert Bierstedt, Chicago, University of Chicago Press, 1969.

D. *Anthropologie et approches socio-anthropologiques*

ABÉLÈS, Marc, *Anthropologie de l'État*, Paris, Armand Colin, 1990.

ABÉLÈS, Marc, JEUDY, Henry-Pierre (dir.), *Anthropologie du politique*, Paris, Armand Colin, 1997.

ALVAREZ-PEREYRE, Frank, *L'Exigence interdisciplinaire*, Paris, Éditions de la Maison des sciences de l'homme, 2003.

ANDERSON, Nels, *The Hobo. The Sociology of the Homeless Man* [1923], Chicago, University of Chicago Press, 1961 (traduction française, Nathan, 1993).

AUGÉ, Marc, *Pour une anthropologie des mondes contemporains*, Paris, Aubier, 1994.

BALANDIER, Georges, *Le Détour*, Paris, Fayard, 1985.

BECKER, Howard Saul, *Outsiders, études de sociologie de la déviance* [1963], Paris, Métailié, 1985.

—, « The Self and Adult Socialization », in *Sociological Work, Method and Substance*, Chicago, Adline Publishing Company, 1970.

BOAS, Franz, *The Central Eskimo* [1888], Lincoln, University of Nebraska Press, 1964.

BOURSIER, Jean-Yves, « La mémoire comme trace des possibles », *Socio-anthropologie*, n° 12, 2ᵉ sem. 2002.

BOUVIER, Pierre, « Citoyenneté et exclusion », *Ethnologie française*, t. XXVI, avril-juin 1996.

—, *Socio-anthropologie du contemporain*, Paris, Galilée, 1995.

—, *La Socio-anthropologie*, Paris, Armand Colin, 2000.

—, « La définition des disciplines et leurs enjeux », *Ethnologie française*, t. XXIX, n° 4, octobre-décembre, 1999.

—, « Le disciplinaire et l'interdisciplinaire "ordinaire" », *Sociologie et sociétés*, v. XXXII, n° 1, printemps 2000.

CAILLÉ, Alain, *Anthropologie du don, le tiers paradigme*, Paris, Desclée de Brouwer, 2000.

CEFAÏ, Daniel (dir.), *L'Enquête de terrain*, Paris, La Découverte/ Mauss, 2003.

CONSTANTOPOULOU, Chryssoula (dir.), *Altérités, mythes et réalités*, Paris, L'Harmattan, 1999.

COTTIN, Jean-Yves, *Avec les sans-logis*, Paris, Éditions de l'Atelier, 2003.

DENIEUIL, Pierre-Noël (dir.), *Lien social et développement économique*, Paris, L'Harmattan, 1997.

DESCOLA, Philippe, HAMEL, Jacques, LEMONNIER, Pierre (dir.), *La Production du social, autour de Maurice Godelier*, Paris, Fayard, 1999.

DESROCHE, Henri, *La Société festive, du fouriérisme écrit aux fouriérismes pratiqués*, Paris, Seuil, 1975.

DEVEREUX, Georges, *De l'angoisse à la méthode dans les sciences du comportement*, Paris, Flammarion, 1980.

DOGAN, Mattei, PAHRE, Robert, *L'Innovation dans les sciences sociales, la marginalité créatrice*, Paris, PUF, 1991.

DUBEY, Gérard, *Le Lien social à l'ère du virtuel*, Paris, PUF, 2001.

FANON, Franz, *Peau noire, masques blancs*, Paris, Seuil, 1952.

FAVRET-SAADA, Jeanne, *Les Mots, la Mort, les Sorts. La sorcellerie dans le Bocage*, Paris, Gallimard, 1977.

FOURNIER, Marcel, *Marcel Mauss*, Paris, Fayard, 1994.

GÉRANDO, Joseph-Marie de, *Considérations sur les diverses méthodes à suivre dans l'observation des peuples sauvages*, 1800.

GODBOUT, Jacques, *Le Don, la Dette et l'Identité ; Homo donator vs homo œconomicus*, Paris, La Découverte, 2000.

GODELIER, Maurice, *L'Énigme du don*, Paris, Fayard, 1996.

GRAS, Alain, *Fragilité de la puissance, se libérer de l'emprise technologique*, Paris, Fayard, 2004.

—, *Les Macro-Systèmes techniques*, Paris, PUF, 1997.

—, POIROT-DELPECH, Sophie, *Grandeur et dépendance, sociologie des macro-systèmes techniques*, Paris, PUF, 1993.

HAMEL, Jacques, « La socio-anthropologie, un nouveau lien », *Socio-anthropologie*, n° 1, 1997.

HERSKOVITS, Melville. J., *Les Bases de l'anthropologie culturelle* [1948], Paris, Payot, 1967.

JUAN, Salvador, *Les Formes élémentaires de la vie quotidienne*, Paris, PUF, 1995.

KARSENTI, Bruno, *Marcel Mauss. Le fait social total*, Paris, PUF, 1994.

LATOUR, Bruno, WOOLGAR, Steve, *La Vie de laboratoire, la production des faits scientifiques*, Paris, La Découverte, 1988.

LÉVI-STRAUSS, Claude, « Introduction à l'œuvre de Marcel Mauss », *in* Marcel MAUSS, *Sociologie et anthropologie*, Paris, PUF, 1968.

—, *Anthopologie structurale 2*, Paris, Plon, 1958-1974.

—, *Anthropologie structurale*, Paris, Plon, 1973.

—, *Les Structures élémentaires de la parenté*, Paris, Mouton & Co, 1967.

—, *L'Homme nu*, Paris, Plon, 1971.

MALINOWSKI, B., *Les Dynamiques de l'évolution culturelle*, Paris, Payot, 1970.

MAUSS, Marcel, *Écrits politiques*, textes réunis et présentés par Marcel Fournier, Paris, Fayard, 1997.

—, « Essai sur le don, forme et raison de l'échange dans les sociétés archaïques », *L'Année sociologique* (1923-1924), 1925, nouvelle série, t. 1, p. 30-186.

—, *Sociologie et anthropologie*, Paris, PUF, 1968.

MOREAU DE BELLAING, Louis, « Économie de la pauvreté et économie de la misère », *Socio-anthropologie*, n° 7, 2000.

RIVIÈRE, Claude, PIETTE, Albert (dir.), *Nouvelles idoles, nouveaux cultes, dérives de la sacralité*, Paris, L'Harmattan, 1990.

—, *Socio-anthropologie du religieux*, Paris, Armand Colin, 2001.

ROGERS, Susan, *Shaping Modern Times in Rural France*, Princeton, Princeton University Press, 1991.

ROHEIM, Géza, *Psychanalyse et anthropologie*, Paris, Gallimard, 1967.

SAHLINS, Marshall, *Au cœur des sociétés. Raison utilitaire et raison culturelle*, Paris, Gallimard, 1976.

SEGRÉ, Monique (dir.), *Mythes, rites, symboles dans la société contemporaine*, Paris, L'Harmattan, 1997.

TRUANT, Cynthia, « Rites, compagnonnages et politique en 1848 », *Socio-anthropologie*, n° 4, 2000.

VAN GENNEP, A., *Les Rites de passage* [1909], Paris, Picard, 1981.

VERDIER, Yvonne, *Façons de dire, façons de faire. La laveuse, la couturière, la cuisinière*, Paris, Gallimard, 1979.

ZONABEND, Françoise, *La Mémoire longue, temps et histoires au village*, Paris, PUF, 1980.

NOTES

Introduction

1. Aujourd'hui, la tendance est à la graphie en un seul mot sans tiret ; on trouvera souvent, référencés en bibliographie, des ouvrages qui, aux débuts de la socio-anthropologie, orthographiaient cette discipline en un mot valise, socio-anthropologie.

2. Marcel Mauss, *Sociologie et anthropologie*, Paris, PUF, 1968, p. 290.

I. *Sémantique et définitions*

1. Georg Lukács, *La Théorie du roman* [1920], Paris, Éditions Gonthier, 1971, p. 28-29.

2. C. Augé (dir.), *Nouveau Larousse universel*, Paris, Librairie Larousse, 1949, t. 2, p. 52.

3. Antoine Furetière, *Dictionnaire universel contenant generalement tous les mots françois tant vieux que modernes, & les Termes de toutes les sciences et des arts*, La Haye et Rotterdam, Arnoult & Reinier Leers, 1690 ; Paris, SNL-Le Robert, 1978.

4. L'*Encyclopédie ou Dictionnaire raisonné des sciences, des arts et des métiers par une société de gens de lettres* [1758-1768], Paris, Flammarion, 1986, 2 t.

5. *Ibid.*, De Jaucourt, « Égalité naturelle », t. 2, p. 30.

6. *La Grande Encyclopédie, inventaire raisonné des sciences, des lettres et des arts*, Paris, H. Lamirault, Société anonyme de la grande encyclopédie, 1885-1902, 31 vol.

7. *Trésor de la langue française*, Paris, CNRS et Gallimard, 1971-1994, 16 vol.

8. *Encyclopaedia universalis*, Paris, Encyclopaedia Universalis, 1968. Le complément annuel *Universalia* y fait référence depuis 1998 sous la plume de divers auteurs, dont celle de Dominique Schnapper.

9. François Gresle *et al.*, *Dictionnaire des sciences humaines, sociologie, anthropologie*, Paris, Nathan, 1994. (L'entrée « lien social » n'était pas présente dans l'édition de 1990.) André Akoun, Pierre Ansart (dir.), *Dictionnaire de sociologie*, Paris, Le Robert/Seuil, 1999.

10. Lucien Malson, *Les Enfants sauvages, mythe et réalité*, Paris, UGE, 1964.

11. Jean Marc Gaspard Itard, *Mémoire et rapport sur Victor de l'Aveyron* [1801], *in* Malson, *op. cit.*, p. 136.

12. « [...] l'homme qui ne forme aucun de ces quatre liens [amitié, ambition, amour, famillisme] devient comme le sauvage de l'Aveyron, une bête brute à forme humaine », Charles Fourier, *Théorie de l'Unité universelle, Œuvres complètes*, t. IV, p. 339, cit. *in* S. Debout, « La théorie des quatre mouvements ou le dessein d'un "grand œuvre", introduction à Charles Fourier », *Théorie des quatre mouvements et des destinées générales* [1808], Paris, Jean-Jacques Pauvert, 1967, p. 34.

13. Jean Marc Gaspard Itard, *op. cit.*, p. 198.

14. À un degré moindre mais visant à délier l'individu de liens sociaux, les monastères répondent partiellement à ces perspectives mais celles-ci sont choisies et non subies. Les liens endogènes sont tournés vers les rapports au surnaturel ; cf. Erving Goffman, *Asiles*, Paris, Minuit, 1968.

15. Pour l'élaboration des concepts de construits pratico-heuristiques et d'ensembles populationnels cohérents, cf. Pierre Bouvier, *Socio-anthropologie du contemporain*, Paris, Galilée, 1995 ; *La Socio-anthropologie*, Paris, Armand Colin, 2000.

16. Claude Lévi-Strauss, « Introduction à l'œuvre de Marcel Mauss », *in* Marcel Mauss, *Sociologie et anthropologie*, Paris, PUF, 1968, p. XLIV.

17. Michel Juffé, *Les Fondements du lien social*, Paris, PUF, 1995.

II. *Englobé et imposé*

1. Georg Lukács, *La Théorie du roman*, *op. cit.*, p. 25.

2. Max Weber, *Le Savant et le Politique* [1919], Paris, Plon, 1959, p. 93-94.

3. Platon, *La République*, in *Œuvres complètes*, Paris, Gallimard, 1963, t. 1, livre V, 473, p. 1052.

4. *Ibid.*, livre VII, 520-521, p. 1110.

5. Aristote, *Éthique à Nicomaque*, Paris, Vrin, 1979, livre IX, 6, p. 449.

6. Aristote, *La Politique*, Paris, Vrin, 1987, livre III, 9, 1280 b, p. 209-210.

7. Platon, *La République*, op. cit., p. 914.

8. Paul Veyne, *Les Grecs ont-ils cru à leurs mythes ?*, Paris, Seuil, 1983.

9. Georges Dumézil, « L'idéologie tripartite des indo-européens », in *Mythes et dieux des indo-européens*, Paris, Flammarion, 1992.

10. Georges Duby, *L'An mil*, Paris, Julliard, 1967, p. 75.

11. Georges Duby, Robert Mandrou, *Histoire de la civilisation française, Moyen Âge. XVIᵉ siècle*, Paris, Armand Colin, 1968, p. 89.

12. Jacques Le Goff, *La Civilisation de l'Occident médiéval*, Paris, Flammarion, 1982, p. 234.

13. *Ibid.*, p. 258.

14. Aristote, *Histoire des animaux*, Paris, Gallimard, 1994.

15. Michel Foucault, *Les Mots et les Choses*, Paris, Gallimard, 1966, p. 32.

16. Norbert Elias, *La Dynamique de l'Occident*, Paris, Calmann-Lévy, 1975.

17. Jacques Le Goff, *La Civilisation de l'Occident médiéval*, Paris, Flammarion, 1982, p. 237.

18. Ibn Khaldûn, *Le Livre des exemples; autobiographie et muqaddima* [1374-1378], Paris, Gallimard, 2002.

19. Fernand Braudel, *La Dynamique du capitalisme*, Paris, Arthaud, 1985, p. 73.

20. J. Molinier, *P. de Boisguilbert ou la naissance de l'économie politique,* Paris, INED, 1966.

21. Thomas Hobbes, *Léviathan, ou Matière, forme et puissance de l'État chrétien et civil* [1651], Paris, Gallimard, Folio essais, traduction, introduction, notes et notices par Gérard Mairet, 2000, p. 224.

22. *Ibid.*, p. 224.

23. *Ibid.*, p. 287.

III. *La contractualisation du lien*

1. John Locke, *Traité du gouvernement civil, de sa véritable origine, de son début et de sa fin* [1690], Paris, Flammarion, 1992, p. 145.

2. *Ibid.*, p. 236-237.

3. Jean-Fabien Spitz, *John Locke et les fondements de la liberté moderne*, Paris, PUF, 2001, p. 213.

4. John Locke, *op. cit.*, p. 289.

5. *Ibid.*, p. 327.

6. *Ibid.*, p. 137.

7. Jean-Jacques Rousseau, *Discours sur l'origine et les fondements de l'inégalité parmi les hommes* [1754], in *Œuvres complètes*, Paris, Gallimard, 1964, t. III, p. 133.

8. *Ibid.*, p. 171.

9. *Ibid.*, p. 164.

10. *Ibid.*, p. 168.

11. *Ibid.*, p. 170.

12. Jean-Jacques Rousseau, *Du contrat social* [1762], Paris, Gallimard, Folio essais, 1993, p. 260.

13. Jean-Jacques Rousseau, *Du contrat social*, in *Œuvres complètes*, t. III, *op. cit.*, p. 282.

14. *Ibid.*, p. 283.

15. Jean-Jacques Rousseau, *Discours sur les sciences et les arts* [1750], in *Œuvres complètes*, t. III, *op. cit.*, p. 8.

16. *Ibid.*, p. 9.

17. Jean-Jacques Rousseau, *Émile ou de l'éducation*, Paris, Gallimard, Folio, 1995, p. 309.

18. *Ibid.*, p. 316.

19. *Ibid.*, p. 314.

20. Pierre-Joseph Proudhon, *De la création de l'ordre dans l'humanité, ou principes d'organisation politique* [1843], *Œuvres complètes*, v. 5, p. 421.

21. *Ibid.*, p. 330-331.

22. Jean-Jacques Rousseau, *Du contrat social*, Paris, Gallimard, Folio essais, *op. cit.*, p. 175.

23. *Ibid.*, p. 177.

24. Étienne de la Boétie, *Discours de la servitude volontaire* [1548], Paris, Gallimard, Tel, 1993, p. 95-96.

25. De, par exemple, Antonio Gramsci à Herbert Marcuse, Michel Foucault, Guy Debord, Jean Baudrillard ou Christopher Lasch.

26. Jean-Jacques Rousseau, *Du contrat social* in *Œuvres complètes*, t. III, *op. cit.*, p. 356.

27. *Ibid.*, p. 438.

28. *Ibid.*, p. 360.

29. Maurice Halbwachs, Introduction, notes et commentaires in *Du contrat social ou principes du droit politique*, Paris, Aubier, 1943 ; Pierre Manent, *Naissance de la politique moderne : Machiavel, Hobbes, Rousseau*, Paris, Payot, 1977.

30. Émile Durkheim, « Le "Contrat social" de Rousseau », in *Montesquieu et Rousseau, précurseurs de la sociologie*, Paris, Marcel Rivière, 1966.

31. Maurice Halbwachs, commentaires, *in* Rousseau, *Du contrat social*, Aubier, *op. cit.*, p. 149-150.

32. Thomas Hobbes, *op. cit.*, p. 290.

33. Jean-Jacques Rousseau, *Considérations sur le gouvernement de Pologne et sur sa réformation projetée* [1771], in *Œuvres complètes*, t. III, *op. cit.*, p. 1040-1041.

34. Maximilien Robespierre, « Personne n'aime les missionnaires armés » [1792], in *Pour le bonheur et pour la liberté, discours*, Paris, La Fabrique, 2000, p. 147.

35. Louis-Antoine de Saint-Just, « La Souveraineté du peuple est indivisible, incommunicable, inalienable : elle est la force par laquelle il résiste à l'oppression. Il est une autre souveraineté qui n'est pas moins indivisible, incommunicable, inalienable c'est la souveraineté particulière de tous les hommes, par laquelle c'est dans le même esprit que le peuple est souverain. Il l'est pour maintenir sa propriété et sa possession », *De la nature* [1792], in *Théorie politique*, Paris, Seuil, 1976, p. 155. Pierre Rosanvallon, « La citoyenneté sans la démocratie », in *Le Sacre du citoyen*, Paris, Gallimard, 1992, p. 250-251.

36. Pierre-Joseph Proudhon [1843], *De la création de l'ordre dans l'humanité ou principes d'organisation politique*, Paris, Marcel Rivière, 1927, p. 84-85.

37. Friedrich Engels, *Anti-Dühring* [1878], Paris, Éditions sociales, 1956, p. 50.

38. Georg Wilhelm Friedrich Hegel, « La liberté absolue et la terreur », in *La Phénoménologie de l'esprit* [1806], Paris, Aubier,

p. 132-141 ; Hippolyte Taine : « [...] selon les propres termes de Rousseau, le Contrat social exige "l'aliénation totale de chaque associé avec tous ses droits à la communauté, chacun se donnant tout entier, tel qu'il se trouve actuellement, lui et toutes ses forces, dont les biens qu'il possède font partie", tellement que l'État, maître reconnu, non seulement de toutes les fortunes, mais aussi de tous les corps et de toutes les âmes, peut légitimement imposer de force à ses membres l'éducation, le culte, la foi, les opinions, les sympathies qui lui conviennent », *Les Origines de la France contemporaine, La Révolution, La conquête jacobine*, t. I [1881], Paris, Hachette, 1925, p. 51.

39. Pierre Rosanvallon, *op. cit.*, p. 454.

IV. *Le lien espéré et la dé-liaison*

1. Ce terme est non restrictif à l'école du même nom, mais désigne les penseurs polymorphes, pluridisciplinaires dirait-on, de l'époque.

2. Charles Fourier, *Manuscrit* [1851], in *Œuvres complètes*, Paris, Anthropos, 1967, t. X, p. 312-313 ; *in* Émile Lehouck, *Vie de Charles Fourier*, Paris, Denoël/Gonthier, 1978, p. 63.

3. Émile Lehouck, *op. cit.*

4. Charles Fourier, *Théorie des quatre mouvements et des destinées générales* [1808], Paris, J.-J. Pauvert, 1967, p. 74-75.

5. S. Debout, « La théorie des quatre mouvements ou le dessein d'un grand œuvre », *in* Charles Fourier, *Théorie des quatre mouvements et des destinées générales, op. cit.*, p. 36.

6. Charles Fourier [1808], *op. cit.*, p. 370.

7. *Ibid.*, p. 79.

8. *Ibid.*, p. 117.

9. Pascal Bruckner, *Fourier*, Paris, Seuil, 1975, p. 163-164.

10. Roland Barthes, *Sade, Fourier, Loyola*, Paris, Seuil, 1971, p. 104.

11. « Il *craint* pour son système — pour son beau rêve — ce premier contact avec la désolante réalité et il multiplie les précautions pour qu'on ne puisse pas croire que l'expérience faite répond aux conditions qu'il a minutieusement déterminées lui-même. » Henri Desroche, *La Société festive, du fouriérisme écrit aux fouriérismes pratiqués*, Paris, Seuil, 1975, p. 232.

12. Victor Considérant, *Description du phalanstère & considéra-*

tions sociales sur l'architectonique [1848], Paris, Guy Durier éditeur, 1979.

13. Jonathan Beecher, «Une utopie manquée au Texas : Victor Considérant et Réunion », *Cahiers Charles Fourier*, n° 4, 1993.

14. Jacques Rancière, *La Nuit des prolétaires, archives du rêve ouvrier*, Paris, Fayard, 1981 ; Alain Maillard, *La Communauté des égaux, le communisme néo-babouviste dans la France des années 1840*, Paris, Kimé, 1999.

15. André Vergez, *Fourier*, Paris, PUF, 1969, p. 16 ; Henri Desroche, *Histoires d'économies sociales, d'un tiers état aux tiers secteurs 1791-1991*, Paris, Syros, 1991.

16. Pierre Leroux, *Discours : Aux politiques* [1832], *in* Henri Mougin, *Pierre Leroux*, Paris, Éditions sociales internationales, 1938, p. 240-241.

17. Friedrich Engels, Karl Marx, *Utopisme et communauté de l'avenir*, Paris, Maspero, 1976.

18. Friedrich Engels, *Anti-Dühring*, *op. cit.*, p. 303.

19. F. Armand, R. Maublanc, *Fourier*, Paris, Éditions sociales internationales, 1937.

20. Daniel Guérin, «Préface», *in* Charles Fourier, *Vers la liberté en amour, textes choisis*, Paris, Gallimard, 1975.

21. «En mai 68, on proposa à l'un des groupes qui se constituaient spontanément à la Sorbonne d'étudier l'*Utopie domestique* — on pensait évidemment à Fourier ; à quoi il fut répondu que l'expression était trop "recherchée", donc, "bourgeoise" », Roland Barthes, *op. cit.*, p. 90.

22. Karl Marx, Friedrich Engels, *L'Idéologie allemande* [1846], Paris, Éditions sociales, 1970, p. 13.

23. Karl Marx, Friedrich Engels, *La Sainte Famille ou critique de la critique critique, contre Bruno Bauer et consorts* [1845], Paris, Éditions sociales, 1972, p. 13.

24. Karl Marx, *Manuscrits de 1844*, Paris, Éditions sociales, 1968, p. 64-65.

25. *Ibid.*, p. 61.

26. «L'hégélianisme du maître et de l'esclave, c'est cela : le charme discret de la bourgeoisie radicale », Jacques Rancière, *Le Philosophe et ses pauvres*, Paris, Fayard, 1983, p. 120 ; Jean-Louis Lacascade, *Les Métamorphoses du jeune Marx*, Paris, PUF, 2002.

27. Ainsi, par exemple, du logement : «À mesure que l'accumulation du capital s'accélère dans une ville industrielle ou commerciale, et qu'y afflue le matériel humain exploitable, les logements improvisés des travailleurs empirent», Marx, *Le Capital*, livre premier [1867], in *Œuvres*, Paris, Gallimard, 1963, p. 1350.

28. Jacques Rancière, 1983, *op. cit.*, p. 121.

29. Louis Althusser, *Pour Marx*, Paris, Maspero, 1967.

30. Karl Marx, Friedrich Engels, *La Sainte Famille*, *op. cit.*, p. 47.

31. «Les philosophes n'ont fait qu'*interpréter* le monde de différentes manières, ce qui importe, c'est de le *transformer*», Karl Marx, «Thèses sur Feuerbach», *in* Karl Marx, Friedrich Engels, *L'Idéologie allemande*, *op. cit.*, p. 142.

32. Karl Marx, Friedrich Engels, *La Sainte Famille*, *op. cit.*, p. 99.

33. Karl Marx, *Critique du programme de Gotha* [1875], Paris, Éditions sociales, 1966, p. 32.

34. Pierre-Joseph Proudhon, *De la création de l'ordre dans l'humanité ou principes d'organisation politique* [1843], Paris, Marcel Rivière, 1927, p. 459.

35. Pierre-Joseph Proudhon, *La Guerre et la Paix*, [1861], in *Œuvres choisies*, Paris, Gallimard, 1967, p. 245.

36. Pierre-Joseph Proudhon, *De la capacité politique des classes ouvrières* [1865], Besançon, Éditions du Monde libertaire, 1977, t. 1, p. 180-181.

37. Pierre Bouvier, «Pierre-Joseph Proudhon, contingences et spéculations», *in* Daniel Mercure, Jan Spurk (dir.), *Le Travail dans la pensée occidentale*, Laval (Québec), Les Presses de l'université Laval, 2003.

38. Cynthia Truant, *The Rites of Labor, Brotherhoods of Compagnonnage in Old and New Regime France*, Ithaca, Cornell University Press, 1994 ; Truant, «Rites, compagnonnages et politique en 1848», *Socio-anthropologie*, n° 4, 2000.

39. William Sewell, *Gens de métiers et révolutions : le langage du travail de l'Ancien Régime à 1848*, Paris, Aubier-Montaigne, 1983.

40. Joseph-Marie de Gérando, *Le Visiteur du pauvre* [1820], Paris, Jean-Michel Place, 1989 ; Louis-René Villermé, *Tableau de l'état physique et moral des ouvriers employés dans les manufactures de coton, de laine et de soie* [1840], Paris, Études et documentation internationales, 1989.

41. Jacques Rancière, *La Nuit des prolétaires, archives du rêve ouvrier, op. cit.*

42. Albert Meister, *Vers une sociologie des associations*, Paris, Éditions ouvrières, 1972, p. 80.

43. *La Parole ouvrière 1830/1851*, textes rassemblés et présentés par Alain Faure et Jacques Rancière, Paris, 10/18, 1976, p. 288.

44. Pierre Wahry, « Des différentes formes de l'association ouvrière » [1851], in *La Parole ouvrière, op. cit.*, p. 435-436.

45. Maurice Agulhon, *Histoire vagabonde, Ethnologie et politique dans la France contemporaine*, Paris, Gallimard, 1988, t. 1, p. 61.

46. Georges Duveau, *La Vie ouvrière en France sous le second Empire*, Paris, Gallimard, 1946.

47. Martin Nadaud, *Mémoires de Léonard, ancien garçon maçon* [1895], Paris, Hachette, 1976.

48. Jacques Julliard, *Fernand Pelloutier et les origines du syndicalisme d'action directe*, Paris, Seuil, 1971.

49. Jacques Populus, *Histoire de l'Internationale*, Paris, L'Éclipse, 1871, p. 49-50.

50. *Ibid.*, p. 87-88-89 ; E. Fribourg, *L'Association internationale des travailleurs*, Paris, Le Chevallier, 1871.

51. Michel Winock, *Le Socialisme en France et en Europe, xixᵉ-xxᵉ siècle*, Paris, Seuil, 1992, p. 55-57.

52. Fernand Pelloutier, *Histoire des Bourses du travail*, Paris, Alfred Costes, 1921 ; Jacques Julliard, *Fernand Pelloutier et les origines du syndicalisme d'action directe*, Paris, Seuil, 1971 ; Peter Schöttler, *Naissance des Bourses du travail, un appareil idéologique d'État à la fin du xixᵉ siècle*, Paris, PUF, 1985.

53. Édouard Dolléans, *Histoire du mouvement ouvrier, 1830-1871*, Paris, Armand Colin, 1967 ; Annie Kriegel, *Le Pain et les Roses*, Paris, 10/18, 1973 ; Georges Sorel, *Réflexions sur la violence*, [1908], Paris, Marcel Rivière, 1936.

54. Arlette Farge, « Les Lumières et leurs pauvres », *in* Arlette Farge, Jean-François Laé, Patrick Cingolani, Franck Magloire, *Sans visages, l'impossible regard sur le pauvre*, Paris, Bayard, 2004.

55. Karl Polanyi, *La Grande Transformation, aux origines politiques et économiques de notre temps*, Paris, Gallimard, 1983, p. 115.

56. *Ibid.*, p. 75.

57. Paul Lafargue, *Le Droit à la paresse* [1880], Paris, Maspero, 1972, nº 1, p. 121.

58. Émile Coornaert, *Les Corporations en France avant 1789*, Paris, Gallimard, 1941, p. 290.

59. Louis-René Villermé, *Tableau de l'état physique et moral des ouvriers employés dans les manufactures de coton, de laine et de soie* [1840], Paris, Études et documentation internationales, 1989, p. 571-572.

60. Joseph-Marie de Gérando [1820], *Le Visiteur du pauvre*, *op. cit.*, p. 142.

61. Thomas-Robert Malthus [1803], *Essai sur le principe de population*, Paris, Seghers, 1963.

62. Joseph-Marie de Gérando, *op. cit.*, n. 1, p. 200.

63. Herbert Spencer, « L'esclavage futur », in *Le Droit d'ignorer l'État* [1884], Paris, Belles-Lettres, 1993, p. 43-45.

64. *Ibid.*, p. 46-47.

65. Frédéric Le Play, *La Méthode sociale* [1879], Paris, Méridiens-Klincksieck, 1989, p. 70.

66. Frédéric Le Play, *La Réforme de la société*, in *Œuvres de F. Le Play*, Paris, Plon, 1941, t. 2, p. 37.

67. *Ibid.*, p. 35.

68. *Ouvriers des deux mondes*, études publiées par la Société d'économie sociale à partir de 1856 sous la direction de Frédéric Le Play, Thomery, À l'enseigne de l'arbre verdoyant éditeur, 1983.

69. Frédéric Le Play, *La Réforme, op. cit.*, p. 37.

70. Maurice Bouvier-Ajam, *Histoire du travail en France depuis la Révolution*, Paris, Librairie générale de droit et de jurisprudence, 1969, p. 77.

71. William M. Reddy, *The Rise of Market Culture*, Cambridge University Press, 1984.

72. Louis Jules Chagot, *in* Rolande Trempé, « Le réformisme des mineurs français », *Le Mouvement social*, n° 65, octobre-décembre 1968, p. 102 ; R Beaubernard, *Montceau-les-Mines, un « laboratoire social » au XIXᵉ siècle*, Avallon, Éditions de Civry, 1981.

73. Eugène Descamps, *Militer, une vie pour un engagement collectif*, Paris, Fayard, 1971, p. 53.

74. Karl Marx, *Le 18 Brumaire de Louis-Napoléon Bonaparte* [1852], Paris, Coste, 1928, p 314.

75. Karl Marx, *Le Capital*, Livre premier [1867], *op. cit.*, p. 1169.

76. Karl Marx, *Misère de la philosophie* [1847], in *Œuvres*, t. I, *op. cit.*, p. 79.

77. Antonio Gramsci [1930-1932], «La formation des intellectuels», in *Gramsci dans le texte*, Paris, Éditions sociales, 1975, p. 597.

78. *Ibid.*, p. 604.

79. Karl Marx, *L'Idéologie allemande, op. cit.*, p. 129-130.

80. *Ibid.*, p. 135.

81. Antoine Gramsci, «L'ouvrier d'usine» [1920], in *Écrits politiques, I, 1914-1920*, Paris, Gallimard, p. 319.

82. Karl Marx, «Adresse inaugurale de la première Internationale» [1864], in *Œuvres*, t. 1, *op. cit.*, p. 466.

83. Friedrich Engels, Karl Marx, *Utopisme & communauté de l'avenir*, Paris, Maspero, 1976, p. 10.

84. René Rémond, *Religion et société en Europe. La sécularisation aux XIXᵉ et XXᵉ siècles. 1780-2000*, Paris, Seuil, 2001, p. 48.

85. François-André Isambert, *Le Sens du sacré, fête et religion populaire*, Paris, Minuit, 1982.

86. Pierre Leroux, *Malthus et les économistes* [1849], *in* Henri Mougin, *Pierre Leroux*, Paris, Éditions sociales internationales, 1938, p. 205.

87. Pierre Leroux, *De l'humanité, de son principe, et de son avenir où se trouve exposée la vraie définition de la religion et où l'on explique le sens, la suite et l'enchaînement du Mosaïsme et du Christianisme* [1845], Paris, Fayard, 1985, p. 678.

88. Cf. *supra*.

89. Pierre-Joseph Proudhon, *De la justice dans la Révolution et dans l'Église* [1858], Paris, Fayard, 1989.

90. P. Tiberghien, *L'Encyclique Rerum Novarum*, Paris, SPES, 1932, p. 4.

91. *Ibid.*, p. 57.

92. CFDT réflexion, *Le Mouvement ouvrier 1815-1977*, Paris, Montholon-services, 1978, p. 115.

93. Gérard Cholvy, *Christianisme et société en France au XIXᵉ siècle, 1790-1914*, Paris, Seuil, 2001.

94. Jean Bron, *Histoire du mouvement ouvrier*, Paris, Éditions ouvrières, 1970, t. 2, p. 107.

95. Vittorio Lanternari, *Les Mouvements religieux des peuples opprimés*, Paris, Maspero, 1962.

96. Danièle Hervieu-Léger, avec la collaboration de Françoise Champion, *Vers un nouveau christianisme? Introduction à la sociologie du christianisme occidental*, Paris, Cerf, 1987.

97. *Le Monde*, 28 février 2003.

V. *L'émergence des sciences sociales*

1. Émile Durkheim, *De la division du travail social* [1893], Paris, PUF, 1973, p. 347.

2. Auguste Comte, *Cours de philosophie positive* [1830], Paris, Garnier, 1949, p. LII.

3. Émile Durkheim, *op. cit.*

4. *Ibid.*

5. Peter Novick, *The Noble Dream, the « Objectivity Question » and the American Historical Profession*, New York, Cambridge University Press, 1988 ; Dorothy Ross, *The Origins of American Social Science*, New York, Cambridge University Press, 1991 ; Jan Goldstein, *Console and Classify. The French Psychiatric Profession in the Nineteenth Century*, Cambridge, Cambridge University Press, 1987 ; Wolf Lepenies, *Les Trois Cultures. Entre science et littérature, l'avènement de la sociologie*, Paris, Éditions de la MSH, 1990.

6. François Pillon, « Avertissement », *L'Année philosophique, études critiques sur le mouvement des idées générales dans les divers ordres de connaissances*, Première année, 1867, p. v.

7. Charles Renouvier, « Ce que c'est que le criticisme », *La Critique philosophique, politique, scientifique, littéraire*, 1872, t. I, p. 2.

8. François Pillon, « Les premiers principes par Herbert Spencer, traduit de l'anglais par M. E. Cazelles », *ibid.*, t. I, p. 12.

9. François Pillon, in *ibid.*, n° 2, 15 février 1872, t. I, p. 32.

10. Charles Renouvier, « Esquisse de l'histoire de l'impératif catégorique depuis l'an 1791 », *ibid.*, n° 3, 22 février 1872, t. I, p. 33.

11. Charles Renouvier, « La situation critique de l'école de Fourier », *ibid.*, n° 30, 28 août 1872, p. 51.

12. Charles Renouvier « La psychologie de l'homme primitif, l'origine du sentiment moral », *ibid.*, n° 47, 24 décembre 1874.

13. Émile Littré, « Les trois philosophies », *Philosophie positive*, n° 1, juillet-août 1867, p. 22.

14. Renouvier, « Pour prendre congé de nos lecteurs », *La Critique philosophique...*, 1889, t. II, p. 401.

15. Laurent Mucchielli, *La Découverte du social, naissance de la sociologie en France*, Paris, La Découverte/Syros, 1998, p. 91-97

16. Bruno Latour, Steve Woolgar, *La Vie de laboratoire, la production des faits scientifiques*, Paris, La Découverte, 1988.

17. Denis Diderot, « Avertissement » du volume VIII de l'*Encyclopédie ou Dictionnaire raisonné des sciences, des arts et des métiers* [1759], Paris, Flammarion, 1986, t. I, p. 224.

18. Jean Piaget, *Épistémologie des sciences de l'homme*, Paris, Gallimard, 1970, p. 135-136.

19. Henri Beaunis, « Introduction », *L'Année psychologique*, 1894, p. III.

20. *Ibid.*, p. IV-V.

21. *Ibid.*, p. VI.

22. Jan Goldstein, *op. cit.*

23. Théodule Ribot, « Les caractères anormaux et morbides », *L'Année psychologique*, 1895 ; « L'abstraction des émotions », *ibid.*, 1896.

24. Sigmund Freud, *Essais de psychanalyse*, Paris, Payot, 1972, p. 115.

25. Georges Devereux, *De l'angoisse à la méthode dans les sciences du comportement*, Paris, Flammarion, 1980 ; Géza Roheim, *Psychanalyse et anthropologie*, Paris, Gallimard, 1967 ; Wilhem Reich, *La Psychologie de masse du fascisme* [1933], Paris, Payot, 1972.

26. Maurice Merleau-Ponty, *La Structure du comportement*, Paris, PUF, 1942, p. 182-183.

27. Jean Maisonneuve, *Introduction à la psychosociologie*, Paris, PUF, 2000.

28. Laurent Mucchielli, *op. cit.* p. 317-341.

29. Gabriel de Tarde, *Les Lois de l'imitation, étude sociologique*, [1895], Genève, Slatkine, 1979, p. 73.

30. *Ibid.*, p. 73.

31. *Ibid.*, p. 3.

32. Émile Durkheim, « Préface », *L'Année sociologique*, 1, 1898, p. I-II.

33. Émile Durkheim, « L'état actuel des études sociologiques en France » [1895], in *Textes*, Paris, Minuit, 1975, t. 1, p. 102.

34. Il n'en reste pas moins, comme le souligne Victor Karady, que la chaire de Durkheim ne prendra l'intitulé exclusif de sociologie qu'en 1932. Ses cours, du moins à Bordeaux, auront, dès 1888, pour titre : cours public de sociologie. Voir

Steven Lukes, *Émile Durkheim, His Life and Work, a Historical and Critical Study*, Londres, Penguin Press, 1973, p. 618. En 1927, Maurice Halbwachs pourra s'en réclamer à la faculté de Strasbourg. Victor Karady, « Durkheim, les sciences sociales et l'Université : bilan d'un semi-échec », *Revue française de sociologie*, vol. XVII, n° 2, avril-juin 1976.

35. Émile Durkheim, [1892], « La contribution de Montesquieu à la constitution de la science sociale », in *Montesquieu et Rousseau, précurseurs de la sociologie*, Paris, Marcel Rivière, 1966, p. 29-30.

36. Émile Durkheim, « Préface », *L'Année sociologique*, 1, (1896-1897), 1898, p. v.

37. Émile Littré, *La Science au point de vue philosophique*, Paris, Didier, 1893, p. 351.

38. *Ibid.*, p. 352.

39. Philippe Besnard, « Textes inédits ou inconnus d'Émile Durkheim », *Revue française de sociologie*, vol. XVII, n° 2, avril-juin 1976.

40. Paul Broca, discours lors de l'Exposition universelle de 1878, *in* Zaborowski, « Anthropologie », *La Grande Encyclopédie*, Paris, H. Lamirault, s. d., A. 3, p. 180.

41. Émile Durkheim, « L'état actuel des études sociologiques en France » [1895], in *Textes*, Paris, Minuit, 1975, t. 1, p. 74.

42. *Ibid.*, p. 73.

43. Fritz Ringer, « La segmentation des systèmes d'enseignement, les réformes de l'enseignement français et prussien, 1865-1920 », *Actes de la recherche en sciences sociales*, n° 149, septembre 2003.

44. Wolf Lepenies, *op. cit.*, p. 51 ; Patrick Cingolani, *La République, les Sociologues et la Question politique*, Paris, La Dispute, 2003.

45. Ce ressentiment perdure, sur plusieurs décennies, comme en témoignent les propos de Robert Lacombe rapportés par le père H. Du Passage dans ses *Notions de sociologie appliquée à la morale et à l'éducation* : « Telle a été [...] l'influence de Durkheim dans notre Université qu'il semble avoir monopolisé la sociologie [...]. Et pourtant, en dehors de son École, la sociologie de Durkheim est de toute part critiquée. Les philosophes la combattent, les spécialistes des diverses sciences sociales la

regardent avec défiance, les sociologues qui appartiennent à d'autres Écoles la discutent âprement », Paris, J. de Gigord, 1934, p. IX.

46. Jean-Bernard Izoulet, propos rapportés *in* Célestin Bouglé, « La sociologie française et l'Éducation nationale », *Qu'est-ce que la sociologie ?* Paris, Felix Alcan, 1939, p. 164.

47. Paul Nizan, *Les Chiens de garde* [1933], Paris, Maspero, 1969.

48. Émile Durkheim [1908], « Remarque sur la méthode en sociologie », in *Textes, op. cit.*, t. 1, p. 59.

49. Dominique Schnapper, *La Relation à l'Autre, au cœur de la pensée sociologique*, Paris, Gallimard, 1998, p. 15.

50. Émile Durkheim, *De la division du travail social* [1893], Paris, PUF, 1973, p. 2.

51. Émile Durkheim, *ibid.*, p. XLIII.

52. *Ibid.*, p. 123.

53. *Ibid.*, p. 393-394.

54. *Ibid.*, p. 396.

55. *Ibid.*, p. 401.

56. *C'est moi qui souligne.*

57. Émile Durkheim, *Le Suicide, étude de sociologie* [1898], Paris, PUF, 1967, p. 448.

58. Émile Durkheim, *Le Socialisme, sa définition, ses débuts, la doctrine saint-simonienne* [1928], Paris, PUF, 1971, n. 1, p. 267.

59. Émile Durkheim, *Le Socialisme…, op. cit.*, p. 449.

60. Robert Nisbet, *The Sociological Tradition*, London, Heinemann, 1970.

61. Max Weber, *Œuvres politiques (1895-1919)*, Paris, Albin Michel, 2004.

62. Eschyle, *Prométhée enchaîné*, Paris, Flammarion, 1964, p. 102.

63. Georges Sorel, *Matériaux d'une théorie du prolétariat*, Paris, Marcel Rivière, 1919.

64. Georg Lukács, *Histoire et conscience de classe, op. cit.*

65. Antonio Gramsci, *La Città futura*, in *Écrits politiques, 1914-1920*, Paris, Gallimard, 1974, p. 109.

66. Max Horkheimer, Theodor W. Adorno, *La Dialectique de la Raison, fragments philosophiques* [1944], Paris, Gallimard, 1974

67. Theodor W. Adorno, « Société », *Tumultes*, n° 17-18, 2002 (L'École de Francfort : la théorie critique entre philosophie et sociologie), p. 372.

68. « C'est précisément la limitation imposée par l'État social au conflit de classe qui anime, dans les sociétés de l'Ouest, la dynamique d'une réification des domaines d'action structurés par la communication », Jürgen Habermas, *Théorie de l'agir communicationnel*, Paris, Fayard, 1987, t. 2, p. 332.

69. Georg Simmel, « Comment les formes sociales se maintiennent » [1897], in *Sociologie et épistémologie*, Paris, PUF, 1981, p. 173.

70. *Ibid.*, p. 176.

71. Georg Simmel, « Le problème de la sociologie » [1894] in *ibid.*, p. 165.

72. Georg Simmel, *Le Conflit*, [1901], Strasbourg, Circé, 2003.

73. Georg Simmel, « La différenciation sociale » [1894], in *Sociologie et épistémologie, op. cit.*, p. 208.

74. Célestin Bouglé, *Socialisme français, du « socialisme utopique » à la « démocratie industrielle »*, Paris, Armand Colin, 1932.

75. Max Weber, *Le Savant et le Politique* [1919], Paris, Plon, 1959.

76. *Ibid.*, p. 91.

77. *Ibid.*, p. 101.

78. Raymond Aron, *La Sociologie allemande contemporaine* [1935], Paris, PUF, 1981, p. 82.

79. Ferdinand Tönnies, *Communauté et société, catégories fondamentales de la sociologie pure* [1887], Paris, PUF, 1944, p. 4.

80. *Ibid.*, p. 5.

81. Ces liens communautaires prévalent toujours et là pour le pire en ce troisième millénaire ; ainsi, par exemple, des conflits et homicides opposant, au nom du respect du sang, des clans libanais : Hassoun contre Halbouni, *Le Monde*, 17 juillet 2004.

82. Max Weber, *Économie et société* [1922], Paris, Plon, 1971, p. 41.

83. Max Weber, « Essai sur quelques catégories de la sociologie compréhensive » [1913], in *Essais sur la théorie de la science*, Paris, Plon, 1965, p. 345.

84. *Ibid.*, p. 391.

85. *Ibid.*

86. *Ibid.*, p. 397.

87. Marcel Mauss, « Essai sur le don, forme et raison de l'échange dans les sociétés archaïques », *L'Année sociologique* (1923-1924), 1925, nouvelle série, t. 1, p. 30-186.

88. Paul Fauconnet, Marcel Mauss, « Sociologie » [1901], *La Grande Encyclopédie, in* Marcel Mauss, *Œuvres*, Paris, Minuit, 1969, t. 3, p. 143.

89. Pour Ferdinand Tönnies, les liens sociaux, négatifs, propres à la société — et à l'envers de ceux qui prévalent dans la communauté — ne traitent du don que dans une optique intéressée visant à contraindre et imposer au débiteur un retour plus considérable que ce qui lui a été donné : « Il est même nécessaire que don ou service lui soient plus utiles que ce qu'il donne, car seule la réception de quelque chose lui paraissant meilleur le décidera à faire le bien », Ferdinand Tönnies, 1944, *op. cit.*, p. 39.

90. Marcel Mauss, « Essai sur le don… », *op. cit.*, p. 184-185.

91. Marcel Fournier, *Marcel Mauss*, Paris, Fayard, 1994 ; cf. également Marcel Mauss, *Écrits politiques*, textes réunis et présentés par Marcel Fournier, Paris, Fayard, 1997 ; Pierre Birnbaum, « Du socialisme au don », *L'Arc*, 1990.

92. Marcel Mauss, « La Nation : phénomènes morphologiques », extraits inédits présentés par Marcel Fournier, *Socio-anthropologie*, n° 4, 1998.

93. Claude Lévi-Strauss, « Introduction à l'œuvre de Marcel Mauss », *in* Marcel Mauss, *Sociologie et anthropologie*, Paris, PUF, 1968, p. XLIV.

94. Claude Lévi-Strauss, *Les Structures élémentaires de la parenté*, Paris, Mouton & Co, 1967, p. 69.

95. Maurice Godelier, *L'Énigme du don*, Paris, Fayard, 1996, p. 294.

96. Jacques Godbout, *Le Don, la dette et l'identité ; Homo donator vs homo œconomicus*, Paris, La Découverte, 2000.

97. Marc Abélès, *Les Nouveaux Riches, un ethnologue dans la Silicon Valley*, Paris, Odile Jacob, 2002 ; Alain Caillé, *Anthropologie du don*, Paris, Desclée de Brouwer, 2000 ; Camille Tarot, *De Durkheim à Mauss, l'invention du symbolique ; sociologie et science des religions*, Paris, La Découverte, 1999 ; Bruno Karsenti, *Marcel Mauss. Le fait social total*, Paris, PUF, 1994.

98. Ce ne sera cependant que très récemment que des perspectives transdisciplinaires entre ces deux disciplines verront

effectivement le jour, Pierre Bouvier, *La Socio-anthropologie*, *op. cit.*

VI. *Des réponses sociologiques*

1. Norbert Elias, *La Société des individus*, Paris, Fayard, 1991, p. 301.

2. Danilo Martucelli, *Grammaires de l'individu*, Paris, Gallimard, 2002.

3. William Isaac Thomas, Florian Znaniecki, *The Polish Peasant in Europe and America*, Chicago, University of Chicago Press, 1918-1920, 5 vol.

4. Dorothy Ross, *op. cit.*, p. 352.

5. Florian Znaniecki, « Cultural Sciences » [1952], in *On Humanistic Sociology*, Selected Papers, edited and with an Introduction by Robert Bierstedt, Chicago, University of Chicago Press, 1969, p. 287.

6. Anselm Strauss, *Miroirs et masques, une introduction à l'interactionnisme*, Paris, Métailié, 1992.

7. Dennis Smith, *The Chicago School, a Liberal Critique of Capitalism*, New York, St. Martin's Press, 1988.

8. Elliot Freidson, *Profession of Medicine*, Chicago, Adline, 1970.

9. Herbert Blumer, « Society as Symbolic Interaction », in *Symbolic Interactionism. Perspective and Method*, Berkeley, University of Califormia Press, 1986, p. 79.

10. George H. Mead, *L'Esprit, le Soi et la Société* [1934], Paris, PUF, 1963, p. 139.

11. David Victoroff, *G. H. Mead, sociologue et philosophe*, Paris, PUF, 1953.

12. George Mead, *op. cit.*, p. 163.

13. *Ibid.*, p. 131.

14. Robert E. Park, « La ville. Proposition de recherche sur le comportement humain en milieu urbain » [1925], in *L'École de Chicago. Naissance de l'écologie urbaine*, présentation d'Y. Grafmeyer et I. Joseph, Paris, Aubier, 1984, p. 126.

15. Nels Anderson, *The Hobo, the Sociology of the Homeless Man*, Chicago, University of Chicago Press, 1923 ; Frank Tobias Higbie, *Indispensable Outcasts, Hobo Workers and Community in the American Midwest, 1880-1930*, Urbana, University of Illinois Press, 2003.

16. Frederic M. Thrasher, *The Gang, a Study of 1,313 Gangs in Chicago* [1927], Chicago, University of Chicago Press, 1968.

17. William Foote White, *Street Corner Society. The Social Structure of an Italian Slum* [1943], Chicago, The University of Chicago Press, 1973.

18. Howard Saul Becker, *Outsiders, études de sociologie de la déviance* [1963], Paris, Métailié, 1985.

19. Anselm Strauss, *La Trame de la négociation, sociologie qualitative et interactionnisme*, Paris, L'Harmattan, 1992.

20. Joseph-Marie de Gérando, *Le visiteur du pauvre* [1820], Paris, Jean-Michel Place, 1989. Paradoxe ou continuité de cet auteur, devancier des anthropologues de terrain avec ces *Considérations sur les diverses méthodes à suivre dans l'observation des peuples sauvages*, publié en 1800, ces considérations plus qu'innovantes vont évoluer vers le moralisme et la bienfaisance.

21. Nels Anderson, *The Hobo. The Sociology of the Homeless Man* [1923], Chicago, University of Chicago Press, 1961 (traduction française, Nathan, 1993).

22. Frédéric Le Play, *Ouvriers des deux mondes* [1857-1885], Thomery, À l'enseigne de l'arbre verdoyant éditeur, 1983.

23. Georg Simmel, *Les Pauvres* [1908], Paris, PUF, 1998, p. 98.

24. Ben Reitman, *Boxcar Bertha* [1937], Paris, 10/18, 1996.

25. Edwin H. Sutherland, *The Professional Thief by a Professional Thief* [1937], Chicago, University of Chicago Press, 1972.

26. Jack London, *Les Vagabonds du rail* [1907], Paris, 10/18, 1974.

27. Howard Becker, « The Self and Adult Socialization », in *Sociological Work, Method and Substance*, Chicago, Adline Publishing Company, 1970, p. 289-303.

28. Voir Pierre Bouvier, 2000, *op. cit.*

29. Erving Goffman, *La Mise en scène de la vie quotidienne*, t. 1, *La Présentation de soi* [1971], Paris, Minuit, 1973, p. 10.

30. Erving Goffman, *La Mise en scène de la vie quotidienne*, t. 2, *Les Relations en public*, Paris, Minuit, 1973, p 181-225.

31. *Ibid.*, 1973.

32. Erving Goffman, *La Mise en scène de la vie quotidienne*, t. 1, *op. cit.*, p. 81.

33. *Ibid.*, p. 83-84.

34. Michel Foucault, *Surveiller et punir, naissance de la prison*, Paris, Gallimard, 1975. L'approche foucaldienne met l'accent

sur le dressage et l'imposition sociopolitique plus que sur les aspects psychosociologiques.

35. Erving Goffman, *Asiles, études sur la condition sociale des malades mentaux, op. cit.*, p. 331.

36. Michel Foucault, *Il faut défendre la société*, cours au Collège de France, 1976, Paris, Seuil/Gallimard, 1997, p. 26.

37. Michel Foucault, *Histoire de la sexualité 1, La Volonté de savoir*, [1976], Paris, Gallimard, 2000, p. 67.

38. Erving Goffman, *Les Rites d'interaction*, Paris, Minuit, 1974 ; Isaac Joseph, *Erving Goffman et la microsiologie*, Paris, PUF, 1998.

39. Catherine Rhein, « Le ghetto de Louis Wirth : formes urbaines, institution et système social, *The Ghetto* (1928) », *in* Bernard Lepetit et Christian Topalov (dir.), *La Ville des sciences sociales*, Paris, Belin, 2001.

40. Raymond Boudon, *Effets pervers et ordre social*, Paris, PUF, 1989, p. 242.

41. Michel Crozier, Erhard Friedberg, *L'Acteur et le Système, les contraintes de l'action collective*, Paris, Seuil, 1977, p. 83.

42. Raymond Boudon, *La Logique du social, introduction à l'analyse sociologique*, Paris, Hachette, 1979.

43. Michel Crozier, *Usines et syndicats d'Amérique*, Paris, Éditions ouvrières, 1951, p. 183.

44. Michel Crozier, Erhard Friedberg, *op. cit.*

45. Robert K. Merton, *Social Theory and Social Structure*, Glencoe, The Free Press, 1949 ; Peter M. Blau, *The Dynamics of Bureaucracy*, Chicago, University of Chicago Press, 1955 ; James C. March, Herbert Simon, *Organizations*, New York, Wiley, 1958 ; ainsi que Chester I. Barnard, *The Functions of the Executive*, Cambridge, Harvard University Press, 1938 ; William H. Whyte Jr., *L'Homme de l'organisation*, Paris, Plon, 1959.

46. Michel Crozier, *La Société bloquée*, Paris, Seuil, 1970, p. 38.

47. Michel Crozier, Pierre Crozier, Brunot Chavanat, *Comment réformer l'État ? Trois pays, trois stratégies : Suède, Japon, États-Unis*, Paris, La Documentation française, 1988.

48. Denis Poulot, *Question sociale. Le Sublime ou le travailleur comme il est en 1870, et ce qu'il peut être* [1870], Paris, Maspero, 1980.

49. Frederik Winslow Taylor, *Scientific Management* [1911] ; traduction française, *La Direction scientifique des entreprises*, Paris, Dunod, 1965, p. 39.

50. Elton Mayo, *The Human Problems of an Industrial Civilization* [1933], Boston, Harvard University, 1946.

51. Pierre Desmarez, *La Sociologie industrielle aux États-Unis*, Paris, Armand Colin, 1985 ; Pierre Bouvier, Olivier Kourchid (dir.), *France-USA, les crises du travail et de la production*, Paris, Méridiens Klincksieck, 1988.

52. Pierre Naville, *De l'aliénation à la jouissance. La genèse de la sociologie du travail chez Marx et Engels*, Paris, Marcel Rivière, 1957 ; *Vers l'automatisme social ? Problèmes du travail et de l'automation*, Paris, Gallimard, 1963 ; Georges Friedmann, *Problèmes humains du machinisme industriel*, Paris, Gallimard, 1947 ; *Le Travail en miettes. Spécialisation et loisirs*, Paris, Gallimard, 1956.

53. Alain Touraine, *Sociologie de l'action*, Paris, Seuil, 1965, p. 11.

54. Alain Touraine, *L'Évolution du travail ouvrier aux usines Renault*, Paris, CNRS, 1955.

55. Serge Mallet, *La Nouvelle Classe ouvrière*, Paris, Seuil, 1963.

56. Alain Touraine, 1955, *op. cit.*, p. 177.

57. Alain Touraine, *La Conscience ouvrière*, Paris, Seuil, 1966, p. 332.

58. Alain Touraine, Michel Wieviorka, François Dubet, *Le Mouvement ouvrier*, Paris, Fayard, 1984.

59. Alain Touraine, *La Voix et le Regard*, Paris, Seuil, 1978, p. 107.

60. Alain Touraine, Farhad Khosrokhavar, *La Recherche de soi, dialogue sur le Sujet*, Paris, Fayard, 2000, p. 151.

61. *Ibid.*, p. 163.

62. Propos de l'écologiste Pierre Radane, in *ibid.*, p. 163.

63. Alain Touraine, *Pourrons-nous vivre ensemble ? Égaux et différents*, Paris, Fayard, 1997.

64. Pierre Bourdieu, *La Distinction, critique sociale du jugement*, Paris, Minuit, 1979.

65. Jean-Paul Sartre, *L'existentialisme est un humanisme*, Paris, Nagel, 1946, p. 23, 26.

66. Michel Foucault, *Les Mots et les Choses, une archéologie des sciences humaines*, Paris, Gallimard, 1966, p. 398.

67. Michel de Certeau, *L'Invention du quotidien 1. Arts de faire*, Paris, 10/18, 1980.

68. Pierre Bourdieu, *Le Sens pratique*, Paris, Minuit, 1980, p. 98.

69. *Ibid.*, p. 102.

70. *Ibid.*, p. 99.

71. Pierre Bourdieu, *Raisons pratiques, sur la théorie de l'action*, Paris, Seuil, 1994, p. 116.

72. Pierre Bourdieu, *Science de la science et réflexivité*, Paris, Raisons d'agir, 2002, p. 174.

73. *Ibid.*, p. 182.

74. Nathalie Heinich, *Le Triple jeu de l'art contemporain*, Paris, Minuit, 1998, p. 314.

75. Jeannine Verdès-Leroux, *Le Savant et la Politique*, Paris, Fayard, 1998, p. 100.

76. Luc Boltanski, Laurent Thévenot, *De la justification, les économies de la grandeur*, Paris, Gallimard, 1991. Cet ouvrage a nourri un courant dit « des conventions », c'est-à-dire soucieux des objets communs, présents dans la situation, sur lesquels les personnes prennent appui pour assurer leur coexistence avec autrui par l'accord. Ce courant vise à étudier le lien social à partir des personnes et de leurs prétentions à la justice. Il s'agit de cerner les modalités de la « justification », c'est-à-dire les principes, les équivalences ou valeurs de références (que les auteurs appellent « grandeurs ») auxquels les acteurs appellent lorsqu'ils veulent manifester leur désaccord sans rompre le lien social par le recours à la violence. Luc Boltanski et Laurent Thévenot développent une approche qui ne tient pas les acteurs pour des agents dominés par des forces extérieures, mais les étudie en situation de maîtrise de leur conduite et de leur coexistence ordinaire.

77. Craig Calhoun, « Habitus, Field, and Capital : The Question of Historical Specificity », *in* C. Calhoun, Ed LiPuma, M. Postone (dir.), *Bourdieu : Critical Perspectives*, Cambridge, Polity Press, 1993.

78. Pierre Bourdieu, *La Distinction, critique sociale du jugement*, *op. cit.*, p. 543-545.

79. Pierre Bourdieu, *Méditations pascaliennes*, Paris, Seuil, 2003, p. 348.

80. Louis Pinto, *Pierre Bourdieu et la théorie du monde social*, Paris, Albin Michel, 1998, p. 46.

81. Luc Boltanski, « Usages faibles, usages forts de l'habitus », *in* Pierre Encrevé, Rose-Marie Lagrave (dir.), *Travailler avec Bourdieu*, Paris, Flammarion, 2003, p. 156.

82. Pierre Bourdieu, *Interventions, 1961-2001. Sciences sociales et action politique*, Marseille, Agone, 2002.

83. Bernard Lahire (dir.), *Le Travail sociologique de Pierre Bourdieu, dettes et critiques*, Paris, La Découverte, 1999, p. 14. Dans le même ouvrage, sur la question de l'individualisme, cf. Philippe Corcuff, « Le collectif au défi du singulier : en partant de l'habitus ».

84. Pierre Bourdieu, « Les chercheurs, la science économique et le mouvement social », in *Contre-feux, propos pour servir à la résistance contre l'invasion néo-libérale*, Paris, Raisons d'agir, 1998.

85. Pierre Bourdieu, *Raisons pratiques, op. cit.* p. 173.

86. Marcel Fournier, « Pierre Bourdieu : La sociologie est un sport de haut niveau », « L'autre Bourdieu », *Awal*, n° 27-28, 2003.

87. Pierre Bourdieu, *Méditations pascaliennes, op. cit.* p. 339.

88. *Ibid.*, p. 340.

89. Pierre Bourdieu, *Le Bal des célibataires, crise de la société paysanne en Béarn*, Paris, Seuil, 2002, p. 255.

90. Entre autres du *Bal des célibataires* au *Métier de sociologue* en passant par *Homo academicus* et *Science de la science et réflexivité*.

VII. *Le constat d'un manque*

1. Norbert Elias, *La Société des individus*, Paris, Fayard, 1991, p. 208.

2. *Ibid.*, p. 216.

3. Michael Hardt, Antonio Negri, *Empire*, Paris, 10/18, 2000.

4. Christophe Guilly, Christophe Noyé, *Atlas des nouvelles fractures sociales en France*, Paris, Autrement, 2004.

5. Claude Lévi-Strauss, *L'Homme nu*, Paris, Plon, 1971, p. 545.

6. Émile Durkheim [1912], *Les Formes élémentaires de la vie religieuse*, Paris, PUF, 1979, p 6.

7. Loïc Wacquant, *Punir les pauvres, le nouveau gouvernement de l'insécurité sociale*, Marseille, Agone, 2004.

8. Aristote, *La Politique*, Paris, Gonthier, 1971, p. 90.

9. Cicéron, *Les Devoirs*, Paris, Les Belles Lettres, 1965, livre 1, p. 189.

10. Arnold Van Gennep, *Manuel de folklore français contemporain* [1943], Paris, Picard, 1982, t. 1, p. 111.

11. Arnold Van Gennep, *Les Rites de passage* [1909], Paris, Picard, 1981, p. 13.

12. Serge Paugam, *La Disqualification sociale*, Paris, PUF, 2000.

13. Pierre Bouvier, «Citoyenneté et exclusion», *Ethnologie française*, t. XXVI, avril-juin 1996.

14. Branislaw Malinowski, *Les Dynamiques de l'évolution culturelle*, Paris, Payot, 1970, p. 115. Cet ouvrage reprend, en partie, des textes initialement présents dans *Methods of Study of Culture Contact in Africa*, 1938.

15. «Memorandum for the Study of Acculturation», *American Anthropologist*, 38, 1936, p. 149-152.

16. Melville J. Herskovits, *Les Bases de l'anthropologie culturelle* [1948], Paris, Payot, 1967, p. 216.

17. Denis Poulot, *Le Sublime ou le travailleur comme il est en 1870, et ce qu'il peut être* [1870], Paris, Maspero, 1980.

18. «Plus un sublime se croit capable, plus il se regarde comme indispensable et plus il se croit avoir le droit de s'absenter [...] Quand ils ont assez de *c'te boîte*, et s'ils savent le patron poli et bienveillant, ils répondent à ses observations par les grossièretés et les insultes [...] "Vous n'avez qu'un atelier, vous; nous, nous en avons plus de deux cents sur le pavé de la capitale. Puis, nous en avons assez comme ça de votre abattoir de compagnons. F...-nous notre sac et notre compte, et que ça finisse. On a mangé du pain avant d'être chez vous, on en mangera encore après."» Poulot, *op. cit.*, p. 184, 187.

19. J.-J. Rousseau, *Émile ou de l'éducation*, Paris, Gallimard, Folio essais, 1995, p. 306.

20. Arlette Farge, Jean-François Laé, *Fractures sociales*, Paris, Desclée de Brouwer, 2000 ; Arlette Farge, Jean-François Laé, Patrick Cingolani, Franck Magloire, *Sans visages, l'impossible regard sur le pauvre*, Paris, Bayard, 2004.

21. Jean Labbens, *La Condition sous-prolétarienne*, Paris, Science et service, 1965 ; Francine de la Gorce, *L'espoir gronde. Noisy-le-Grand 1956-1965*, Paris, Éditions Quart-Monde, 1992.

22. Georg Simmel [1908], *Les Pauvres*, Paris, PUF, 1998, p. 96.

23. *Ibid.*, p. 97.

24. *Ibid.*, p. 98.

25. Dominique Schnapper, *La Communauté des citoyens*, Paris, Gallimard, 2003, p. 14 ; Marc Abélès, Henri-Pierre Jeudy (dir.), *Anthropologie du politique*, Paris, Armand Colin, 1997.

26. Talcott Parsons, *Le Système des sociétés modernes*, Paris, Dunod, 1973, p. 131.

27. C. B. Macpherson a procédé à la lecture critique des « présupposés d'ordre social » qui, de Hobbes à Locke, ont fondé la théorie politique libérale : « l'affirmation d'une propriété ». L'individualisme possessif est ainsi défini : « L'individu n'est conçu ni comme un tout moral, ni comme la partie d'un tout social qui le dépasse, mais comme son propre propriétaire. C'est dire qu'on attribue rétrospectivement à la nature même de l'individu les rapports de propriété qui avaient alors pris une importance décisive pour un nombre grandissant de personnes, dont ils déterminaient concrètement la liberté, l'espoir de se réaliser pleinement. L'individu, pense-t-on, n'est libre que dans la mesure où il est propriétaire de sa personne et de ses capacités. Or, l'essence de l'homme c'est d'être libre, indépendant de la volonté d'autrui, et cette liberté est fonction de ce qu'il possède. » C. B. Macpherson, *La Théorie politique de l'individualisme possessif*, Paris, Gallimard, Folio essais, 2004, p. 18-19. Sur l'importance et les destinées historiographiques de cet ouvrage, lire, dans cette édition, la postface de Patrick Savidan.

28. « Dans tous nos métiers, pourquoi faut-il être global ? Parce qu'on fait des économies de distribution et de logistique. Parce que la technologie est elle aussi globale... » J.-L. Messier, président de Vivendi, *Libération*, 19 juin 2001.

29. Marc Ferro, *L'Internationale, histoire d'un chant de Pottier et Degeyter*, Paris, Noêsis, 1996, p. 33.

30. Condorcet, *Esquisse d'un tableau historique des progrès de l'esprit humain*, Paris, Boivin, 1933, p. 239.

31. Edward W. Said, *L'Orientalisme*, Paris, Seuil, 1978.

32. Alain Gras, *Fragilité de la puissance, se libérer de l'emprise technologique*, Paris, Fayard, 2004 ; *Les Macro-Systèmes techniques*, Paris, PUF, 1997.

33. Majid Rahnema, *Quand la misère chasse la pauvreté*, Paris, Fayard/Actes Sud, 2003, p. 163 ; Léa Salmon-Marchat, *Les Enfants de la rue à Abidjan*, Paris, L'Harmattan, 2004.

34. Emmanuel Le Roy Ladurie, *Montaillou, village occitan de 1294 à 1324*, Paris, Gallimard, 1975, p. 570.

35. Bronislaw Geremek, *Les Marginaux parisiens aux XIVᵉ et XVᵉ siècles*, Paris, Flammarion, 1976, p. 362.

36. Arlette Farge, *Vivre dans la rue à Paris au XVIIIᵉ siècle*, Paris, Gallimard/Julliard, 1992, p. 185.

VIII. *Les nouvelles formes du lien*

1. Majid Rahnema, *op. cit.*
2. *Ibid.*, p. 290.
3. Robert Castel, *L'Insécurité sociale*, Paris, Seuil, 2003.
4. Alain Gras, *Fragilité de la puissance, se libérer de l'emprise technologique*, Paris, Fayard, 2003, p. 284.
5. Claude Lévi-Strauss, *Anthropologie structurale 2*, Paris, Plon, 1973.
6. Max Weber, *Économie et société*, Paris, Plon, 1971, p. 22.
7. Paul Yonnet, *Travail, loisir, temps libre et lien social*, Paris, Gallimard, 1999.
8. Gabriel de Tarde, *Les Lois de l'imitation, étude sociologique* [1895], Genève, Slatkine, 1979, p. 83.
9. L'Observatoire du temps libre, sondage Ipsos, *Le Monde*, 11 février 2003.
10. Michel de Certeau, *L'Invention du quotidien. 1. Arts de faire*, Paris, Gallimard, 1990, p. XXXVII.
11. David Riesman, *La Foule solitaire*, Paris, Arthaud, 1964.
12. Edgar Morin, *Les Stars*, Paris, Seuil, 1957.
13. Jean Cazeneuve, *Sociologie de la radio-télévision*, Paris, PUF, 1969, p. 61.
14. Serge Tisseron, *L'Intimité surexposée*, Paris, Ramsay, 2001 ; Jean-Claude Kaufmann, « Tout dire de soi, tout montrer », *Le Débat*, n° 125, 2003.
15. François Jost, *L'Empire du Loft*, Paris, La Dispute, 2001.
16. Pier Paolo Pasolini, *Contre la télévision et autres textes sur la politique et la société*, Paris, Les Solitaires intempestifs, 2003.
17. Christopher Lasch, *La Culture du narcissisme* [1979], Castelnau-le-Lez, Climats, 2000.
18. Pascal Duret, François de Singly, « L'école ou la vie, *Stars Academy, Loft Story* : deux modèles de socialisation », *Le Débat*, n° 125, 2003.
19. Denis Brogniart, animateur de ce jeu, TF1, 13 août 2004.
20. Bertrand Villagas, cofondateur de The Wit, cabinet d'expertise télévisuelle, *Le Monde*, 29 octobre 2002.
21. Claude Lévi-Strauss, *Anthropologie structurale*, Paris, Plon, 1958, p. 400.
22. Franz Boas, *The Central Eskimo* [1888], Lincoln, University of Nebraska Press, 1964.

23. Marc Ferro, Sheila Fitzpatrick, *Culture et révolution*, Paris, Édition de l'EHESS, 1989.

24. Jean Rouch, Edgar Morin, *Chronique d'un été*, Paris, Inter-Spectacle, 1962, p. 7.

25. Serge Roullet, *Portrait images*, Paris, Le Croît vif, 2001, p. 208.

26. Patrick Le Lay : « Pour qu'un message publicitaire soit perçu, il faut que le cerveau du téléspectateur soit disponible. Nos émissions ont pour vocation de le rendre disponible : c'est-à-dire de le divertir, de le détendre pour le préparer entre deux messages. Ce que nous vendons à Coca-Cola, c'est du temps de cerveau humain disponible », *Les Dirigeants face au changement*, cité in *Télérama*, 11-17 septembre 2004, n° 2852, p. 9.

27. Olivier Mongin, « De la critique de la production des images… », *Esprit*, mars-avril 2003, p. 15.

28. Luc Boltanski, Ève Chiapello, *Le Nouvel Esprit du capitalisme*, Paris, Gallimard, 1999.

29. « C'est vrai, le RMI, on peut le voir de différents côtés. En donnant trois fois rien aux gens, on institutionnalise la misère. Alors, qu'on nous donne le RMI pour que ça n'explose pas mais qu'on ne vienne pas se moquer de nous avec un travail bidon. » Eduardo, squat de la Grange-aux-Belles, *Politis*, 17 septembre 1998.

30. Luc Boltanski, Ève Chiapello, *Le Nouvel Esprit du capitalisme, op. cit.* ; George Ross, « Capitalism and Its Spirits ? », *French Politics, Culture & Society*, vol. 18, n° 3, 2000, p. 103-108.

31. Christophe Guilluy, Christophe Noyé, *Atlas des nouvelles fractures sociales en France*, Paris, Autrement, 2004.

32. Par exemple Joffre Dumazedier, *Vers une civilisation des loisirs ?*, Paris, Seuil, 1962 ; Adret, *Travailler deux heures par jour*, Paris, Seuil, 1979 ; Alexis Chassagne, Gaston Montracher, *La Fin du travail*, Paris, Stock, 1978 ; André Gorz, *Adieux au prolétariat*, Paris, Galilée, 1980 ; Dominique Méda, *Le Travail, une valeur en voie de disparition*, Paris, Flammarion, 1998, etc.

33. Jean-Jacques Rousseau, *Du Contrat social ou Principes du droit politique, op. cit.*, livre I, chap. II-IV.

34. Albert Memmi, *Portrait du colonisé*, Utrecht, Jean-Jacques Pauvert, 1966.

35. Claude Dubar, *La Socialisation, construction des identités sociales et professionnelles*, Paris, Armand Colin, 1991.

36. André Gorz, *L'Immatériel, connaissance, valeur et capital*, Paris, Galilée, 2003.

37. Christopher Lasch, *op. cit.*

38. Louis Moreau de Bellaing, « Économie de la pauvreté et économie de la misère », *Socio-anthropologie*, n° 7, 2000 ; Jean Labbens, *La Condition sous-prolétarienne*, Paris, Sciences et service, 1965.

39. Wilhelm Reich, *Écoute, petit homme* [1933], Paris, Payot, 1973.

40. Frantz Fanon, « Antillais et Africains » [1955], in *Pour la révolution africaine, écrits politiques*, Paris, La Découverte, 2001, p. 29.

41. *Ma vie à deux*, Hôtel de France, rue Patay, Paris 13, octobre 2000.

42. Max Stirner, *L'Unique et sa propriété* [1844], Paris, Stock, 1978, p. 456.

IX. *Nous autres,*
des aphasies aux nouveaux liens sociaux

1. Marc Augé, *Le Sens des autres, actualité de l'anthropologie*, Paris, Fayard, 1994.

2. « Une personne sur deux est membre d'une association en 2002 », Insee, septembre 2003.

3. Jean-Louis Laville, Renaud Sainsaulieu (dir.), *Sociologie de l'association, des organisations à l'épreuve du changement social*, Paris, Desclée de Brouwer, 1997 ; Gilles Ferréol (dir.), *Intégration, lien social et citoyenneté*, Villeneuve-d'Asq, Presses universitaires du Septentrion, 1999.

4. Roger Sue, *Renouer le lien social. Liberté, égalité, association*, Paris, Odile Jacob, 2000.

5. Julien Duval, *et al.*, *Le « décembre » des intellectuels français*, Paris, Liber-Raisons d'Agir, 1998.

6. David Lepoutre, *Cœur de banlieue, codes, rites et langages*, Paris, Odile Jacob, 1997, p. 79.

7. Nancy L. Green, *Repenser les migrations*, Paris, PUF, 2002.

8. François Dubet, *La Galère : jeunes en survie*, Paris, Fayard, 1987, p. 383.

9. *Ibid.*, p. 380.

10. Sylvain Aquatias, «Jeunes de banlieue, entre communauté et société», *Socio-anthropologie*, n° 2, 1997, p. 56-57.

11. Carrefour culturel Arnaud-Bernard, *Repas-de-quartier, histoire, théorie, anecdotes, renseignements*, Institut d'Estudis occitans, 2001, p. 8.

12. Claude Sicre, in *ibid.*, p. 25.

13. *Ibid.*, p. 26.

14. « Moi, j'en ai rien a faire, je suis pas du quartier. J'habite à une heure et demie d'ici. » Employée d'une boulangerie proche.

15. Herbert J. Gans, *The Urban Villagers, Groups and Class in the Life of Italian-Americans*, New York, Free Press, 1962.

16. Howard S. Becker, *Outsiders, étude de sociologie de la déviance*, Paris, Métailié, 1985.

17. Claude Sicre, *op. cit.*, p. 21.

18. Georg Simmel, «Métropoles et mentalité» [1903], in *L'École de Chicago, naissance de l'écologie urbaine*, Paris, Aubier, 1984.

19. Raymonde Moulin, *L'Artiste, l'Institution et le Marché*, Paris, Flammarion, 1997, p. 138-139.

20. Nathalie Heinich, *Le Triple Jeu de l'art contemporain*, Paris, Minuit, 1998 ; Yves Michaud, *La Crise de l'art contemporain*, Paris, PUF, 1999.

21. Réflexions récentes au ministère de la Culture : «On ne va pas sortir un plan pour régler ce problème, même si on est conscient de leur apport : ce sont des lieux qui font du *lien social* [c'est moi qui souligne] à l'échelle d'un arrondissement. » *Libération*, 17 mars 2003.

22. Henry Certigny, «De profundis pour le squat de la rue d'Arcueil, Vive le musée Art-Cloche ! L'histoire rendra compte », *Art cloche*, juillet-septembre 1988, p. 5.

23. Jean Horst, «L'artiste réunificateur des déchets de la société », *ibid.*, p. 19.

24. Les expulsions se répètent régulièrement, à Paris comme en province, au désavantage de tels ou tels et ce malgré les intentions modérées de leurs membre comme celles d'Eduardo : «On a vieilli, mûri, plus de la moitié des artistes vivant en squat sont des gens qui veulent travailler, exposer, faire vivre un quartier. Le recours à des actions radicales ne nous satisfait pas mais nous y sommes obligés pour faire connaître nos problèmes »,

Le Monde, 13 juin 2000. Les accords un moment espérés avec une mairie, un propriétaire, une institution périclitent, le plus souvent, au nom d'un aménagement nécessaire ou d'autres facteurs précipitant la fin du squart. Ainsi, par exemple, en juin 2000, de la Grange-aux-Belles où s'installa une partie des plasticiens (Zen copyright) ayant participé à l'occupation de la rue du Dragon ou, à Nice, des Diables bleus, collectif d'artistes en cours d'expulsion à l'automne 2004. Les Frigos, trop connu pour nécessiter un développement ici, est un des lieux parisiens qui se rapproche de ce que l'on entend sous la notion de squart. Ancien hangar frigorifique de la SNCF, cette entreprise y stockait, avant la Seconde Guerre mondiale, des denrées périssables. Il a été investi, dans les années 1980, par des artistes mais sous la forme de loyers dûment payés à la SNCF puis à la mairie de Paris. Les occupants sont, aujourd'hui, maîtres des lieux. Ils tiennent à protéger leur particularité et ce malgré la pression de promoteurs. Ces derniers transforment effectivement cet espace urbain marqué, entre autres, par la rue Watt, symbole du Paris de début du siècle, celui de l'auteur de roman policier Léo Malet ou du dessinateur Jacques Tardi. Le lien social s'exprime par le biais des associations gérant l'édifice ainsi que lors des rituelles journées portes ouvertes.

25. Lucien Goldman, *Marxisme et sciences humaines*, Paris, Gallimard, 1970.

26. Arnold Hauser, *Histoire sociale de l'art et de la littérature* [1953], Paris, Le Sycomore, 1984, t. IV, p. 74 ; nouvelle édition, Paris, PUF, Quadrige, 2005.

27. Theodor Wiesengrund Adorno, *Théorie esthétique* [1970], Paris, Klincksieck, 1995, p. 312.

28. *Ibid.*, p. 315.

29. *Ibid.*, p. 314. Cf. également Marc Jimenez, *Qu'est-ce que l'esthétique ?*, Paris, Gallimard, 1997.

30. Un bon exemple de ces tensions est donné par l'association Attac (Association pour une taxation des transactions financières pour l'aide aux citoyens), exemple de ces ensembles réactifs, qui s'essaie partiellement à ce qui apparaît sinon comme une aporie, du moins comme une gageure : la liaison entre art et politique. Ce qui rassemble les adhérents, c'est d'abord et principalement des analyses et des propositions touchant au domaine de l'économie, ce pour quoi l'association

s'est constituée et ce qui s'annonce dans ses statuts et dans l'objectif poursuivi : « ... produire et communiquer de l'information, ainsi que promouvoir et mener des actions de tous ordres en vue de la reconquête, par les citoyens, du pouvoir que la sphère financière exerce sur tous les aspects de la vie politique, économique, sociale et culturelle dans l'ensemble du monde. Parmi ces moyens figure la taxation des transactions sur les marchés des changes (taxe Tobin). »

Un suivi des activités permet de situer la relation complexe qui se construit entre les champs de la réflexion et de l'intervention à fondements économiques et ce qui relève du culturel. Le texte fondateur du groupe Attac-culture s'en fait l'écho : « ... Attac regroupe des hommes et des femmes ainsi que des forces sociales organisées de tous les secteurs d'activité. Il n'est pas fortuit que les professionnels de la culture [...] y soient particulièrement nombreux et actifs [...] les professionnels qui refusent [...] l'ordre culturel "globalitaire" [...] entendent utiliser la charge subversive de la création et de l'action artistique pour ouvrir la voie à une transformation radicale des rapports entre l'art et la société et, plus généralement, pour montrer qu'un autre monde est possible... »

La dénégation : « il n'est pas fortuit » implique, en amont, une incertitude. Elle traduit les hésitations d'économistes peu au fait de ce secteur ou conscients de leurs lacunes et partant de leurs faiblesses. Pour s'assurer un garde-fou, ce texte utilise à de nombreuses reprises le terme « les professionnels ». Un avantage serait donné à ceux-ci. Il tendrait à écarter du lien social des adhérents extérieurs aux champs canoniques. Une telle position revient à reconnaître les critères officiels déterminés par des institutions ou par des contextes dont l'association prétend par ailleurs vouloir remettre en cause les bien-fondés.

L'enjeu recouvre les choix à effectuer entre des orientations dirigistes d'organisations politiques et celles prônant l'autonomie des acteurs. Cette dernière permettrait l'expression au plus près des singularités individuelles ou collectives. Elle est plus sensible et réceptive à l'émergence, aux recompositions et initiatives inattendues. Le texte de présentation du collectif des arts plastiques s'en fait l'écho : « Nous restons attachés à nous exprimer avec nos propres moyens, nos ressentis, nos vécus sans avoir à redoubler les textes ou les discours. » La crainte réci-

proque, celle des intervenants créatifs dans le champ culturel et
celle des instances responsables, est d'être l'objet d'une instrumentalisation. Dans le cas présent ce risque n'est pas absent
pour les artistes conviés «avec un souci permanent de qualité et
d'innovation [...] avec leurs propres formes d'expression [à] porter les thèmes et campagnes d'Attac...». Il faut s'attacher au fait
que le cœur et les artères de l'association fonctionnent d'abord
en référence à des analyses et des critiques d'ordre économique.
Les actions prioritaires tournent autour de dix chantiers : Taxe
Tobin, Organisation mondiale du commerce, multinationales,
collectivités locales et mondialisation, fonds de pension, inéga-
lités sociales. Le septième est consacré à l'art et la culture.

31. Kazimir Malevitch, «Nous voulons» [1920], in *Écrits*,
Paris, Éditions Ivréa, 1996, p. 263.

32. François Champarnaud, *Révolution et contre-révolution culturelles en URSS, de Lénine à Jdanov*, Paris, Anthropos, 1975 ;
Michel Lequenne, *Marxisme et esthétique*, Paris, La Brèche,
1984 ; Jean-Marc Lachaud (dir.), *Art, culture et politique*, Paris,
PUF, 1999 ; François Derivery, *Art et travail collectif, la politique
d'art officiel en France*, Paris, Ec éditions, 2001.

33. Jean-Jacques Lebel, *in* Philippe Dagen, «Jean-Jacques
Lebel, un artiste fulminant», *Le Monde*, 14 juin 2003.

34. Patrick Pharo, *Morale et sociologie. Le sens et les valeurs entre
nature et culture*, Paris, Gallimard, Folio essais, 2004.

35. Michelle Perrot, «La grève est une fête», in *Jeunesse de la
grève, France 1871-1890*, Paris, Seuil, 1984, p. 157-161.

36. Gustave Le Bon, *Psychologie des foules* [1895], Paris, PUF,
1947, p. 12-13.

INDEX DES NOTIONS

INDEX DES NOMS

TROISIÈME PARTIE

Le lien social au-delà des disciplines

APPENDICES

DU MÊME AUTEUR

FANON, Éditions universitaires, 1971

ENTRAVES, J. Millas-Martin, 1975.

TECHNOLOGIE, TRAVAIL, TRANSPORTS : LES TRANS-
PORTS PARISIENS DE MASSE, 1900-1985, Librairie des
Méridiens, 1985.

FRANCE-USA, LES CRISES DU TRAVAIL ET DE LA
PRODUCTION, dirigé par Pierre Bouvier et Olivier Kourchid,
Méridiens Klincksieck, 1988.

LE TRAVAIL AU QUOTIDIEN : UNE DÉMARCHE SOCIO-
ANTHROPOLOGIQUE, Presses universitaires de France, 1989.

SOCIO-ANTHROPOLOGIE DU CONTEMPORAIN, Galilée, 1995.

LA SOCIO-ANTHROPOLOGIE, Paris, Armand Colin, 2000.

DANS LA COLLECTION FOLIO / ESSAIS

Composition Nord Compo.
Impression Société Nouvelle Firmin-Didot
à Mesnil-sur-l'Estrée, le 16 août 2005.
Dépôt légal : août 2005.
Numéro d'imprimeur : 75135.

ISBN : 2-07-042907-5/Imprimé en France.